本书系云南省“兴滇英才支持计划”青年人才专项阶段性研究成果

财务管理学

Finance

邵慧敏 主编

中国社会科学出版社

图书在版编目（CIP）数据

财务管理学／邵慧敏主编．—北京：中国社会科学出版社，2023.3
ISBN 978－7－5227－0397－8

Ⅰ．①财…　Ⅱ．①邵…　Ⅲ．①财务管理　Ⅳ．①F275

中国版本图书馆CIP数据核字(2022)第107721号

出 版 人　赵剑英
责任编辑　马　明
责任校对　王　帅
责任印制　王　超

出　　版　中国社会科学出版社
社　　址　北京鼓楼西大街甲158号
邮　　编　100720
网　　址　http://www.csspw.cn
发 行 部　010－84083685
门 市 部　010－84029450
经　　销　新华书店及其他书店

印　　刷　北京明恒达印务有限公司
装　　订　廊坊市广阳区广增装订厂
版　　次　2023年3月第1版
印　　次　2023年3月第1次印刷

开　　本　710×1000　1/16
印　　张　21
插　　页　2
字　　数　303千字
定　　价　99.00元

前　言

财务管理是公司治理的核心部分，基于公司总体价值最大化，其将高效并合理地分配经济资源与利润、改善融资状况作为发展任务。对于逐渐繁杂的竞争情况以及治理环境，公司财务管理已经引起了人们的重视。最近几年，由于财政相关部门加强推动管理会计系统的创建，财政管理领域的相关学科受到了人们的欢迎，在众多学科中的地位更进一步。

“财务管理”作为财经类相关学科的必修课程，该书在撰写的时候，基于注重实际应用与注重技能培训两类高校培训人员的特征，着重说明了财务管理的基础学识、原理、技能等，重点放在财务基础理念与应用方法的阐明，以便于突出课本的合理性、引领性、全面性以及可用性，将实践与理论进行了良好的组合。各个章节在最初都会表明该章节的重点内容和任务。对于各个章节的内容，该书力求通过简单明了的语句来阐明基础概念，从而为初学者理解要点提供保障，使其能够充分学习本课程的知识。

该课本属于课改项目之一，参与编撰的老师皆有着长期在会计学科、财经管理专业中授课的经验，也曾在公司中担任过职务。不仅了解出纳工作的详细需求，还对学生的思维习惯以及能力水平有着一定的认知。撰写期间，全面展现出创新意识和创作能力，不仅可以把学习转变为工作，还能够在一定程度上提升学习的热情。

该课本在编撰期间参照了许多专业资料，同时获得了众多专业人士的指导。鉴于时间较短，未免有着些许缺陷，希望各位能够加以指正，在此表示感谢！

目　　录

第一章

总　　论

财务管理指的是基于特定的总体目标，对资金的购买置办（或称投资）、资本的流通（或称筹资）、运营时期的现金流动情况（或称运作资金）与利益配置的管制。其作为公司治理的一个环节，是依照财政法律条文和财务准则，开展公司财务活动、应对财务关系的一类经济管理行为。简而言之，财务管理指的是开展公司财务活动、应对财务关系的一类经济管理行为。

第一节　企业的组织形式

企业组织形式一般分为三类，即个体独资、合伙制、公司制三种类型。

一　个体独资企业

个体独资公司是单个自然人投入资金，资产属于该自然人，并且以私人资产来担负公司债款的全部责任。

个体独资公司的特征如下：第一，便于建设，譬如，无须和别人商量、决策，需要的注册资金不多，等等。第二，维护公司发展的开销不高。譬如，政府的监察力度不大，在规模方面也不存在过大的约束，公司决策流程便捷。第三，无须上交公司所得税。此外，个体独资公司在运营与成长方面有着一定的限制，即投资人担负着公司债款的全部责任，某些时候公司产生的亏损会大于创建公司时投入的资金，需以其他资金来补偿；投资人的寿命限制了公司的存续时长；从外部得到众多资金来发展公司具有一定困难。大部分个体独资公司的规模并不大，防范经济危机与担负运营亏损的程度不高，存续的平均时间不长。一些个体独资公司可以抓住机会得以成长，在其规模增加以后，其固定限制同样增加，从而从个体独资制度变成合伙制或者公司制。

二 合伙制企业

合伙同伴签订相应的合约，一起投入资金、运营公司、获取利益、承担危机。一般而言，合伙人包含了两个及以上的自然人，偶尔也会包含法人或者不同的团队组织。合伙制公司同样拥有和个体独资公司相近的特征以及限制，唯有在程度上有所差异。

合伙制公司，涵盖了一般性质的合伙公司与有限合伙公司。前者是由一般的合伙人进行合作，合伙人担负着全部公司债款的责任；后者是由一般合伙人与有限合伙人进行合作，一般合伙人担负着全部公司债款的责任，而有限合伙人根据其支付的资金数额来担负公司债款。

三 公司制企业

按照相关法律进行记录的组织机构能够称为企业，是政府登记的能够获取利益的法人团体，具法律而言能够区别于其拥有者与运营者。

因为公司制的法人具有独立性，其相较于个体独资与合伙制，在以下方面具有优势：第一，存续没有限制，企业最开始的拥有者与运营者在离开之后依旧能够存在；第二，股权具有转移的权力，企业拥有者的权益分成了多个股份，并且能够相互转移；第三，有限责任，企业债款属于法人，并不属于企业拥有人，拥有人所担负的企业债款受到其付出的资金的约束。

基于上述优势，企业易于从市场中收集资金。企业担负着债款的有限责任，企业无限制存续减少了投资人员的危机；而股权的可转移性增强了投入资金的流动程度。

公司制的不足如下：第一，多重税务，企业是一个具有独立性的法人，所收取的利益应当上交所得税，而当股东收到公司派发的利益后，还应当上交个人的税款；第二，创立开销较大，有关公司的法律条文针对企业创建的规定相较于个体独资与合伙制更为严格，且应当缴纳多个文件，时间成本较高，在企业创建之后，其接受的政府管理较多，并应当每隔一段时间上报、公开相关信息；第三，代理方面存在缺陷，若运营者与拥有人相互分开，运营者作为代理人员，而拥有人作为委托人员，那么运营者就有可能损害拥有人的利润从而自己获取更高的收益。

在上述三类企业组织模式中，公司制被大部分企业所应用，该书主要涉及了公司制的财务管理。

第二节　财务管理的基本内容

在新时期发展过程中，公司在开展财务管理工作时，通常需要在投资活动以及筹资活动等四个方面加大关注力度，投资是由长期投资和短期投资这两部分共同组成，同理筹资也具备长期和短期这两种模式，本书在研究过程中也指出，短期投资、短期筹资以及营业现金流量之间的关系极为紧密，因此在开展研究过程中，往往会将这三者纳入同一范围进行讨论，这也被称作营运资金管理。近些年发展过程中，科学技术的进一步发展也使得财务管理向着电算化的方向发展。笔者在对本教材进行编写过程中，也结合现阶段发展实际，将财务管理的内容划分为筹资管理，投资管理、营运资金管理、收入与分配管理这四个部分，除此之外，也将企业的破产清算等相关内容纳入其中，为财务管理工作的有序开展进行有效补充。

一　投资管理

在日益激烈的竞争市场，企业要想实现可持续发展，必须高度重视投资的重要作用，只有这样才能够获取更加充足的资金进行发展，在这过程当中企业也必须重视投资规模的重要性，以投资方向以及投资方式的选择作为切入点来对投资结构进行选择，保障自身经济效益始终处于较高水准，并且能够对蕴含其中的诸多风险进行有效把控。由于各个投资项目之间存在差异，因此蕴含其中的财务风险以及企业价值也各不相同，企业在开展投资活动过程中，通常是由对内投资和对外投资这两种方式共同组成，对内投资，需要让企业把筹集到的资金用于自身的发展，例如购置固定资产等诸多形式，而对外投资需要企业将筹集到的资金用来购买股票等相关资产。在新时期发展过程中，要想实现预期的投资目标，那么必须重视决策过程的科学性，对其中的诸多环节进行通盘考虑。

二　筹资管理

企业在新时期发展过程中，必须高度重视筹资管理工作的有序开展，要结合自身的生产经营以及发展策略等诸多内容，灵活运用多种投资渠道，经济社会的进一步发展，也使得企业不论规模大小或成立时间长短都需要进行一定程度的资金筹集。在开展这一活动过程中，企业需要对筹资的总体规模进行预算，确保资金能够较为充足，除此之外也需要重视筹资渠道的选择，确保投资结构更加合理，保障企业的可持续发展。

企业在开展财务管理工作过程中必须意识到筹集资金管理工作的重要作用。

三　营运资金管理

我们在研究过程中也指出企业的日常生产经营活动离不开流动资产和流动负债资金的收付。企业的营运资本占总资金的比重较大，是企业财务管理工作开展过程中必须高度重视的环节。现金持有计划的确定等相关内容均包含其中。在新阶段发展过程中，必须高度重视资金使用效率的稳步提升，开展更加有效的流动资产投融资活动。

四　收入与分配管理

企业在开展生产经营活动过程中，也需要重视收入与分配管理这一活动的有序开展，能够更好地进行销售预测和定价管理，确保所有的利益相关者能够获取应得的利润。企业经济效益的来源往往由收入进行反映，而企业经济效益的趋向通常由分配来进行反应，二者之间的相互作用是企业经济利益流动完整链条形成的重点。收入的初次分配能够对成本费用进行有效补充，利润分配能够在初次分配的基础上进行再分配，企业的净利润往往是由投资者的意愿以及企业的生产经营状况直接决定的，净利润也可以作为投资收益的重要补充让投资者获取。在开展财务管理工作过程中，相关工作人员必须对分配结构和规模进行合理的认定，确保企业在发展过程中能够具备更加长远的发展空间。

在开展企业财务管理工作过程中，如上四个部分的内容，存在极为紧密的关联，不仅如此，他们也存在相互之间的关系，企业在生产经营过程中必须意识到筹资的重要作用。没有充足的资金进行支撑，那么企业的可持续发展也就无从谈起。企业的投资规模也是由投资数量直接决定的，筹资目的的实现以及自身资产的不断提升，往往也需要将筹集到的资金进行科学投放，除此之外，投资的有序开展也直接决定了筹资的规模以及时间。资金的有效运营才能够促进投资和筹资结果的实现，这二者之间也对公司的日常经营活动的特点和方式起到了决定性的作用，企业在新时期发展过程中，不仅需要重视运营资金的合理管控，也需要确保这类资金能够在经济社会发展过程中不断增值。结合上述研究也可以发现，企业的可持续发展以及经济效益的提升，离不开投资管理、筹资管理、营运资金管理、收入与分配管理这四者之间充分发挥作用。

第三节 财务管理的目标及利益相关者的要求

公司在发展过程中的主要目的是创造更多的财富，确保公司价值的稳步提升。

一 财务管理的目标

在现阶段发展过程中，利润最大化、股东财富最大化、企业价值最大化、相关者利益最大化等四个方向是企业财务管理工作的出发点。

（一）利润最大化

利润最大化的特征是，假设企业财务管理是以实现利润最大化作为目标并将之设置为财务管理，首先是因为人类在开展生产经营活动过程中的最终目的是创造更多的剩余产品，随着市场经济的进一步发展，应有利润这一指标能够对剩余产品的价值进行更加直观的衡量；其次，由于资本市场竞争日益激烈，因此获利最多的企业往往具备资本的最终使用权；最后，企业只有实现自身效益的最大化，才能够为社会的进一步发展贡献力量。

利润最大化，能够对现有技术进行改进，强化管理活动，保障生产效率的稳步提升，能够让企业在生产经营过程中更加合理的适配优势资源。

然而，如果把追求最大利润当作财产管理的终极目的会有许多缺点，其具体如下：

第一，未从实际情况出发把时间相关的成本计算到内。举例来说，现如今市场上200万元的现实利益随着经济社会的发展，其价值是会发生变化的，并且在这个过程中，时间的成本也是不容忽视的，而且其会受到很多方面因素的影响。

第二，未对风险进行评估。各行各业所面临的风险是不尽相同的，其利益在各行各业的含义也是不尽相同的，举例来说，面临危险，比较微小的公司和高端企业之间是很难进行单一的比较的。

第三，未充分的把所得利益和相关的成本之间的相互关系体现出来。

第四，在一定程度上有可能会让公司出现一些不好的财务情况，对公司以后的成长产生不好的负面影响。因为在通常情况下，所得利益一般是以年为单位进行计算的，所以，公司的具体决定在一定程度上由年度的目标所决定。

实现所得利益最大在一定程度上是和实现公司股东所得利益最大画等号的。基于这种情况，所以有些持有人把公司的利益和公司股东的资本投入相互联系起来进行评价，并且以由此产生的结果去评估公司的利润规划。

（二）股东财富最大化

公司股东最大化的具体内涵是：公司把实现股东的最高利益作为公司财务的最高目的。股东的最高利益是由多方面的因素决定的，对其影响最大的是股票量的多少和市场价值。如果股票的量达到某一个特定的数值，其利润达到最高峰，那么股东就会得到最大的收益。

和最高利益相比较来说，股东财富最大化有许多的好处，其具体如下：

第一，对相关的风险进行评估。股票的价格会受到风险的影响，从而产生相关性反应。

第二，通过这种方式可以对公司的短期行为进行规避。因为当前的所得利益会对股价产生影响，未来的利益也会对股票的价格造成一定程度的影响。

第三，对成功上市的公司来说，股东利益最高的规划在一定程度上比其他公司划分的具体，从而有利于对公司内部进行奖惩评估。

但是把股东财富最大化当作公司财务的规划也有许多缺陷，其具体如下：

第一，其适用的群体较小，很难被其他的公司采用。因为其他的企业对本企业的股票价格的获取有些许时间差，远不如上市公司来得方便。

第二，影响股票价格的原因有很多，有些是正常因素的影响，然而还有一些外部原因。股票的价格在一定程度上对公司财务状况的体现是有限的，举例来说，有些公司，其经营状况已经很差，但是有可能因为一些其他原因，该公司的股票比较平稳，甚至有时候可能会出现比平常股价高的特征。

第三，具体而言，它把股东的利益看得十分关键，从而在一定程度上会忽视其他的利益相关人员。

（三）企业价值最大化

企业的价值最大化的具体内涵是指：公司的财务部门把实现公司的最大利润作为终极目的。公司的价值，换句话来说，就是公司的主要权益人和债权人员利益的市场估值，也就是公司在未来能够实现的利润数值。未来利润数值的这一理念，主要是由时间成本和风险评估两个方面构成的，但是现有的资金流的价值是在金钱的时间成本上对现有的资金流进行具体的评估所得到的。

企业价值最大化的潜在性目的是要公司通过具体的、合理的相关政策，并把时间成本和风险评估之间的关系纳入考虑，去谋求企业的价值最大化，促使企业在能得到最优价值的同时，也可以实现企业的持续性发展。

把企业价值的最大化作为公司财务的追求，有许多优点，其具体如下：

第一，把时间成本纳入考虑的范围之内，并使用相关的时间计算方法进行计算。

第二，把利润和风险之间的联系纳入考虑。

第三，把公司的长远发展、持续性发展、长期稳定的利益放在公司发展的关键性位置，在一定程度上能够规避公司为了追求短期利益，对公司未来产生不良的行为。公司的价值和所创造的利润以及未来的盈利状况之间有很大的关系。

第四，采用价值替代价格的方式，在一定程度上有利于减小一些外部因素对公司的干扰，能够帮助公司避免一些短期的行为。

然而，从实际情况出发，把追求企业最大的利润当作公司的目标是有点不合实际的，偏向于理论化，很难在现实生活中对其进行实践操作。并且从没有上市的企业来看，因为缺少专业性的评估，其具体价值很难被真正的确定下来，在一定程度上会有所误差。

（四）相关者利益最大化

在经济高速发展的现代社会，要建立合理的财务规划，必须要根据多种情况把影响公司发展的各种因素纳入考虑范围内。如果在现代市场经济里面，企业的理财人员来源多种多样并且方式也很多。公司的股东，在公司里面拥有最高的话语权，但是与此同时，也承担着与之相适应的责任和义务，但是其他的公司相关人员，比如公司的员工、政府、消费者，在一定程度上也为公司承担着相应的风险。所以从中我们可以知道，公司的利益和很多人员息息相关。当公司在制定具体的财务管理政策时，不仅要考虑股东的利益，而且也要把公司相关利益的人员纳入考虑的范围。

公司利益的相关人员最大的利益包括许多方面，其具体如下：

第一，把风险和利润之间的关系纳入考虑的范围，在取得最大利润的同时，承担较小的风险。

第二，把股东放在关键性的位置，并且协调公司和公司股东之间的关系，形成良好的企业氛围。

第三，对公司的负责人进行严格的监督，与此同时，创立相关的体制机制去激励公司实现公司的规划。

第四，在一定程度上，要合理的把公司员工的利益纳入考虑的范围，为公司的员工提供良好的福利和待遇，让其更好地为公司工作，创造更高的价值。

第五，公司要加强与债权人之间的联系，为公司的长远发展找到资金投资者。

第六，不仅要考虑消费者的短期利益，而且还要合理关切消费者的长期利益，更好地为消费者服务，吸引消费者。

第七，不断深化与生产者之间的关系，找到长期的供应链，在市场的竞争之中处于优势位置。

第八，与政府建立良好的合作关系。

把相关人员的利益最大化作为公司财务政策的追求有许多好处：

第一，可以助力企业的发展。

这一财务管理政策，不仅对股东的利益进行了考虑，而且把相关利益人员的利益也纳入考虑的范围之内，有利于协调两者之间的关系，满足多方的利益，使公司能够在一定程度上减少内部纷争，实现公司的长远发展。

第二，这一财务管理的目标也是合作共生的体现。

因为兼顾了多个层次、多个利益主体的利益，企业的意义就不能被简单地看作为了追求利益、获得经济效益，它也在一定程度上体现了社会效益。因为要实现对各个利益主体利益的照顾，企业就必须使自己的行为合理合法，符合相关政策、市场经济的要求，自觉遵循相关的法律规定，维护公众集体的利益。

第三，这一财务管理政策，其兼顾了多个层次、多个利益主体的所得利益。

在一定程度上，为了实现每一个利益主体的利益最大化，每一个利益主体之间能够相互合作协调，使企业能够创造出更多的利润，从而使各个利益主体能够更多地受益。

第四，有利于实现理想和现实之间的融合。

举例来说，公司都有着自己的一套符合本公司规定的评价标准，如将来收益预期；对股东的评价可以使用股票的市场价格进行评价，相关的债券人员可以在追求利润的同时，承担较小的风险；公司的员工可以得到较好的福利；政府可以得到较好的财政收入。不同的标准对应不同的利益人员，但是只要符合市场的规定与相关的政策法规，所有的利益者之间进行良性的沟通协调，就能够实现相关人员利益最大化的目标。

二　利益相关者的要求

面对利益冲突，协调工作最需要把握的基本原则是在相关者的身上维持一个动态平衡，即分配好时间与数量。面对一切形式的利益冲突，处理好所有者与经营者、所有者与债权两种关系的利益冲突是协调环节中衡量协调是否成功的标志。

（一）协调所有者和经营者的利益冲突

不同于古典企业，在现代企业的体系里，经营者与所有者不再是同一人，经营者只拥有所有者的代表权，而没有与之相应的支配地位的股权。

经营者对于所有者而言是能够做到让其财富值最大化的人，并且在一定程度上代表所有者行使权力，但是由于立场不同，经营者往往与所有者存在不同的利益目标。简而言之，就是所有者会从经营者为他创造的财富中提取一部分作为经营者的酬薪。二者之间的利益冲突在于经营者希望能够在创造财富的同一时间得到占比较多的酬劳，并且能够获得一定的权力地位，但是所有者却期望能够使用最少的酬薪得到财富最多的提升，这种利益冲突使用的协调手段大致有以下三点。

1. 解聘

这种办法是所有者使用权力对经营者进行督促。如果经营者的绩效达不到所有者给经营者下达的指标，所有者就可以使用权力解聘经营者，此时经营者会为了达到相应的 KPI 而在工作上不敢有任何懈怠。

2. 接收

这种办法是通过市场的约束力对经营者进行督促。一旦经营者因为能力不足或者是出现重大失误，有可能会使企业走向破产，被其他企业收购，此时，相应位置上的经营者就会被解聘。所以经营者会为了避免这种情况，努力去实现所有者制定的在财务方面的管理目标。

3. 激励

激励的定义是让经营者的酬劳能够与他的业绩关联，经营者的 KPI 越高，酬劳也就随之增长，反之亦然。激励的方式通常有两种，第一种是使用股票期权，第二种是使用绩效股；股票期权是经营者能够根据合同履行购买本企业一部分股权的权利，如果该股票的市场价格比约定的价格高一些，经营者就能够得到一定的利润从而获益。经营者会因此去追求利益最大化，主动提高所有者的财富。绩效股是企业使用各项指标来评估经营者绩效，并且会基于绩效数值的多少给经营者部分股票作为酬劳，但是有利有弊，经营者的绩效一旦达不到规定的目标，则会因此损失原来手上持有的一部分绩效股，为了自己的利益，经营者也会主动追求利益最大化以增加所有者的财富值。

（二）协调所有者和债权人的利益冲突

所有者想要实现的目标有一定的概率与债权人期望实现的目标不一致从而导致利益冲突。第一，所有者会为了追求高利润，选择相对原定风险较高的项目，从而导致债权人风险与收益的平衡被打破，造成风险高于收益的情况，之所以会存在这种状况，是因为项目失败，所有者和债权人需要共同负责，而项目成功，额外的利润债权人并不能拿到。第二，所有者会出现不经过债权人点头就随意要求经营者举借新债的行为，这种做法会直接增加风险，从而降低原有债权的价值。这两种利益冲突常常使用以下几种方法进行协调。

1. 对借债进行限制

债权人利用合同中规定好的各种条件限制所有者不能够使用前文提到过的方法去削减债权人在合法的债权价值上的利益，必须要保证债权价值不受剥削。

2. 收回借出去的资金或停止将要借出去的资金

如果债权人察觉到企业有意识的侵犯债权价值，会把债权收回，抑或是不会再次借出新的资金，从而达到保护与自己相关的利益的目的。

3. 协调其他利益相关者的利益冲突

往小了说，利益相关者指的是除股东、债权人和经营者之外能够影响到公司现金流量并且可能会得到索偿权的人。往大了说，利益相关者就是所有因为公司决策产生利益关系的人，这些人包括资本市场利益相关者即股东和债权人、产品市场利益相关者即客户、供应商、所在社区和工会组织及公司内部利益相关者即经营者和其他员工，这些人统统被称为利益相关者。

公司的利益相关者通常被分为两种：第一种是被合同约束，又因为合同产生利益关系的利益相关者，这一类人我们通常称为合同利益相关者；第二种则是没有签过合同但是与企业存在间接利益关系的利益相关者，我们通常称这一类人为非合同利益相关者。

股东和合同利益相关者既是对立面也是同一面。他们之间的利益关系错综复杂，所以需要使用法律进行协调，既要保障他们的合法权益，也要在他们发生利益冲突时有明确的法律规定去解决他们的是是非非，当然法律只是约束的最后一道防线，最好还是使用道德去规范他们本身的各类做法，让他们可以在保持追求自身利益最大化的同时不发生利益冲突。

因为非合同利益相关者没有签订合同，所以法律不一定能有条款保护非合同利益相关者的利益，这就需要企业本身采取一定的政策对社会负责。

第四节 财务管理的环境

财务管理的环境的定义是：能够影响企业在财务方面的活动和管理的一切条件的笼统称呼，而最主要的四种环境是：技术、经济、金融、法律。

一 技术环境

财务管理的技术环境，指的是能够实现财务管理的手段和条件，技术环境会直接决定财务管理是否高效且效果显著。到现在为止，中国极度依赖会计系统，因为大部分企业的经济信息、会计信息都是从该系统中提取的。会计信息在企业内部的作用是作为管理层的决策依据，在企业外部则是作为投资者、债权人分析该企业是否值得投资的依据，到现在为止，中国正在全面推动中国制造2025，所以对于各方面的信息化都提出了新的需求并要求各类信息化相互融合，提升各个企业及事业单位的管理能力以及对于风险的规避能力。规模庞大的会计师事务所能够使用信息化的手段针对客户在财务报告以及内部控制两大方向上进行审计操作，从而提高整个社会在审计方面的质量及效率，能让政府进行信息化的操作对会计的管理和监督负责。

二 经济环境

经济环境在各个外部环境中对财务管理的影响是最大的。

经济体制、经济周期与发展水平、宏观经济政策、通货膨胀水平等，这些内容都包含在经济环境中，可见其内容包含比较广阔。

（一）经济体制

在计划经济体制下，国家统筹企业资本、统一投资、统负盈亏，企业利润统一交由国家，企业产生的亏损也由国家负责，在计划经济体制中，企业是一个没有独立理财权力的独立核算单位。其财政方面内容简单，管理容易。在市场经济体制下，企业是“自主经营，自负盈亏”的独立经济实体，其享有独立的理财权和经营权。企业从融资到投资可根据法规自由进行，盈利获得的利润可根据需要自由分配，企业能根据市场情况和自身状态对财政投资和管理策略进行调整。在这种经济体制下，企业的财务活动内容更加丰富多样，可采取的策略也更广阔。

（二）经济周期

经济的发展在市场经济中存在一定规律，为复苏、繁荣、衰退、萧条四个阶段循环往复，我们把这种循环称为经济周期。

企业应在经济周期中采取不同的手段，以在各个不同的阶段中寻求发展。在此，根据经济学家的建议，归纳了不同阶段企业宜采用的战略，详见表1—1。

表 1—1　　　　经济周期中不同阶段的财务管理战略

复苏	繁荣	衰退	萧条
增加厂房设备	扩充厂房设备	停止扩张	建立投资标准
实行长期租赁	继续建立存货	出售多余设备	保持市场份额
建立存货储备	提高产品价格	停产不利产品	压缩管理费用
开发新产品	开展营销规划	停止长期采购	放弃次要利益
增加劳动力	增加劳动力	削减存货	削减存货
		停止扩招雇员	裁减雇员

（三）经济发展水平

财务管理与经济发展的关系密不可分，地区的 GDP 越高，其财务管理水平也应相应提高，财务管理水平的提高也会带动经济的发展。企业应关注对财务管理水平的提高，从而降低企业运营成本、提高运行效率、增加企业盈利能力，同时积极改变企业战略方向、投资理念和投资模式。从基础业务方向保持财务管理水平和经济发展水平高度一致，以经济为基础，以发展目标为导向，提高自身财务管理水平。保持双方同时增长，促进企业发展。

（四）宏观经济政策

宏观经济政策在方方面面影响着企业的财务发展。企业的资金借贷和利润会受金融政策中的信贷额度等的影响；企业预计投资方向会受价格政策的影响；企业的财务结构和业务发展方向会受财税政策影响；企业财政可行性与事后评价也会受会计政策改变的影响。企业应密切关注宏观经济策略的改变，使自生财政管理方向与宏观经济政策相契合。

（五）通货膨胀水平

通货膨胀在各个方面对企业的财政产生着影响。其主要表现在以下几个方面：（1）资金贬值导致资金需求增大，企业相比以往需要更多资金维持；（2）引起利率上涨、有价证券价格降低，使得企业资金筹集难度上升；（3）利润虚增，使企业资金更多地因用于分红而流失；（4）使资金供应紧张，加大企业资金凑集难度。

对于这类问题，我们可以采取一些手段加以预防。在通货膨胀的初期，企业可以以投资的方式避免货币贬值的问题，可以通过和客户签订长期合同，在一定程度上避免购买力下降，以减少损失；也可以通过长期负债使得成本能在一定范围内维持。在通货膨胀的持续期间，应该采取手段调整财务结构与策略，减少资本流失，例如可减少债权、使信用条件更严格等。

三　金融环境

（一）金融机构、金融工具、金融市场

1. 金融机构

按照银行系统划分，金融机构可分为银行与非银行金融机构。银行包括各种商业银行或政策性银行，例如中国银行、中国农业银行、中国建设银行、国家开发银行等，其可以实现存款、汇兑、借贷、储蓄等业务活动，且可以担当信用中介。非银行金融机构主要为除了银行以外的金融机构，例如证券公司、保险公司、金融资产管理公司、金融借贷公司、财务公司、交易所、第三方理财公司等机构。

2. 金融工具

金融工具是一种资金需求者或资金提供者在产生资金流动时按照一定格式约定而成的书面文件，是一种具有法律效力的契约。资金借助金融工具从资金供给方向资金需求方转移。金融工具按照其特点可分为两类，即基本金融工具和衍生金融工具。基本金融工具一般为一方收取现金或其他资产的合同权力，或是向他人交付现金或资产的合同义务等，其种类较简单；衍生金融工具也被称为派生金融工具，相比于基础金融工具，衍生金融工具还规定了特别的技术要求。常见的衍生金融工具有期权合同、期货合同、远期合同、互换合同等，其以杠杆和信用交易为特征，类型更多，也更加复杂，同时风险性也更高。金融工具具有几种特征：流动性、风险性、收益性。

（1）流动性

指金融工具在转换为货币交易中不会蒙受减少的能力。

（2）风险性

指用于投资金融工具的本金存在遭受损失的可能。

（3）收益性

指金融工具能够为持有者带来利润。

3. 金融市场

我们通常把资金供应者与需求者通过某些金融工具交易与融资的场所称为金融市场，一般由资金供需双方、金融工具、市场组织、交易价格等组成。其作用主要就是将资金供应方的剩余资金附带一定条件地交易给需求资金的组织或个人，使资金能够最大程度地发挥其作用，做到物尽其用，同时还能促进经济流动。同时，为了自身的利益，更高的利率和最低的利率分别是资金供应者与资金需求者所期望的，而金融市场与金融机构就是一个为提供双方都能够接受的条件所产生的场所。

资金在金融市场上以两种方式转移。

一是直接转移：直接转移是资金需求者将股票或债券直接出售给资金供给者而实现资金转移的一种方式。

二是间接转移：与直接转移相对应，间接转移是银行等金融机构向资金供应者出售股票或债券，资金需求者向银行等金融中介机构申请贷款的方式而实现资金转移的一种方式。

金融市场对企业经济活动各个方面都产生着直接深刻的影响，企业的经营、资本经济的流转都直接取决于金融市场的活动。

（二）金融市场的分类

在对金融市场进行分类过程中，由于标准的不同，因此分类模式也千差万别。

1. 货币市场和资本市场

在对金融市场进行划分过程中，如果选择期限作为标准，那么它是由货币市场和资本市场共同组成的，前者需要结合一年以内期限的金融工具开展短期的资金流通，票据市场以及短期债券市场等均包含其中。而后者需要结合一年以上的金融工具开展长期资金交易，这一部分主要是由股票市场等共同组成。

2. 发行市场和流通市场

在对金融市场进行划分过程中，如果选择功能作为切入点，那么它是由发行市场和流通市场所组成。前者作为一级市场能够对金融工具的发行以及退出购买者之间的交易行为进行有效处理，而后者作为二级市场的主要作用是对金融工具的转让以及变现的交易等诸多环节进行处理。

3. 资本市场、外汇市场和黄金市场

以融资对象作为切入点，可以将金融市场划分为资本市场、外汇市场以及黄金市场。资本市场中的交易对象是由货币和资本组成，外汇市场中的交易对象是由各种外汇金融工具组成，而黄金市场的主要作用是开展黄金买卖和金币兑换活动。

4. 金融市场和金融衍生品市场

以交易金融工具的属性作为切入点，可以将金融市场划分为基础性金融市场以及金融衍生产品市场，前者的交易对象主要是由基础性的金融产品组成，包含商业票据等相关内容。而后者的交易对象是由金融衍生产品组成，包含远期以及期货等相关内容。

5. 地方性金融市场、全国性金融市场和国际性金融市场

以地理范围作为依据，可以将金融市场划分为地方性金融市场、全国性金融市场以及国际性金融市场。

（三）货币市场

在新时期发展过程中，货币市场能够对短期资金融通进行调节，它具备期限短解决短期资金周转以及金融工具，具备显著的货币性等诸多特征，通常情况下货币市场的期限为3—6个月，最长都限定在1年以内。货币市场存在的主要意义是对短期资金周转的问题进行解决，它能够将资金所有者暂时闲置的资金进行有效利用，确保资金不足的问题得到有效解决。在新时期发展过程中，蕴含在货币市场中的金融工具，展现出了更加突出的货币性特征，它具备较强的流动性，而且价格通常能够稳定在合理水平，也能够将风险进行有效控制。拆借市场以及票据市场等是构成货币市场的重要组成因素。银行同业之间短

期资本的借贷活动属于拆借市场的范畴，在开展这种交易时主要结合电讯手段，并没有固定场所，期限通常限定在30天以内。承兑市场以及票据贴现市场是票据市场的重要组成部分。票据的流通转让需要结合票据承兑市场来实现这一目的，而票据贴现市场开展的贴现活动是在资金方面为客户提供短期的资本融通。1年以内的短期企业债券和政府债券，属于短期债券市场的范畴，在对其进行转让时，可以结合贴现或者买卖的方式有序开展。在新时期发展过程中，短期债券的良好信誉以及利率优惠等诸多优势，逐渐受到人们的热爱，因此在货币市场中也逐渐展现出了巨大的发展潜力。

（四）资本市场

实现长期资本融通是资本市场的主要功能，它具备融资期限长以及解决长期投资性资本的需求等诸多特征，由于存在巨大的资本借贷，也必然伴随着较高的风险。

债券市场、股票市场以及融资租赁市场是资本市场的重要组成要素。

证券发行和证券流通是构成债券市场以及股票市场的重要组成部分，在对有价证券进行发行的过程中，必须重视证券种类的选择以及偿还期限的确定等诸多环节。证券流通不仅需要买卖双方参与其中，往往也需要借助中介的力量。中介这一群体通常是由证券经纪人以及证券商等共同组成，这类群体在流通市场中的作用极为显著。

融资租赁市场要想实现长期资金融通，那么必须结合资产租赁这一方式。融资以及融物均包含其中，与资产租赁相比，融资期限也存在一致性。

四　法律环境

（一）法律环境的范畴

企业在生产经营过程中需要与外部发生关系时遵守的法律法规被称作法律环境。公司法以及证券法等诸多内容均属于这一范畴，我国在发展市场经济的同时，高度重视法治的重要作用，只有在法律范围内开展的经济活动，才是被国家和社会认可的。运用法律这一形式不仅能够对企业的非法经济行为进行有效约束，而且也能够为企业开展各类经济活动提供保护：

第一，公司法以及证券法等相关法律法规，均会对企业的筹资活动造成影响，会对企业的方方面面造成制约。

第二，证券交易法等相关法律法规会对企业的投资活动开展造成影响，由于这些法律法规的存在，才能保障企业的投资活动处于正常运转的范畴。

第三，税法以及企业财务通则会对企业收益分配造成一定程度的影响，这类法律的存在进一步规范了收益分配的方方面面。

（二）法律环境对企业财务管理的影响

在新时期发展过程中，企业受到法律环境的影响极为突出。企业组织形式以及公司的治理结构等诸多内容均包含其中。本书在研究过程中通过对《公司法》的具体内容进行梳理，发现企业的组织形式可以由独资以及合伙等相关形式共同组成。企业在发展过程中，如果选择了不同的组织形式，那么在股东的权利责任以及收益分配等诸多方面也均存在较大差异，法律法规也在不同方面对企业的经济行为进行了约束。

本章小结

第一，个人独资企业、合伙制企业以及公司制企业，是现阶段企业组织的三种主要形式。

第二，投资活动以及筹资活动等四个方面是公司财务管理活动的四个主要成分，在开展投资活动过程中，可以由长期投资和短期投资这两个方面共同组成，而筹资也可以由长期筹资和短期筹资组成。在经济活动开展过程中，短期筹资以及短期筹资和营业现金流管理之间的关系极为紧密，因此在对这三者之间进行研究的过程中，通常会统称为营运资金管理。

第三，企业在开展财务管理工作过程中的主要目的是实现利润最大化，不仅如此，在股东财富最大化以及企业价值最大化和相关利益者利益最大化这方面也需要加大关注力度。

第四，在对相关者的利益冲突进行协调的过程中，必须确保企业相关者的利益能够在数量和时间上达到动态平衡，在对这些利益冲突进行协调时，必须注重所有者与经营者等诸多主体之间关系的协调。

第五，技术环境以及经济环境等相关内容是企业财务活动和财务管理产生影响作用的各种内外部条件，它们也被统称为财务管理环境。

第 二 章

财务管理的价值观念

第一节　货币的时间价值

一　资金时间价值的概念

一定量的资金在不同时点上价值量的差额被称作资金时间价值。人们在实务中对货币的时间价值进行表示时，往往会运用数字这一方式。运用相对数来对货币的时间价值进行表示的方式，也被称作纯粹利率，纯粹利率主要是以资产市场不存在通货膨胀以及风险状况时的平均利率组成。

实践的进一步发展，也会让货币出现增值的现象。由于时间单位之间的差异，往往使得单位货币之间的价值各不相同。这也使得如果货币出现在不同的时间，那么并不能够对它们进行直接的比较，否则比较出来的价值将不存在任何意义。在对其进行换算的过程中，也需要将复利计算法融入其中。

二　复利终值和复利现值

在运用复利计算法进行计算时，需要将每一期的利息与本金相加，再计算下一期的利息，相邻两次计息的间隔就被称作计息期。

（一）复利终值

以现在的特定资金作为依据，运用复利计算的方式，对将来的某一时间点的价值进行计算，就被称作复利终值。

复利终值的计算公式：

$$F = P \times (1+i)^n$$

表2—1 **复利终值系数表**

期数＼利率	4%	5%	6%	7%
1	1.0400	1.0500	1.0600	1.0700
2	1.0816	1.1025	1.1236	1.1449
3	1.1249	1.1576	1.1910	1.2250
4	1.1699	1.2155	1.2625	1.3108
5	1.2167	1.2763	1.3382	1.4026

例2—1：小明把5000元存入银行，年利率是7%，如果运用复利计算的方式来对小明5年之后所获取的终值进行计算：

$F = P \times (1+i)^5 = 5000 \times (1+7\%)^5 = 5000 \times 1.403 = 7015$ 元

或

$F = 5000 \times (F/P, 7\%, 5) = 5000 \times 1.4026 = 7013$ 元

（二）复利现值

未来某一时间点的特定资金，按复利计算的方法，折算到现在的价值就被称作复利现值。

根据复利终值公式计算复利现值，是指已知F、i、n时，求P。

复利终值计算公式：

$$F = P \times (1+i)^n$$

移项，可得：

$$P = F \times (1+i)^{-n}$$

式中，$(1+i)^{-n}$称为复利现值系数，用符号（P/F，i，n）表示，即：

$$P = F \times (P/F, i, n)$$

（P/F，i，n）为期数n的复利现值系数。

表 2—2 复利现值系数表

期数＼利率	4%	5%	6%	7%
1	0.9615	0.9524	0.9434	0.9346
2	0.9246	0.9070	0.8900	0.8734
3	0.8890	0.8638	0.8396	0.8163
4	0.8548	0.8227	0.7921	0.7629
5	0.8219	0.7835	0.7473	0.7130

例 2—2：银行给的年利息是 7%，小红将钱存入银行，如果想在 5 年后得到 1 万元，那么他现在存入的数额应是多少？

$$P = F \times (1+i)^{-n} = 10000 \times (1+7\%)^{-5} = 713000 \text{ 元}$$

$$\text{或 } P = 10000 \times (P/F, 7\%, 5) = 10000 \times 0.713 = 713000 \text{ 元}$$

三 年金现值和年金终值

具备相同间隔期的系列等额收付款项就被称作年金。间隔期固定、金额相等的分期付款赊购、分期偿还贷款等均属于年金的范畴。普通年金以及预付年金等均属于年金的形式。

（一）普通年金现值和普通年金终值

1. 年金最基本的形式是普通年金，即从第一期起，在一定时期内每期期末等额收付的系列款项

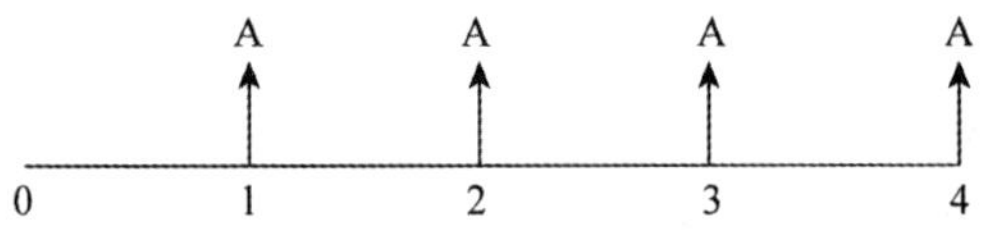

图 2—1 普通年金现值示意图

计算公式为：

$$P_A = A \times (P/A, i, n)$$

表 2—3　　年金现值系数表（P/A，i，n）

利率 / 期数	4%	5%	6%	7%	8%
6	5. 2421	5. 0757	4. 9173	4. 7665	4. 6229
7	6. 0021	5. 7864	5. 5824	5. 3893	5. 2064
8	6. 7327	6. 4632	6. 2098	5. 9713	5. 7466
9	7. 4353	7. 1078	6. 8017	6. 5152	6. 2469
10	8. 1109	7. 7217	7. 3601	7. 0236	6. 7101

例 2—3：小红准备在今后 10 年中每年年末从银行取 1000 元，如果利息率为 7%，则现在应存入多少元？

$$P_A = A \times (P/A, i, n) = 1000 \times 7.0236 = 7023.6 \text{ 元}$$

2. 普通年金的终值是每次收到或支出的复利终值之和

计算公式为：

$$F_A = A \times (F/A, i, n)$$

表 2—4　　年金终值系数表（F/A，i，n）

利率 / 期数	1%	2%	3%	4%	5%
5	5. 1010	5. 2040	5. 3091	5. 4163	5. 5256
6	6. 1520	6. 3081	6. 4684	6. 6630	6. 8091
7	7. 2135	7. 4343	7. 6625	7. 8983	8. 1420
8	8. 2857	8. 5830	8. 8923	9. 2142	9. 5491
9	9. 3685	9. 7546	10. 159	10. 583	11. 027

例 2—4：小红在 8 年内存入年存款利率为 3% 的银行 1 万元，那么他在第 8 年末所获得的年金是多少？

$$F_A = A \times (F/A, i, n) = 10000 \times 8.8923 = 88923 \text{ 元}$$

（二）预付年金现值和预付年金终值

从第一期起，在一定时期内每期期初等额收付的系列款项就被称作预付年金。

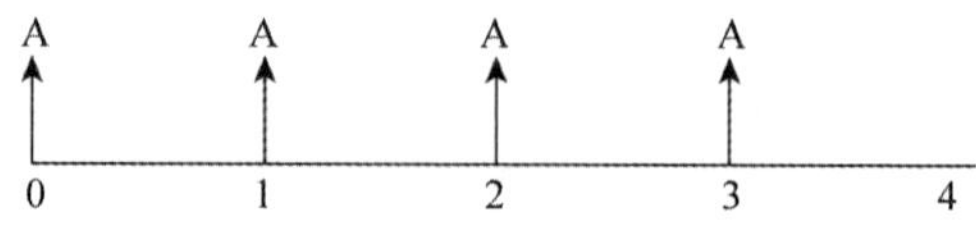

图 2—2 预付年金示意图

1. 在对预付年金的终值进行计算时，需要比普通年金的终值多计算一期的利息

即：

$$F_A = A \times (F/A, i, n) \times (1+i)$$

$$或\ F_A = A \times [(F/A, i, n+1) - 1]$$

例 2—5：小红在每年的年初都在利率为 8% 的银行存入 1000 元，那么小红在第 10 年的年末总共能够获取多少钱？

$$\begin{aligned} F_A &= A \times (F/A, i, n) \times (1+i) \\ &= 1000 \times 14.487 \times 1.08 \\ &= 15646\ 元 \end{aligned}$$

$$\begin{aligned} 或者：F_A &= A \times [(F/A, i, n+1) - 1] \\ &= 1000 \times (16.645 - 1) \\ &= 15645\ 元 \end{aligned}$$

2. 在对预付年金的现值进行计算时，与普通年金的现值相比，需要少折现一期

具体公式为：

$$P_A = A \times (P/A, i, n) \times (1+i)$$

$$或\ P_A = A \times [(P/A, i, n-1) + 1]$$

例 2—6：光明公司在生产经营过程中需要对一套设备进行租用。在租用的这 10 年里，每年初都需要支付 5000 元租金，年利率是 8%，那么这些租金的现值是多少？

$$P_A = A \times (P/A, i, n) \times (1+i)$$

$=5000\times 6.71\times 1.08$

$=36234$ 元

或者：$P_A=A\times$ [（P/A，i，n-1）+1]

$=5000\times$（6.247+1）

$=36235$ 元

3. 递延年金现值和递延年金终值

在普通年金的基础上递延形成的被称作递延年金，递延期通常用 m 表示。第（m+1）期期末是年金的第一次收付时期。

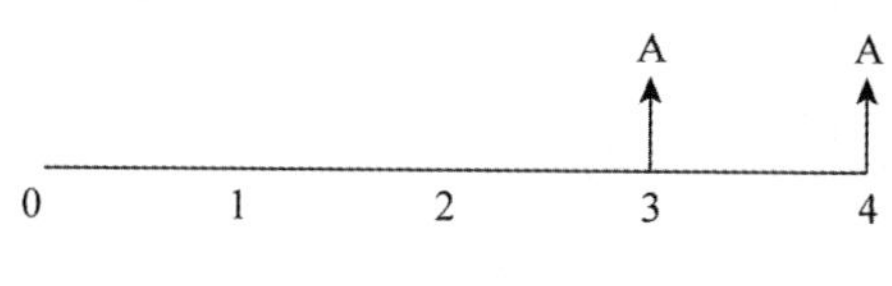

图 2—3　递延年金示意图

第一，递延年金中各期等额收付金额在第一期期初的复利现值之和被称作递延年金现值。

具体公式为：

$$P_A=A\times (P/A,i,n)\times (P/F,i,m)$$

除了运用这一公式进行计算，那么还可以先对 m+n 期后付年金现值进行求解，再将没有付款前 M 期后付年金现值扣除，具体公式为：

$$P_A=A\times [(P/A,i,m+n)-(P/F,i,m)]$$

例 2—7：光明公司在生产经营过程中向银行借款，利率为 8%，银行规定前 10 年并不需要对本金和利息进行支付，但是从第 11 年开始一直到第 20 年，在每年的年末都需要兑本息总计 1000 元进行偿还，求这笔款项的现值。

$P_A=A\times$（P/A，i，n）×（P/F，i，m）

$=1000\times 6.710\times 0.463$

$=3107$ 元

$$\text{或者：}P_A = A \times [(P/A, i, m+n) - (P/F, i, m)]$$
$$= 1000 \times (9.818 - 6.710)$$
$$= 3108\text{ 元}$$

第二，递延期并不会对递延年金的终值造成影响，年金支付多少期是影响递延年金终止的最显著因素，在对它进行计算时与普通年金的计算方法一致，公式为：

$$F_A = A \times (F/A, i, n)$$

4. 永续年金现值

普通年金的极限形式通常为永续年金，它只存在现值，并没有终值这一说法。

永续年金的现值计算公式为：

$$P_A = A/i$$

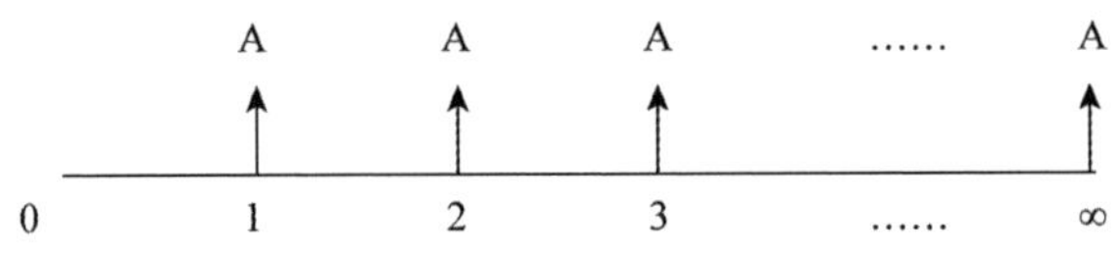

图 2—4　永续年金示意图

例 2—8：求解，在 10% 的利息率之下，求每年年底收入 1000 元的永续年金投资现值。

$$P_A = A/i = 1000/10\% = 10000\text{ 元}$$

第二节　风险与报酬

一　风险概述

（一）风险的含义

风险的含义是基于特定的情况、特定的时间，某种行为具有较多可能性并且会导致不同的结果。

对于财务管理而言，风险指的是公司在开展财务方面活动的时候因为众多无法预测或者无法掌控的情况，令公司获取的利益和最初预期有所不同，以致遭受资金亏损的可能。

（二）风险的特点

风险处于客观层面，随时间改变其程度也有所不同，具有一定的时限性。

（三）财务决策

根据风险的规模，公司的财务决策被划分成三类：确定性、风险性以及不确定性。

第一类决策的含义是领导者明确认识日后的状况并对其加以肯定，此类情况出现次数较少。

第二类决策的含义是领导者不能够明确日后的状况，而清楚地了解某类措施所带来的各类可能性与不同结果发生的概率。

第三类决策的含义是领导者不仅不清楚日后的状况，也不能全面知晓事件发生的概率。

对于财务管理而言，第二类和第三类决策的划分并不明确。风险既有可能代表着普遍提及的概念，也有可能代表着第三类问题。

（四）风险的类型

公司有可能面对的风险被划分成两类，即市场类型与公司特有类型。

1. 市场类型

其代表着能够牵涉到每个公司的风险，通过公司的外部环境引发，公司通常不能够加以掌控，也不能够将其散开，并且能够作用于每一个投资人员，无法借助多元化投资应对，也被称为系统风险或者不可分散风险。

2. 公司特有类型

其含义是因为某个公司的特定行为而产生的风险，发生条件并不固定，唯独和某个公司或者某个投资相关，并不会牵涉到每一个公司与项目，并且能够借助多元化投资将其散开，也被称为非系统风险或者可分散风险。此类风险按照产生缘由，能够再被划分成运营、财务两类风险。

运营风险源于运营领域给公司利润造成的多种可能性，同样被称为商业风险。上述因素或许来源于公司内部，或许来源于公司外部。财务风险源于公司债务给资产造成的多种可能性，同样被称为筹资风险。此类风险的规模由被借款方资金给自身资产带来的效应而决定，借款越多，风险规模越大；借款越少，风险规模越小。

若某个公司未曾背负债款，使用的是自身资产来运营，则该公司只会面临运营风险而不会遇见财务风险。

二 风险衡量

衡量风险的指标主要有收益率的方差、标准差和标准差率等。

（一）概率分布

对于经济行为，在同一客观情况下某个事情或许会发生或许不会发生，被称为随机事件。概率代表了随机事件出现的概率。一般而言，将一定会出现的事件概率设置成1，将一定不会出现的事件概率设置成0，普通随机事件的概率处于二者之间。此数值越大，则事件越有可能出现。随机事件全部结果的概率总和为1.

（二）期望值

期望指的是概率分布里面的不同可能性，通过将其对应的概率数值作为权重算出加权平均值。此数值普遍使用$\overline{E}$作为代表，其算式如下：

$$\overline{E} = \sum_{I=1}^{\Pi} x_i P_i$$

在上面的公式里，x_i代表着第i类状况可能会造成的事件，P_i代表着第i类状况可能会发生的概率。

例2—9：根据表2—5，把不同的可能事件和相应的出现概率数值做乘法，且对得出的积求和，那么就能够获得不同结果事件的加权平均。在这里不同结果事件出现的概率作为公式的权重，得出的期望收益率$\overline{E}$则代表着加权平均。

表 2—5　　期望报酬率的计算

市场需求类型	各类需求发生概率	光明公司各类需求下的报酬率	光明公司乘积
旺盛	0.3	12%	3.6%
正常	0.4	10%	4%
低迷	0.3	8%	2.4%
合计	1.0		$\overline{E}=10\%$

以下是光明企业的期望收益率的算式：

$$\overline{E}=0.3\times12\%+0.4\times10\%+0.3\times8\%=10\%$$

（三）方差、标准差和标准差率

1. 方差

在概率明确的基础上，方差的算式如下：

$$\sigma^2=\Sigma(x_i-\overline{E})^2\times p_i$$

在上面的公式中，x_i代表着第 i 类状况的结果事件和期望之间的偏差，p_i代表着第 i 类事件的发生概率。方差的算式能够表达为：偏差求平方再计算加权平均。

例 2—10：将例 2—9 作为样例，得出光明企业投资利润率的方差为：

$$\begin{aligned}\text{光明企业的方差}&=\sum(x_i-E)^2\times p_i\\&=(2\%)^2\times0.3+0^2\times0.4+(-2\%)^2\times0.3\\&=0.00024\end{aligned}$$

2. 标准差

标准差同样被称为标准离差，是方差做开平方运算。基于明确的概率值，其算式表达为：

$$\sigma=\sqrt{\Sigma(x_i-E)^2\times P_I}$$

在此之中，标准差通过绝对数来平衡策略规划所承担的风险，当期望相等时，标准差和风险成正比。

风险资产不存在风险危机，因此无风险资产的标准离差为 0。

例 2—11：将例 2—9 作为样例，获得光明企业投资利润率的标准

差为:

$$光明公司的标准差=\sqrt{0.00024}=0.0155$$

3. 标准差率

指的是标准差和期望的比值，一般使用V来代替，算式如下:

$$V=\alpha/E\times100\%$$

标准差率作为一种相对系数，其通过相对数表明决策规划将要承担的风险大小。方差与标准差属于绝对数，只能应用在期望相等的决策规划之间的风险对比。面对期望存在差异时，标准差率和风险成正比。

三 风险报酬的确定

风险报酬的含义是投资人员承担着风险投入资金并且得到了远大于不承担风险所获得的收益的额外利润，同样被称作风险价值或者是价格。

因为标准差指标只可以精准评估投资风险的规模，但不能把风险与利润共同研究。所以，若是决定一个投资项目，应当评估风险报酬，将其中的风险与利润加以组合。风险报酬一般来说有绝对数与相对数这两类表达方式，二者也被称为风险报酬额与风险报酬率，财务管理领域里面，普遍使用相对数即风险报酬率进行计算。

（一）风险报酬率

风险报酬率=风险报酬系数×标准差系数（风险程度）。

（二）投资报酬率

风险与收益间有着紧密的联系，具有较高风险的事项一定有着良好的收益，相反，风险较低的事项其收益也较低。若是排除通货膨胀，投资人员承担着风险来投入资金，以期能够获得的总共的报酬率是不承担风险报酬率和承担风险报酬率二者的和，也就是说，投资报酬率=无风险报酬率+风险报酬率。

不承担风险的报酬率存在期望收益的肯定性，这和投资时长有密切关系，财务管理领域中，通常借助政府债券利率和存款利率进行阐述。

风险报酬率代表着大于资产时间成本的另外的收益，存在预期收益的不稳定性，与风险规模以及风险报酬指标之间存在着正比关系。

（三）明确风险报酬指标

明确风险报酬指标的依据有四类，即按照传统的同类型项目来明确；按照标准差系数与投资收益率二者间的联系来明确；通过公司领导和相关专业人士来明确；通过国家机构组件专家团队，依照不同产业的状况与影响因素，明确不同产业的风险报酬指标，每隔一段时间进行公示，以便于投资人员进行考量。

四　资本资产定价模型

（一）资本资产定价模型的基本原理

在资本资产的定价模型中，股票资产是资本资产的主要内容，资本市场怎样决定股票收益率和股票价格则是由定价决定的。

资本资产定价模型是"无风险收益率 + 风险收益率 = 必要收益率"的详细化，并且为风险收益率的决定因素和度量方法的解释做了主要的贡献。在资本资产定价的模型中，风险收益率 $= \beta \times (R_m - R_f)$，而 $R = R_f + \beta \times (R_m - R_f)$ 则是资本资产定价模型的完整表达式。

在这个完整表达式中，某资产的必要收益率由 R 表示，某资产的系统风险系数由 β 表示，无风险收益率由 R_f 表示，市场组合收益率由 R_m 表示。不仅如此，R_m 还可以称为平均风险的必要收益率、市场组合的必要收益率等，是因为当 $\beta = 1$ 时，$R = R_m$ 时代表的是市场组合的平均风险。

$(R_m - R_f)$ 可以表示市场风险溢酬，也可以表示市场组合的风险收益率或股票市场的风险收益率，因为市场组合的 $\beta = 1$。$(R_m - R_f)$ 还可以表示平均风险的风险收益率，因为 $\beta = 1$ 代表的是市场平均风险，并且它是附加在无风险收益率之上的。因为它反映了市场整体对风险的平均"容忍"，即市场整体对风险的厌恶，承担了市场平均风险所需要的补偿。市场越规避风险，要求的补偿就越高，所以市场风险溢价的价值就越大。反之，假如市场的抗风险能力很强，则对风险的厌恶和规避就不是很强了。所以，要想市场风险溢价的价值较小，则需要所要求的补偿较低才行。

由于一个充分的投资组合几乎没有非系统风险，非系统风险可以通过资产组合消除，所以在资本资产定价模型中，计算风险收益率时只需要考虑系统风险即可，不需要考虑非系统风险。资本市场根本不会对非系统风险给予任何价格补偿，因为非系统风险与资本市场没有关系，财务管理研究中假设投资人都是非常理智的，都会选择充分投资组合。

例 2—12：假设 5% 为甲方案平均风险的风险收益率，8% 为平均风险的必要收益率，1.01 为 β 系数，通过公式计算出甲方案的风险收益率和必要收益率。

$$\text{甲方案的风险收益率} = 1.01 \times 5\% = 5.05\%$$

$$R_m = 8\%,\ R_m - R_f = 5\%,\ R_f = 3\%$$

（二）资本资产定价模型的有效性和局限性

资本资产定价模型可以从实质上表达出风险与收益之间的关系，它将高风险和高回报同时摆上荧幕，认识到“高收益的背后风险也是巨大的”。资本市场理论第一次对“高收益伴随高风险”这一认识给出直观理解。这是对现实中两者关系最贴切的表达，所以长时间里资本资产定价模型作为主要衡量工具被财务人员、财务从业人员和经济学家用来处理相关风险问题。

但是这一模型简化了复杂的现实，就必然会忽略许多现实遇到的相关因素，并受到一些假设的限制，因此还是存在着一些争议。截至目前，关于资本资产定价模型的有效性的争论仍然存在，支持和反对使用资本资产定价模型的争论激烈和活跃。人们也在寻求更好的理论或方法，但没有取得实质性突破。

虽然资本资产定价模型已经积累到了一定的好评，但在实际应用中仍然会受到现实因素的影响，受局限比较大，例如，其一，一些资

产或企业 β 价值的定价难以估算，特别是一些新兴行业会受到历史数据这一问题的困扰。共二，由于经济环境具有不稳定性，基于历史数据估算的 β 值在未来的导向作用是大打折扣的。其三，资本资产定价模型是建立在一系列假设基础上的，其中一些假设与实际情况存在较大偏差，这使得资本资产定价模型的有效性受到质疑。这些假设大都与现实不符，比如市场不会是均衡的、市场中不会不存在矛盾，再比如投资者在投资过程中是不会绝对理性的、交易中必然存在的交易成本、税收也会影响资产的选择和交易等。

因为这些原因，资本资产定价模型只能大概给出证券市场运动的基本情况，想要准确了解证券市场的一切是完全不可能的。所以，使用模型时的着重点应该是它所揭示的市场规律。

第三节　证券估值

最常见的金融证券有债券和股票两种，下面讲的是如何评估债券价值和股票价值。

一　债券价值评估

债券价值评估具有重要的现实意义。公司利用发行债券从资本市场筹集资金，公司必须知道如何公平定价。如果价格较低，公司将因支付更多现金而蒙受损失；如果价格过高，公司将因上市失败而蒙受损失。对于已经上市的公开交易债券来说，估值仍然很重要。债券的价值反映了债券投资者所要求的回报。对于基金经理而言，不知道如何为债券定价，就是不知道投资者想要什么，也就不会让他们感到满意。

（一）债券的概念

债券的本质是借条，发行者为了筹集资金向股民发行，并且会在约定时间里支付一定比例的利息，在到期时偿还本金的一种有价证券。

1. 债券面值

债券面值是指一股代表多少钱，它代表发行人承诺于未来某一特定日期偿付给债券持有人的钱数。

2. 债券票面利率

债券票面利率，就是债券发行者为了预防货币膨胀，在对一年之内的支付利息进行评估，从而制定的对投资者的一个票面金额的占比。这个占比跟年利率是有不同点的，后者通常是指在对上年的计算中得到的利率，而前者是对未来一年的预测。债券的计算方式有很多种，不仅如此，利息支付的时间也是可以调整的，这些千变万化的变化就使得票面利率概率与有效年利率不一样。

3. 债券的到期日

债券也是存在偿还日期的，并且是对本金进行偿还。根据相关的规定，债券都需要规定归还日期，以此来保证本金。

（二）债券的分类

1. 按债券是否记名分类

对于债券是否是实名制，也采取了相关的方式，对于实名制的公司债券就是记名公司债券，没有进行实名制的债券就是无记名公司债券。

2. 按债券能否转换为股票分类

债券也是可以转化为公司股票，对于可以进行转化的债券就是可转化债券，反之就是不可转化债券，但是，有关部门为了区分这两种债券进行了有效的措施，在两者中，后者的利率就要低于前者。

3. 按债券能否提前赎回分类

对于归还期限的限制，也就是根据是否可以提前偿还，分为可提前赎回债券和不可提前赎回债券。对于归还的债券，公司仍然可以保留对这部分债券的使用权，这部分的债券就叫作可提前赎回债券，反之就是不可提前赎回债券。同样的，为了区分这两种债券，前者的利率要比后者的更高。

4. 按有无财产抵押分类

对于债券归还建立的一些抵押机制，也将债券分为抵押债券以及信用债券，前者就是要申请者进行特定的财产抵押，没有抵押的财产，就是信用债券。对于抵押债券又细分为四个组成部分，如果在申请的过程中，是以公司的全部资产作为抵押，那么这种债券就是一般抵押债券；如果以公司的不动财产进行抵押，就是不动产抵押债券；对于一些以机器生产为核心的公司，进行公司机器设备的抵押，就是设备抵押债券；如果公司是以公司的股份并且加上保证书，就是证券信托债券。

5. 按能否上市分类

国家对于债券是否能够进入市场进行交易是十分关注的，如果能够在证券所进行合法交易的就是上市债券；如果不能进行交易，就是非上市债券。前者具有很多优点，对于申请者的信用度很高，并且提现的时间也很短，所以对于投资者来说，是一个很好的选择。但是需要经过多层次的审批，才可以上市。

6. 按偿还方式分类

一次性地把债券进行偿还的债券就是到期一次债券。反之进行分期付款的就是分期债券。

7. 按债券的发行人分类

对于不同的发行者，发行的债券也是不同的。中央政府部门发行的债券，就是政府债券。这类债券能够得到政府部门利息和本金的保障，不会有定期不归还的问题发生。但是也有问题产生，随着市场利率的上升，政府债券的市场价格就会随之降低，所以这种债券也是存在风险的。地方政府发行的债券就是地方政府债券，常常会发生违约的情况，所以这类债券的利率往往高于中央政府债券。公司发行的债券就是公司债券，也存在着违约风险，故随着公司违约风险的增大，利率也就越高。对于发行给外国政府以及公司的债券，都存在着一定的违约风险。在此类债券购买中，如果是以国外的货币进行交易，还要承担汇率风险。

（三）债券价值的评估方法

债券的价值计算，有一个建模过程，合同上的签订时间和到期的款项需要发行者去计算。并且采取的折现率会随着投资市场的利率而变化。

一般的债券采用的是不变的利率，每隔一年就要支付利息，并且强制规定到期就要归还本金。这种方式的建模为：

$$V_d = \frac{I_1}{(1+r_d)^1} + \frac{I_2}{(1+r_d)^2} + \cdots + \frac{I_n}{(1+r_d)^n} + \frac{M}{(1+r_d)^n}$$

式中：V_d为债券价值，I 为每年利息，M 为面值，r_d为年折现率，一般取用当前等风险投资的市场利率，n 为距离到期的时间的年数。

例 2—13：假如一家公司现在打算购买另一家公司的债券，并且发行的债券面值按照市场价就是 100 元，到期时间是 5 年，利率为 10%，并且市场的利率是 8%，问市场价格为多少时，这家公司进行购买活动比较合适？

$$V = 100 \times 10\% \times (P/A, 8\%, 5) + 100 \times (P/F, 8\%, 5)$$
$$= 107.99 \text{ 元}$$

当债券的市场价格低于 107.99 元时，就可以进行购买。

（四）债券价值的影响因素

通过上述模型可以看出，能够影响债券成分的不仅有债券面值、利息、利率，还有不能忽视的折现率和到期时间。

1. 债券价值与折现率

折现率能够影响债券价值，并且遵循的原则标准就是前者与后者相等时，债券价值才是面值，如果不相等，就会出现债券价值高于或者低于面值的情况。无一例外。

值得关注的是，每隔几年要进行利率的计算，对于折现率的计算也遵循一定的计算原则。

2. 债券价值与到期时间

在债券发行后就开始进行计时，并且到期的日子就是到期时间，到期时间会随着时间的推移相应延长，一直到零为止。

当债券价值与面值不相等时，这时就不需要关注折现率的变化，一直到到期日，债券价值还是等于债券面值。如果折现率不低于票面利率，债券的价值就会随之增加，最终就是达到和债券面值相等的情况。反之，折现率低于利率时，就需要债券价值进行下降的调整。

例 2—14：假如一家企业计划发行某种债券，面值是 500 元，时间为 5 年，发行定位的市场利率是 10%，不需要利息，到期还本。

现问：利率分别为 8%、10%、12% 时的发行价格。

首先，若票面利率为 8%：

$$发行价格 = 500 \times 8\% \times (P/A, 10\%, 5) + 500 \times (P/F, 10\%, 5)$$
$$= 40 \times 3.7908 + 500 \times 0.6209 = 462.08（元）$$

其次，若票面利率为 10%：

$$发行价格 = 500 \times 10\% \times (P/A, 10\%, 5) + 500 \times (P/F, 10\%, 5)$$
$$= 50 \times 3.7908 + 500 \times 0.6209 = 500（元）$$

最后，若票面利率为 12%：

$$发行价格 = 500 \times 12\% (P/A, 10\%, 5) + 500 \times (P/F, 10\%, 5)$$
$$= 60 \times 3.7908 + 500 \times 0.6209 = 537.9（元）$$

根据以上结果可以得出，上述三种情况分别是折价、等价、溢价发行的。解决这一类问题就需要进行复利年利率，并且要以债券为计算单位去对利息进行计算，进行分期付款，每次需要支付利息，跟票面价值无关。

二　普通股价值评估

对于股票，是股份公司将公司的营业额发给股东的所有权证明，其实从本质而言，这也是一种证券。股东对于公司的财产是有知情权的。对于股票的使用，股东可以有很多不一样的方法和标准进行权利的使用，分为普通股和优先股两种情况。

对于普通股份，就是股份公司对于这类股票赋予表决权和剩余索取权。对于此类股票的价值评估，目前市场上有进行建模的方式。这里着重介绍现金流量折现模型中的股利折现模型。

（一）股票估值的基本模型

股票的资金流入分为两个组成部分：股利收入和出售股票时的售价。对于股票的内在价值其实是获得股利和之后的售价。

股东可以通过股票获得永续资金，广义来说这就是股票的价值。

$$V_s = \frac{D_1}{(1+r_s)^1} + \frac{D_2}{(1+r_s)^2} + \cdots + \frac{D_n}{(1+r_s)^n} = \sum \frac{D_t}{(1+r_s)^t}$$

式中：V_s为普通股价值；D_t为第 t 年的股利；r_s为年折现率，一般采用资本成本率或投资的必要报酬率。

投资者有权利决定选择股票的持有时间，但是随着时间的推移，未来的股票资金流入会逐年递减。所以，买入股票的价值为：

$$V_0 = \frac{D_1}{1+r_s} + \frac{V_1}{1+r_s} \tag{1}$$

到了一年后的价值V_1就是：

$$V_1 = \frac{D_2}{1+r_s} + \frac{V_2}{1+r_s} \tag{2}$$

将式（2）代入式（1）：

$$V_0 = \frac{D_1}{1+r_s} + \left(\frac{D_2}{1+r_s} + \frac{V_2}{1+r_s}\right) \div (1+r_s)$$

$$= \frac{D_1}{(1+r_s)^1} + \frac{D_2}{(1+r_s)^2} + \frac{V_2}{(1+r_s)^2}$$

如果不断继续上述代入过程，则可得出：

$$V_0 = \sum_{t=1}^{\infty} \frac{D_t}{(1+r_s)^t} \tag{3}$$

对 V_0的计算过程公式其实就是进行股票评估常用的模型。但是在实际问题中，经常需要解决来年的股利和将折现率进行一个市场折现率的确定。

股利的影响因素是每股盈利和股利支付率两个部分，进行评估常常会用到诸如回归分析、时间序列的趋势分析等。但是股票的评估是需要能够无限期对股利进行评估，这一模型显然做不到。所以，就需要对模型进行改进，对诸如增长率进行定值处理。

折现率对于未来资金换算到现在的价值起到十分重要的作用，是投资的必要报酬率。

（二）零增长股票的价值

如果在未来股票利率保持稳定的情况下，对其投资也较稳定，那么股利由下可知：

$$V_0 = D \div R$$

例 2—15：该企业人员平均一年可以得到大约 3 元的股利，其报酬率稳定在 15% 左右，那么该股的价值应该是：

$$\mathrm{V} = D \div R = 2 \div 16\% = 12.5 \text{ 元}$$

（三）固定增长股票的价值

在现实情况下来看，有部分公司的股东分到的股息和红利是呈现上升趋势的。如果企业在发展前景较好的时候，其的股票是比较稳定的，并且呈现增长的势态。假设某只股票的股息和红利在 D 的时期时，该股票以 g 的速度不断稳定上升，那么该股票的股息和红利为：

$$\mathrm{V} = \frac{D_1}{R - g}$$

例 2—16：光明公司计划出资买 ABC 公司的股票，经过市场的调查，ABC 股份有限公司上一年度股票的股息和红利大概为 2 元，经过对该公司的评估，可以大约知道该公司的股票会呈现上涨的趋势，但是上涨幅度在一定程度上较小。所以经过对该企业的调查研究后，购买该公司的股票其回报率必须超过 8%。在这种情况下，该股份有限公司的股票价格多少时光明公司才可以投资？

$$\mathrm{D_0} = 2，\mathrm{D_1} = 2 \times （1 + 4\%） = 2.08 \text{（元）}$$

$$\mathrm{V} = \frac{D_1}{R - g} = \frac{2.08}{10\% - 4\%} = 34.67 \text{（元）}$$

根据结果可以知道当该股份有限公司的股价小于上面的计算数目时，光明公司才可以投资。

（四）非固定增长股票的价值

在现在的股票市场中可以了解到，有一部分企业的股息和红利是较稳定的，没有多大的波动。举例来说，一些企业的股票价格在某一个时期快速增长，但是在某一时间段里较稳定，波动不大。基于这种情况，为了得到较准确的关于股票的信息，就要对股票的价值进行分时间段计算。

三 优先股价值的评估方法

优先股的具体内涵为：有优先权利分配股票利润的股票持有人。优先股票是根据具体规定的股票利益对股东的利益进行分配，该具体的分配率是可能会有上下波动，但是其总体是较稳定的。企业的相关政策法规约定优先股通常情况下是采用固定股票利率的，或者固定好每一年度的股票利率，但是每一年的股票利润是可以根据具体的情况而定的。然而如果企业相关政策法规里面用优先股利率浮动政策，必须有较为详细的规定表明，优先股在储存期内的相关股票利率应该怎样进行计算。

优先股不管是通过固定股票利率还是按照波动股票利率的方式，这种类型的股票的实际价值都能通过一定的方式对其未来的发展进行相等利润的计算，换句话说，就是运用股票的现有资金流折现模式进行评估。在这种情况下，如果优先股票的存储年限里面，其每年的股票利率是一样的，每股的股票利息就会形成没有未来期限支付的年金。换句话来说，优先股在一定程度上就相当于持股人拥有该公司的长期债券。其具体的评估公式如下所示：

$$V_p = D_p / r_p$$

在该等式里面：V_p代表的是优先股的具体价值，D_p代表的是该股票每一次的股票利息，r_p代表的是该股票的折现利率。

本章小结

1. 资本的时间价值

具体含义为：有一定规模的资金额，在不同的时间出现的不同，其有一定的金额差距。

2. 复利终值

具体内涵为：现有的固定的资本采用资本复利的方式折算，对资金进行未来的特定时间点的计算，评估出其具体的价值，换句话来说就是把现在的本金和以往的利息相互结合起来进行计算。

计算公式：$F = P \times (F/P, i, n)$

3. 复利现值

复利现值的具体含义是：对未来的资金进行评估，按照相关的利率对其进行计算，转换到现有的价值。

计算公式：$P = F \times (P/F, i, n)$

4. 普通年金

具体内涵是：每一期股票收到或者支出一样的年金。

普通年金的含义是每一只股票在最后收入和支出相同的资金，在最后一期的股票时候，加上本金和利息，普通年金是每次股票收到或者支出的最终数额之和。

计算公式为：$F_A = A \times (F/A, i, n)$

普通年金的现有估值的含义是：企业或者个人在每一期股票期末的时候能够得到一样的金额，在当前所需要投入的资金。

计算公式为：$P_A = A \times (P/A, i, n)$

5. 预付年金的现有估值

因为未来预计支付的年金的现有估值在实际情况中要比传统支付的年金利润高许，所以，在这种情况下，根据具体的公式以及两者间的相互关系，可以得到该问题的相关计算，即：

$$P_A = A \times (P/A, i, n) \times (1 + i)$$

或 $P_A = A \times [(P/A, i, n-1) + 1]$

6. 递延年金现值和递延年金终值

递延年金现值的具体内涵是：递延期是指对普通年金的递延，其现值是指每一期之中的等额资金，在第一期的时候利润的和。该种类型的计算方式为：

$$P_A = A \times (P/A, i, n) \times (P/F, i, m)$$

递延年金的数值和具体的时间没有联系，但是和其年金的支付期限有很大的联系，其计算方法和普通年金一样，其具体的公式为：

$$F_A = A \times (F/A, i, n)$$

7. 永续年金现值

永续年金是普通年金的另一种表现，如果普通年金的支付次数达到一定规模的，那么，它就会成为永续年金，并且这种类型的年金只有现值。该类型的计算方式：

$$P_A = A/i$$

8. 衡量风险的指标

衡量风险的指标主要有收益率的方差、标准差和标准差率。

（1）方差。如果在概率已经被知晓的情况下，方差的计算如下所示：

$$\sigma^2 = \Sigma (x_i - \overline{E})^2 \times p_i$$

（2）标准差。如果在概率已经被知晓的情况下，标准差的计算如下所示：

$$\sigma = \sqrt{\Sigma (x_i - E)^2 \times P_I}$$

当期望值一样的时候，标准差和风险呈正相关关系，标准差的数值越大，那么其风险也会随之增加，标准差的数值越小，其风险也会跟着减少。但是风险资产没有风险存在的可能性，所以从这一层面出发，其标准差为0。

（3）标准差率。期待值率的大小和标准差有很大的关系。标准差率在一般情况下，用V来代替表示，其计算方法如下：

$$V = \alpha/E \times 100\%$$

9. 资产具体定价

计算方式是：

$$R = R_f + B \times (R_m - R_f)$$

在该等式里面，R代表的是特定资产的利润率；β代表的是资产风险的大小；R_f代表的是没有风险情况下的利率，R_m代表的是在市场前提下组合资产的利率，因为如果这些相关系数取特定值，其有特定的代表含义，基于这种情况R_m也有许多别的称呼，比如组合资产的收益率。

10. 传统债券

传统的债券有着相对稳定的利率，并且每一年度都会进行计算，然后根据相关的市场支付利息，到达规定的时期之后，归还本来的金额。在这种情况下，该债券的基本计算方式为：

$$V_d = \frac{I_1}{(1+r_d)^1} + \frac{I_2}{(1+r_d)^2} + \cdots + \frac{I_n}{(1+r_d)^n} + \frac{M}{(1+r_d)^n}$$

在该计算里面：V_d代表的是债券的价值，I 代表的是每一年的利息是多少，M 代表的是面值的大小；r_d代表的是年折现率的多少；n 代表的是到达最终期限的具体年数。

11. 零增长股票的价值

如果预期的股票利率是不变的，那么，它的具体支付过程被看作永续年金，那么股票的价值的计算公式为：

$$V_0 = D \div R$$

12. 固定增长股票的价值

在市场的情况下，某一部分公司的股票利率是呈现上涨趋势的。如果企业的股票处于持续性增长的时候，那么，值的增长率的波动是较为稳定的，当某一只股票的现金股票利率在 D 时期的基础上，g 的速度上涨时，这只股票的价值由以下计算方式进行计算：

$$V = \frac{D_1}{R-g}$$

13. 优先股的价值

如果在优先股的存储期限里面采用固定的股息率的时候，那么股息就可能形成没有期限但是资金会是相同数额的年金。那么在这种情况下，优先股在一定程度上就代表长期性的永久债券。具体的计算方式由下可知：

$$V_p = D_p / r_p$$

式中：V_p代表的是优先股的具体价值，D_p代表的是该类型股票每一期股票利率的多少，r_p代表的是股票的现有折现率。

第 三 章

筹资管理

第一节　资本成本

一　资本成本的概念

资本成本又被称为必要报酬率，其具体的内涵为：公司为了获得资金需要满足资本方的相关性条件。资本成本的产生与其所有权、使用权的相互联系是密不可分的。站在资本方的角度来说，因为提供了资金或者一些其他的帮助，所以需要让投资方满足一些自己的条件，去获得利益，满足资本的需求。如果站在被投资者的角度出发，因为资本方满足了自己一定的需求，所以自己有必要付出相关的代价去满足资本方的需求。资本的投资主要表现方式有两种：绝对数与相对数。下面具体的介绍采取绝对数表示的投资成本，其具体由以下两个方面组成。

（一）筹资费

筹资费的具体内涵为：公司为了获得资本的投资所需要的代价。举例来说，资金筹集的费用由被投资相关方向银行支付。与此同时，筹集资金一般情况下，为一次筹集完成，在使用资金时，不会再次发生筹集情况。所以，它被当作筹集资金的扣除。

（二）占用费

占用费的具体内涵为：当公司使用资本的资金时候，因为对资本有占用所产生的费用。举例来说，被投资者向银行付资本的相关利息成本，为公司的持股人提供一些福利等一系列行为。该费用是因为被投资方占用了资本所以必须付出的代价，其是资本投资成本的重要组成部分之一。

二　资本成本的作用

第一，对比筹资方式的好坏和选择筹资的方案都需要依靠资本成本。

一切筹资方式的对比和评分都需要仰仗资本成本率。虽然筹资方式的评估涉及方方面面，但是资本成本始终占据评估筹资方式的核心地位，因此当除了资本成本率不同而其他条件都一样的时候，企业在选择筹资方式时一定会优先选择资本成本率相较而言最低的那种。

第二，判断一个资本结构是否具有合理性，需要依据平均资本成本。

企业以后能够使用多少现金决定了现在企业的价值，而将企业的价值最大化，则成为企业的财务管理的目标。

第三，评价一个投资项目是否可行需要依据资本成本。

不论对什么项目进行投资，一旦预期的投资报酬率达到甚至超过在该项目上所需要使用的资本成本率，那么就一定值得对它进行投资，从经济的角度来说就是成功的。所以，投资时，资本成本率的大小事关重要。

第四，如何看出企业的整体业绩需要依靠资本成本。

企业的资本成本率具有一定的时效性，在该效应期间，可以参考该数据达到观察该企业在筹资管理方面做得如何，并且可以根据该数据分析得出该企业的经营业绩能达到什么程度。只有当该企业的总资产的税后报酬率比平均成本率高才可以得到一定的利润，不然就是亏本。

三　个别资本成本的计算

什么是个别资本成本？其定义是：只使用单一的融资方式的资本成本，其中最为明显的个别资本成本有：银行借款资本成本、公司债券资本成本、优先股资本成本、普通股资本成本和留存收益成本。这些资本成本又分为两种：一种是债务资本成本，另一种是权益资本成本。相对数即资本成本率可以代表个别资本成本是高还是低。

（一）一般模式

在计算资本成本时，不会把货币的种类、时间的价值纳入考量范围，直接使用一般的通用模型进行计算。在计算的时候，会直接扣除掉初期的筹资费用，剩下的筹资额是筹资净额，这时候，我们会直接套用一般模式通用计算公式去计算，其公式为：

$$资本成本率=\frac{资金占用费}{筹资总额-资金筹集费}$$

但是，存在资金筹集费使用百分比进行计算，所以，公式也可变为：

$$资本成本率=\frac{资金占用费}{筹资总额\times(1-筹资费率)}$$

企业的资本成本的组成包含了各种个别资本成本，它们本身的资金比重组合起来就构成了企业总资本成本的资金比重，也正是因为个别资本成本的资金各不相同，所以我们在进行计算时，会分别计算。

（二）贴现模式

在面对涉及巨大金额且在时间上投入超过一定期限的长期资本的问题时，我们能够使用贴现模式。这种计算方式相对来说结果更为精确。

通过写出：筹资净额现值－未来资本清偿额现金流量现值＝0这一公式得出了以下结果：

资本成本率＝所采用的贴现率

（三）银行借款的资本成本率

银行借款资本成本是由借款利息和借款手续费两种费用组成的，所以，银行借款的资本成本率一般模式计算的计算公式是：

$$K_b=年利率\times(1-所得税税率)/(1-手续费率)$$
$$=i(1-T)/(1-f)$$

在这个公式里面，K_b代表的值是银行借款的资本成本率，i代表的值是银行借款年利率，f代表的是筹资费用率，T代表的是所得税税率。

所以我们在面对长期借款的问题时，不仅仅要考虑货币时间价值，还要考虑是否能够使用贴现模式去计算资本成本率。

（四）公司债券的资本成本率

公司的债券资本成本主要存在方式有两种：债券利息与借款发行费用。债券可以卖出超过其本身的价格，也可以卖出低于其本身的价格，而这一切的资本成本率是按照一般模式去计算的，它的公式主要为：

$$K_b = \{\text{年利息} \times (1-\text{所得税税率})\} / \{\text{债券筹资总额} \times (1-\text{手续费率})\}$$
$$= \{I\ (1-T)\} \ / \ \{L\ (1-f)\}$$

在这个公式中，L代表了该公司在债券筹资方面的所有额度，I则代表该公司债券每年能够获得的利息是多少。

例3—1：假如一个企业发行的债券数额达到了1000万元，其中，筹资费率为2%，债券利息率为10%，所得税率为30%。现在需要计算这种债券的资本成本率是多少。

债券资本成本率：

$$K = \frac{10\% \times (1-30\%)}{1-2\%} \approx 7.14\%$$

例3—2：有一个企业发行债券数额达到1000万元，每份债券的面额达到1000元，现在需要按照超过面额50元的价格发售，票面利率是10%，所得税率是30%，发行筹资费率是1%。现需要计算出这种债券的资本成本率。

债券资本成本率：

$$K = \frac{1000 \times 10\% \times (1-30\%)}{1050 \times (1-1\%)} \approx 6.73\%$$

（五）优先股的资本成本率

向优先股股东支付的各期股利是优先股资本成本的重要组成部分。在对固定股息率优先股进行研究的过程中，如果各期股利是相等的，那么在对优先股的资本成本率进行计算时，通常需要结合如下公式：

$$K = \frac{D}{P\ (1-f)}$$

上式中的K、D、P以及f分别代表优先股资本成本率、优先股年固定股息、优先股发行价格以及筹资费用率。

例3—3：光明公司在对优先股进行发行过程中，每股的价格是10元，年支付股利1元，发行率是3%，对该优先股的成本率进行计算。

优先股资本成本率：

$$K = \frac{1}{10 \times (1-3\%)} \approx 10.31\%$$

本书在研究过程中也指出，如果属于浮动股息率优先股的范畴，那么在对优先股的浮动股息率进行计算时，需要以约定的计算方法作为依据，在计算过程中也需要提前在公司章程中进行明确。浮动优先股的各期股利并不是恒定不变的，在对资本成本率进行计算的过程中，只能结合贴现模式开展。在对这一类型的资本成本率进行计算时，与普通股资本成本的股利增长模型法是一致的。

（六）普通股的资本成本率

普通股资本成本的主要作用是向股东支付各期股利，企业的各期收益均会对股利造成一定程度的影响，因此在对普通股的资本成本进行计算时，需要以贴现模式开展，并对各期股利的变化程度呈现的规律性特征进行假设。在对上市公司的普通股的资本成本进行计算的过程中，不仅需要结合股票收益率，更需要充分考虑的是收益率的相关性，在估计过程中也需要将资本资产定价模型法融入其中。

1. 股利增长模型法

在研究过程中做出如下假设：资本市场是有效的，并且股市市场的价格与价值是一致的。某股票本期支付的股利为D_0，未来各期股利按g速度增长。目前股票市场价格为P，则普通股资本成本为：

$$K = \frac{D_0\ (1+g)}{P\ (1-f)} + g$$

$$= \frac{D_1}{P\ (1-f)} + g$$

上式中的 K、D_1、P、f 以及 g 分别表示普通股资本成本、预期第 1 年普通股股利、普通股筹资总额、普通股筹资费率以及普通股年股利增长率。

例 3—4：我公司在生产经营过程中，对普通股发行股票的面值是 10 元，议价 12 元发行，筹资率为 4%，第 1 年末预计股利率为 10%，在最后几年发展过程中，每年的增长速度为 2%，对该普通股资本成本率进行计算。

普通股资本成本率：

$$K=\frac{10\times10\%}{12\times（1-4\%）}+2\%\approx10.68\%$$

2. 资本资产定价模型法

在研究过程中做出如下假设：资本市场是有效的，并且股票市场的价格与价值存在一致性，无风险报酬率、市场平均报酬率以及某股票的 β 系数分别为 R_f、R_m，那么在对普通股资本成本率进行计算时需要结合如下公式：

$$K_s=R_f+\beta\ （R_m-R_f）$$

（七）留存收益的资本成本率

本书在研究过程中也指出，企业并不会把所有盈利都用股利的形式给予股东，而且国家的宏观政策也明令禁止这一行为，这也说明企业在发展过程中只要产生了利润，那么总会存在留存收益，它属于企业的可用资金，为普通股股东所有。在对留存收益资本成本进行计算的过程中，结合市场利率也能够对机会成本做出参考。具体计算公式为：

$$K=\frac{D_1}{P_4}+g$$

式中，K 表示留存收益资本成本，其余同普通股。

例 3—5：某公司在生产经营过程中的留用利润为 50 万元，其他条件与上市保持一致，对该公司的留存收益资本成本率进行计算。

留存收益资本成本率：

$$K = \frac{10 \times 10\%}{12} + 2\% \approx 10.33\%$$

四 平均资本成本的计算

平均资本成本能够对企业资本成本整体水平的发展状况进行清晰的展现，它作为综合的资本成本而存在，是在多元化的融资方式中形成的。本书在研究过程中也指出，在对单一融资方案进行评价时，需要对个别资本成本进行计算，而在对企业投资总体的经济性进行衡量时，则需要充分考虑企业的平均资本成本这一要素。它能够对企业的资本成本水平进行有效评估，对企业的理想资本结构进行探究。

企业的平均资本成本作为总资本成本率，需要选择各项个别资本在企业总资本中的比重作为权数，并将他们进行加权平均，具体计算公式如下：

$$K_w = \sum_{j=1}^{n} K_j W_j$$

结合上式也可以发现，平均资本成本、第 j 种个别资本成本率以及第 j 种个别资本在全部资本中的比重分别用 K_w、K_j、W_j表示。

例 3—6：某企业在生产经营过程中总共具备 1000 万元的共有资产，其中银行借款高达 50 万元，长期债券有 250 万元，普通股有 500 万元，优先股有 150 万元，留存收益有 50 万元，各种来源资金的资本成本率分别为 7%、8%、11%、9%、10%。

要求：计算综合资本成本率。

$$\text{综合资本成本率} = \frac{50 \times 7\% + 250 \times 8\% + 500 \times 11\% + 150 \times 9\% + 50 \times 10\%}{1000}$$

$$= 9.7\%$$

在对平均资本成本率进行计算的过程中，必须充分考虑权数价值的选择问题，经济社会的进一步发展也逐渐形成了账面价值以及市场价值等诸多可供选择的形式。

（一）账面价值权数

在对资本权数进行计算的过程中，需要结合个别资本的会计报表，账面价值只有这样才能够对各类资本占总资本的比重进行确定，这些资料便于获取，从资产负债表中就能够梳理出来，并且最终的计算结果也具备显著的稳定性，但是一旦出现债券和股票市价与账面价值差距过大这一状况，那么就不能对资本市场上筹集资本的现实机会成本进行清晰展现，在对现实的资本结构进行评价时，所得出的最终结果也是不正确的。

（二）市场价值权数

再对资本权数进行计算，过程中，需要结合各项个别资本的现行事项作为依据，对各类资本占总资本的比重进行确定，运用这一方式，能够将现实的资本成本水平进行有效反映，对于资本结构决策的开展意义重大。但是现行市价并不稳定，要想取得第一手数据也极为困难，并且它只能够对现实的资本结构进行反映，在开展筹资决策时运用这一模式存在缺陷。

（三）目标价值权数

在对资本结构进行确定时，结合各项个别资本预计的未来价值作为依据，对各类资本占总资本的比重进行确定。目标资本结构要求下的产物是目标价值。公司在对新的资金进行筹措的过程中，需要将能够反映期望的资本结构进行展现，此时的目标价值是有益的，对于未来的投资决策意义重大，在对目标价值进行确定时，往往存在显著的主观性特征。

在对资本权重进行计算时，如果以目标价值作为依据，就能够将决策的相关性清晰地展现出来，在对目标价值权数进行确定时，不仅能够选择未来的市场价值，也能够选择未来的账面价值。结合上述研究也可以发现，目标价值权数能够将主观愿望和预期表现清晰地展现出来，它是以财务经理的价值判断作为主要依据的。

五　边际资本成本的计算

企业追加筹资的成本属于边际资本成本的范畴，企业过去筹集的单项资本的成本或目前使用全部资本的成本，被称作企业的个别资本成本和平均资本成本。企业在追加筹资时，不仅需要对现阶段使用资本的成本进行充分考虑，还需要对筹集资金的成本进行考虑，这就属于边际资本成本的范畴。

如下所示的几个例子，主要对边际成本进行计算和应用。

例 3—7：光明公司现阶段总共有 1000 万元的资金，是由 100 万元的长期借款和 200 万元的长期债券以及 700 万元的普通股组成的，在发展过程中为了进一步扩大生产规模，需要对新的资金进行筹集。再通过一系列分析之后，现阶段的资本结构是最优状况，筹资额的不断增加也会使得资本成本发生如表 3—1 所示的变动。

表 3—1　　　　光明公司筹资资料

资金种类	目标资本结构	新筹资的数量范围（元）	资本成本
长期借款	10%	0—50000	6%
		大于 50000	7%
长期债券	20%	0—140000	8%
		大于 140000	9%
普通股	70%	0—210000	10%
		210000—630000	11%
		大于 630000	12%

（一）计算筹资总额的分界点（突破点）

在对筹资总额的分界点进行计算时，需要结合目标资本结构以及各种个别资本成本变化的分界点作为依据，公式如下所示：

$$BP_j = \frac{TF_j}{W_j}$$

式中，BP_j、TF_j、W_j 分别表示筹资总额的分界点、第 j 种个别资本成本的分界点以及目标资本结构中第 j 种资金的比重。

光明公司的筹资总额分界点如表 3—2 所示。

表3—2　　筹资总额分界点计算表

资金种类	资本结构	资金成本	新筹资的数量范围（元）	新筹资总额分界点（元）
长期借款	10%	6%	0—50000	0—500000
		7%	大于50000	500000
长期债券	20%	8%	0—140000	0—700000
		9%	大于140000	大于700000
普通股	70%	10%	0—210000	0—300000
		11%	210000—630000	300000—900000
		12%	大于630000	大于900000

结合表3—2的数据也可以发现，新筹资总额分界点反应的是引起某资金种类资本成本发生变化的分界点。在开展长期借款时，如果筹资总额不超过50万元，此时的资本成本为6%，但是超过50万元之后，资本成本需要提升到7%，除非特殊情况，那么必然不能够突破50万元这一范围。要想保持原有的资本结构，那么必须结合多种筹资模式，对其中的边际资本成本进行有效把控。

（二）计算各筹资总额范围的边际资本成本

结合表3—2的数据也可以发现，总共有4个分界点和5个投资范围，对5个筹资范围的边际资本成本进行计算，获取的最终结果如表3—3所示。

表3—3　　边际资本成本计算表

序号	筹资总额范围	资金种类	资本结构	资本成本	边际资本成本
1	0—300000元	长期借款	10%	6%	0.6%
		长期债券	20%	8%	1.6%
		普通股	70%	10%	7%

第一个筹资范围的边际资本成本＝9.2%

2	300000—500000元	长期借款	10%	6%	0.6%
		长期债券	20%	8%	1.6%
		普通股	70%	11%	7.7%

第二个筹资范围的边际资本成本 =9.9%

3	500000—700000 元	长期借款	10%	7%	0.7%
		长期债券	20%	8%	1.6%
		普通股	70%	11%	7.7%

第三个筹资范围的边际资本成本 =10%

4	700000—900000 元	长期借款	10%	7%	0.7%
		长期债券	20%	9%	1.8%
		普通股	70%	11%	7.7%

第四个筹资范围的边际资本成本 =10.2%

5	900000 元以上	长期借款	10%	7%	0.7%
		长期债券	20%	9%	1.8%
		普通股	70%	12%	8.4%

第五个筹资范围的边际资本成本 =10.9%

该公司在发展过程中，在对追加筹资进行规划时，千万要避免由一段范围突破到另一段范围。

第二节 短期筹资管理

一 短期筹资政策

（一）短期筹资的概述

在对 1 年以内或超过 1 年的一个营业周期的资金进行筹集时，通常属于短期筹资的范畴，它具备如下特征。

1. 筹资速度快

开展短期筹资活动，期限较短也并不需要承担过重风险，因此综合考虑的时间就较短，开展这种投资模式也更加简便。

2. 筹资弹性好

在对长期资金进行筹集时，往往存在诸多限制性条款，而短期筹资的限制因素较少，因此具备更加显著的灵活性。

3. 筹资成本低

如果出现筹资期限较短的状况，债权人并不需要承担较大的利率风险，此时的资金使用成本也更低。

4. 筹资风险大

开展短期筹资活动，通常需要在短期内就对这类资金进行偿还，这也使得筹资方的资金运营成本更高，稍有不慎就会出现财务危机，除此之外短期负债利率也会出现较大波动，与长期负债的利率水平相比，存在更加显著的不稳定性。

（二）短期筹资的分类

短期筹资可以根据不同标准划分成不同类型，其中按以下几种分类方式是最常见的。

第一，根据能否确定应付金额，可分为应付确定金额和应付不确定金额的短期负债。

应付短期负债是指根据合同或法律规定，必须到期支付，而且这个金额是确定的，例如短期应付贷款、应付票据、应付金额这些不确定的短期负债，便要按照公司的生产经营情况。在一定期限内确定应付短期负债或应付短期负债的金额，如应付税款、应付股息等。

第二，按短期负债的形成，可分为自然短期负债和临时短期负债。

自然短期负债是指因公司的正常持续经营而产生的短期负债，不需要正式安排，而且是通过结算程序自然产生的短期负债。生产经营过程中，公司由于法定的结算方案，部分应付账款的形成时间比支付时间晚，这部分已经形成但还没有支付的货币成了公司的短期债务，如商业信贷、应付工资、应付税款以及其他临时性短期负债，根据公司对短期资金的需求，财务人员会通过人为安排形成短期银行贷款或其他短期借款。

（三）短期筹资的政策的类型

针对不同类型的资产，一般公司的短期融资政策是不一样的。大部分情况下，公司的资产根据周转期的长短（即流动性）可以分为两大类，分别是短期资产和长期资产（这里以固定资产为主）。此外，根据短期资产的使用情况，短期资产又可分为临时短期资产和永久短期资产。公司的短期融资政策是管理临时短期资产、永久短期资产和固定资产的来源。一般来说，公司可以选择以下三种融资政策。

1. 配合型筹资政策

公司负债结构与公司资产生命周期相对应是这种政策的重点内容。它有以下几种特点：临时短期资产需要用临时短期负债筹集资金，永久性短期资产和固定资产则由自愿的短期和长期负债和权益资本筹集资金。这种融资策略的主要内容是，一个公司资产与资金来源的持续时间和数量相契合，以减少风险，防止公司到期无法偿还债务的情况发生，使用更多的短期债务融资还可以保持较低的资本成本。这个策略可以用以下两个公式表示：

临时性短期资产 = 临时性短期负债

自发性短期负债 + 股权资本 + 长期负债 = 永久性短期资产 + 固定资产

根据这一政策，只要公司的短期融资计划严格，现金流量符合预期安排，那么公司除了在经营低谷时发生自发短期负债外，就没有其他的短期负债，在经营高峰期，公司才会借入临时短期负债。然而，在公司的经济活动中，由于现金流量和各种资产的使用寿命具有不确定性，往往无法完全匹配资产和负债。在公司生产经营的高峰期，一旦公司的销售、经营不理想，没有获得预期的现金收入，将难以偿还暂时的债务。因为这种原因，这种融资政策是一种理想的融资模式，但在实践中难以实现。

2. 激进型筹资政策

激进融资政策的特点是：临时短期负债要满足临时短期资产的需要，和一些永久性短期资产的需要。临时短期负债有时甚至要支撑所有短期资产。这可以用以下两个公式来表示：

临时性短期负债 = 部分永久性短期资产 + 临时性短期资产

自发性短期负债 + 股权成本 + 长期负债 = 永久性短期资产 + 固定资产 – 靠临时性短期负债筹得的部分

临时性短期负债的资本成本一般低于长期负债和股权资本，但是在激进融资政策下，临时性短期负债的比例较大，因此在这种政策的公司资本成本比配合型融资政策资本成本低。但是从另一个角度来看，为了满足公司永久性短期资产的长期、稳定的资金需求，公司必须在短期负债到期后重新借款或申请债务续期，不断借款还债就使得融资和还债的风险增加了。因此，积极的融资政策是一种高回报、高风险的营运资金筹集政策。

3. 稳健型筹资政策

临时性短期负债的对象是部分临时性短期资产，其他短期资产和长期资产的对象是自发性短期负债、长期负债和股权资本筹集。这是稳健型筹资政策的特点。可以用下面的公式表示：

临时性短期负债 = 部分临时性短期资产

股权资本 + 长期负债 + 自发性短期负债 = 固定资产 + 永久性短期 + 资产靠临时性短期负债未筹足的临时性短期资产

在这种政策下，临时性短期负债在公司全部资金来源中所占的比例是比较少的，公司为了降低无法偿还到期债务的风险，为了降低短期利率变动损失的风险，则会保留较多营运资本。但是由于公司的资金来源中占比较大的是长期负债和股权资本，所以在降低风险的同时公司的报酬也降低了。二者的资本成本是高于临时性短期负债的资本成本的。稳健型筹资政策是一种风险低、报酬也低的筹资政策。因为无论是在生产经营旺季还是淡季，公司都会负担长期债务的利息。即便是将过剩的长期资金投到短期有价证券，他的投资收益一般也会比长期负债的利息低。

低于一般情况下，报酬和风险相匹配的配合型筹资政策是在公司对营运资本的使用能够达到游刃有余的程度的条件下，最有利和最合适的筹资政策。

二　商业信用筹资

商品交易的延期付款、预收货款，还有延期交货形成的借贷关系，这些属于商业信用，它是企业与企业间的直接信用行为。商业信用的特点主要有先取货、后付款和先付款、后取货两种，是自然性融资，它还是在商品交易的时候钱和货在时间上的分离。商业信用始终存在，无论是在银行信用出现以后还是以前，因此商业信用产生于银行信用之前。企业相互之间的商业信用形式多种多样，其中重要的有应付账款和应付票据，还有预收货款。

（一）应付账款

有一种典型的商业信用形式是应付账款，也可以说是赊购商品形成的欠款。应付账款的意思是卖家向买家提供信用，买家收到商品以后不需要立刻付款，在一定时间内付款即可。这样的话买家在资金短缺的时候可以不用着急，也更利于卖家推销他的产品。

卖家在销售商品的时候，可以同时推出信用期限和现金折扣条款。例如（2/10，n/30）所表示的是给买家的信用期限是30天，买家可以在30天之内免费占用这些资金；假如买家在10天之内就付款了，则可以拥有2%的现金折扣。这个时候买家就会考虑到底要不要在享有的现金折扣内付款。例如甲企业向乙企业购入一批原材料，价款总数为100万元，付款约定为（2/10，n/30）。那么以下是企业的决策分析：甲企业可以在第100天的时候付款所有，也可以在第10天的时候根据折扣付款98万元；如果放弃现金折扣，则把98万元占用20天（30－10），这样的话就要支付2万元利息。放弃现金折扣的成本率为 $\frac{2}{98}\times\frac{360}{20}=36.73\%$，这个成本是买家到底应不应该放弃现金折扣的决策之根本，它是一种机会成本。该不该放弃现金折扣视情况而定，假设银行的贷款利率为10%，那么甲企业就不应该放弃现金折扣。甲企业可以向银行借98万元贷款，在第十天付98万元，拥有现金折扣。$98\times10\%\times\frac{20}{360}=0.54$（万元），借20天只需要付5400元利息，省下了 1 万多元，很划算。因此计算出的放弃现金折扣成本率大于银行贷款利率时应该选择现金折扣。由此可以得到一个计算公式：

$$放弃现金折扣成本率 = \frac{现金折扣率 \times 360}{（1-现金折扣率）\times（信用期-折扣期）}$$

（二）应付票据

应付票据的作用对象为应付债务，重点作用于企业的外在经济业务。应付票据的重点在于商业汇票，具体类别包含商业承兑汇票与银行承兑汇票，两者的区别在于承兑主体不同。商业汇票的承兑人为付款方，而银行承兑汇票的承兑主体是银行。商业承兑汇票在汇票到期时，如果付款方的银行账户余额不足，银行可不支付款项，票据直接退回收款方，关联关系由收款方与付款方沟通解决。而银行承兑汇票的主要特点是保证票据到期日银行无条件支付确定的金额给收款方，不受付款方银行账户余额不足的影响；但是银行有权对付款人银行账户余额不足部分依照日万分之五进行罚息。商业汇票的本质为一类期票，汇票的支付时间最长为 6 个月，针对付款人而言，其属于一类短暂融资形式。针对收款方而言，可以实施票据贴现，其也属于一类融资方式。票据贴现的定义为在票据到期之前，持票方将其转让给银行，付出对应的利息，进而获取银行资金的借贷方式。该借贷的担保物即为票据，本质为一类银行信用。有关票据贴现的利息与银行需要支付的金额的计算方法包括：

$$贴现利息 = 票据到期金额 \times 贴现率 \times 贴现期$$

$$银行实付贴现金额 = 票据到期金额 - 贴现利息$$

其中，贴现期指的是从贴现日起到票据到期日前一天的具体天数。

例 3—8：一公司将持有的商业汇票实施票据贴现，该商业汇票的出票日期为 1999 年 4 月 10 日，付款期限 6 个月，票面金额为 1000 万元，月利率为千分之五，贴现日为 1999 年 7 月 10 日。其中贴现利息和银行实际支付的金额计算方法为：

计算票据的贴现期，即 91 天。

$$汇票到期金额 = 1000 \times（1 + 5‰ \times 6）= 1030（万元）$$

$$贴现利息 = 1030 \times 6‰ \div 30 \times 91 = 18.746（万元）$$

$$银行实付贴现金额 = 1030 - 18.746 = 1011.254（万元）$$

倘若实施票据贴现的为商业承兑汇票，但是在票据到期日债务人并未及时付款，如此银行可以此向贴现企业实施追索权。对贴现企业而言，出现该类型的负债时，该事项需要在资产负债表附注中注明。

（三）预收货款

预收货款指的是依据合同约定，在货物发出之前，由卖方向买方提前预收的部分或者全部货款，本质属于一种信用担保。即买方向卖方借出资金，而卖方通过商品偿付。该状态下，卖方能够由此获取资金，而买方能够通过预付货款收到货物。但是预收货款必须要避免卖方企业肆意收取预收款项，对别的公司的资产造成不恰当的占用。综上所述，商业信用拥有融资方式简单、不存在真实成本、无约束等特性，然而其缺陷在于融资时间较短。

（四）商业信用筹资的优缺点

1. 商业信用筹资的优点

商业信用筹资是一类使用相对普遍的短期筹资方法，其优势重点在于下面几部分：首先是使用便捷。由于货物的交易和商业信用是一起实施的，其本质为一类自发的筹资方式，在流程方面较为随意，对于手续没有具体要求，同时不存在额外条件，运用相对简便。其次为投资较少。除了现金折扣以外，只是利用商业信用筹资，其是不产生具体的成本的。最后为受到的制约比较少。对比来看，商业信用筹资的方式灵活性更高、弹性更大。倘若企业通过银行实施贷款时，在贷款的运用方面，银行通常会给予相对的限制，而商业信用所受的制约就比较少。

2. 商业信用筹资的缺点

但是商业信用筹资方式的缺陷也是显而易见的，最明显的缺点就是商业信用的期限相对较短，特别是针对应付款项，其对于企业利用资本方面产生消极作用，倘若长时间借款，就会导致企业信用等级降低。除此之外，倘若企业具有现金折扣，那么付款期间会更短，如果不使用现金折扣，那么企业对应的成本会增加。尤其是处于法律体系不够完善的状况中，倘若企业的信誉丧失，企业间的拖欠现象会增加，企业的资金运转也会受到影响。

三　短期借款筹资

（一）短期借款的种类

一般来说，短期借款筹资是针对银行而言的，其又被叫作银行流动资金借款，主要作用为企业缓解短暂性的资金需求，该借款是由银行提供的，属于短期资金筹资的主要形式。企业的短期借款一般涵盖信用借款、担保借款与票据贴现。

1. 信用借款

信用借款指的是在借款时，单纯的依据借款人的信用，不具备担保物或者担保人，因此又称为无担保借款。通常情况下，在实施信用借款时，贷款人会为借款人提供相对的信用额度或者两者签立持续借款合同。所以，该类型的借款又被划分成两个类型。

（1）信用额度借款

信用额度借款指的是在将来的某一段时间中，商业银行和企业实施协议，即银行对企业提供无担保的最高额度的贷款。一般情况下，确认信用额度是要经过银行对企业的信用等级实施调查评估的。通常情况下信用额度借款需要确定以下标准：①信用额度的时间。确定频率为一年一次，甚至时间更短。②信用额度的数量，也就是银行可以为企业提供的贷款最高数额。倘若银行为企业设置的最高数量为 1200 万元，企业已经在银行借款了 1000 万元，且尚未归还，如此之后企业的借款最高只能为 200 万元。③应支付的利率与别的某些约定。

（2）循环协议借款

作为出色的信用贷款之一，循环协议借款最大的特点是在最高贷款额度之内，公司能够实行以“先借款、再还款”为一个周期的循环操作。当然，在此之前公司和银行需要根据它的贷款条约，来订定借贷的最高贷款额度。

循环协议借款相比较于其他的信誉额度贷款而言，具有以下三个不同之处：首先是合同的有效时间更长。常理来说，信誉额度贷款合同的持续时间为一年，但是循环协议借款的有效期是远远多于前者的，原因在于如果公司和银行一直依据合同来合作，那么时间可以无限延后。其次是循环协议有法律限制。对于信誉额度贷款来说，银行是没有法律限制的，即没有法律规定一定要给公司贷款。而后者有法律限制，在规定的额度之内银行必须给公司贷款。最后是需要付出合同费用。合同费用指的是因为公司与银行之间是根据合同贷款，所以不仅需要付出利息，还需要付合同费用。具体表现在贷款金额中公司没有运用的比例征收的金额。也正因此，银行收取了合同费用，所以有为公司贷款的法律限制。相较之下信誉额度贷款则不需要。

2. 担保借款

担保借款顾名思义，需要一定的担保才能达成借款条件，这里的担保可以是一些资产用于抵押或是一些担保证人进行担保。根据《中华人民共和国担保法》，一般担保借款有三种模式。

第一种模式叫作保证借款，即担保证人在借贷方无力还款之时，依据合约需要承受连带的责任或是保证的责任，以此方式成功达成协议，完成贷款。

第二种模式叫作抵押借款，顾名思义即以贷款方的资产作为抵押，以此方式达成协议，完成贷款。

第三种模式叫作质押借款，质押指的是贷款方以权力或是流动资产用于抵押，以此方式达成协议，完成贷款。

3. 票据贴现

当商业票据的拥有者出售没有到期限的票据给银行，并且付出部分利息换取银行的经济支持，这种贷款的模式称为票据贴现。作为金融信誉逐步成熟的体现，它的本质其实是银行信誉。进行票据贴现时，会产生贴现利息，其主要成分是支出金额与票面金额的差值。而贴现利息与票面上的金额的比值即为贴现率。因为银行是以贴现死案的形式和销货单位进行交易，因此需要支付一定的利息。

票据贴现的优势在于，公司可以平衡日常的资金短期支持，又可以在需要资金的时候收到相应的金额，是一种十分灵活的使用方式。

（二）短期借款筹资的考虑因素

实施短期借贷筹资时，最重要的两个考虑因素是短期内银行的借贷成本和在借贷时银行的选择。

1. 短期内银行的借贷成本

我们一般以贷款的利率来体现银行的借贷成本。依据全球通用的范例，短期之内，影响银行的借贷利率的因素有：贷款企业所贷款的实际额度和时间，还有企业本身的性质。举个例子，对于一些信誉良好且借贷的金额等一系列风险较低的企业，一般只需要支付偏低的利率，相反的话就需要支付更高的利率。并且，银行的贷款利率也有许多不同的分类，比如说附加利率、单利、贴现利率等。企业可以依据自身的实际情景，规划好短期贷款的成本等，以此确定用哪种利率。

（1）单利

其含义是：本金是固定的，到达最后的期限后结算所有的利息成本，但是不会把本金产生的利息考虑在内。把贷款的数额和具体的时间相乘，然后通过这一特定的运算公式得到利息具体数额。通常情况下，绝大多数的银行会按照当地的方法对贷款进行利息的收取，公司为了更好地节约成本，也会从多个方面比较不同银行的利息来进行借款。在这种特定的情况之下，较短时间内的借贷成本的高低和银行的利率以及利息的大小有很大的联系。如果银行的利息是在借款的最终日期和原来的资金一起进行支付，那么原本设定的利率就是真正的利率。

（2）复利

用复利的方式对其进行相关的运算，那么就等同于对利息进行了再一次的计息。如果按照这种方式进行计算，借款人承担的利率一般情况下要远远大于名义上的利率。借款人在贷款的最后期限之前，每一时间段定期付的利息次数越多，那么其相关利率就会远高于名义上的利率。

（3）贴现利率

其具体指的是：当出现贴现利率的状态，相关的银行向贷款人发放贷款金额的时候，提前把贷款里面的利息去除，然后用贷款数额的大小和贴现利率之间的差距把贷款放给借款人。所以，贷款方实际上得到的资金额通常情况下是小于借款的数额的。与此同时，当贷款到达最后期限的时候，利息也就不复存在。如果用这种利率向银行贷款的话，那么，贷款人实际上的贷款利率会高于银行的利率，与此同时，这种利率也会超过复利贷款的利率。

例 3—9：如果当光明企业用贴现的方式向银行贷款 22000 元，名义上的利率为 13%。在这种时候，光明企业真正得到的贷款金额是 18000 元，利息为 2800 元。基于这种情况，该公司的贷款实际利率数值为多少？

贴现贷款的有效利率 = 利息 ÷ （贷款面额 − 利息） ×100%

= 2800 ÷ （22000 − 2800） ×100%

= 14.58%

从中可以知道，实际上的利率比名义上的利率要高出许多。

（4）附加利率

附加利率的具体内涵是：哪怕贷款人是在分期偿还银行贷款，其贷款银行也一般按照贷款数额和名义上的利率向贷款人索取利息。这种利率类型下的贷款，在一定程度上贷款方实际上能用的贷款期会有一定程度的减少，但是这并不代表着利息也会随之下降，实际上，其的利息费用也会偏高。

例 3—10：光明企业用分期贷款的方式向银行贷款 22000 元，表面上的利率为 13%，光明企业向银行偿还贷款的方式是月分期还款。所以这一年度实际上的贷款为 20000 元。如果采用 2800 元的利息偿还进行相关的计算，那么，贷款企业的实际利率数额为多少？光明公司以分期付款方式借入 2 万元，名义利率为 12%，付款方式为 12 个月等额还款。

实际利率 = 利息 ÷ （借款人收到的贷款金额 ÷ 2） ×100%

= 2800 ÷ （22000 ÷ 2） ×100%

= 25.45%

2. 贷款银行的选择

企业在较为短的时间内向银行借款，选择银行降低借款的成本是银行选择贷款公司的关键性因素。在当今社会经济的快速发展、金融政策逐渐完善的特定时代背景之下，如何选择正确的银行对企业的发展是极其重要的。不同的银行拥有不同的利率和服务方式以及金融产品，但是其主要的不同有以下几点。

（1）银行对待风险的处理方式

银行之间对待风险的相关政策是不尽相同的，有一些银行的政策是比较传统的，然而，有一部分银行会根据市场和消费者的导向，推出新的政策和消费产品。银行之间采取的不同政策，能够反映银行的经营特点和银行掌权人的特征。大银行一般来说，消费者群体广泛，业务繁多，风险能够被很好地分散，但是一些较小规模的银行很难做到这一点。

（2）银行向客户提供咨询

一些规模大、专业化程度高的银行会向消费者提供许多方面的咨询服务，来满足消费者的需求，但是一些银行却没有这一咨询服务。

（3）银行对待贷款方的服务态度

一般情况下，银行为了追求更多的利润，对待贷款人的态度都较好，但是当银行的经营状况处于不良情况时，银行怎么样对待贷款方可以很好地体现银行对待贷款方的态度。不同银行对贷款方的态度是不一样的，有一些银行不管其贷款方是处于何种困境，都要求其必须定时定量的偿还银行贷款。但是有一些银行会对这种情况进行体谅，会在一定程度上帮助这种有困难的公司渡过难关。

（4）银行贷款的规范度

不同银行贷款的规范度有着很大的不同。专业化程度高的银行有着专门的部门，根据贷款方的不同需求和情况对其负责。然而，一些规模较小的银行，其主要关注点在于公司是否有较好的利润。贷款人可以从规模大、专业化程度高的银行那里获得更主动的支持和更有创新性的合作。基于这种情况，贷款方应该考虑多方面的因素，仔细选择符合自己需求的银行。

（5）其他

还有其他各种不同，比如银行规模的大小、银行实力的高低等一系列因素，公司在贷款的时候都必须将其纳入考虑的范围。

（三）短时间向银行借款的大致流程

在一般情况下，向银行短时间借款和长时间借款的大概流程差别不是很大。现在联系流动性向银行贷款的特征，解释如下。

1. 公司发出申请

当公司想要向银行在短期内贷款时，应该按照严格的规章制度，符合公司相关计划资金金额的要求，按照实际的情况，分批次的向银行发出贷款的请求。与此同时，公司向银行贷款的时候，还应该对借款的金额类型等作出详细的规定，避免纠纷的存在。

2. 银行检查公司的贷款请求

当银行接收了公司的贷款申请时，首先应该对公司的贷款申请进行严格的检查，检查的内容必须全面。比如检查公司的借款原因、贷款能力、公司生产经营的状况等一系列内容。通过检查这些内容，来评估公司是否具有还款的能力，约定还款的日期。

3. 借贷双方签订协议

借贷双方应该签订符合规章制度的、满足双方利益的协定，规避以后纠纷的出现，并且保证资金具有合法性。当公司向银行借款的时候，应该签订借款协议。借款协议的主要内容如下：借款的基础性条约，这是公司向银行借款最基础的内容，该条约主要明确了借贷两方应尽的责任和承担的义务。其中具体有公司向银行贷款的金额数目、如何借款、借款的期限、还款的方式、公司应该支付银行多少利息等一系列内容。保障类型的条款，这是银行为了更好地维护自己的利益出现的条款，其具体包括贷款的目的、贷款人的资产情况、贷款人和保证人的情况等内容。违反规定的条款是接待双方如果出现违反协定的行为，应该怎么样处理的条款。其主要标明了企业不按时还款会如何处理、银行不按时发放贷款应如何处理等问题。其他性条款属于条款的附属内容，由双方沟通协商决定。

4. 公司得到贷款

当公司和银行签订了相关的条约之后，在通常情况下，银行应该按照相关的协定条约按时向借款人提供资金，借款人就会取得资金。但是如果出现银行违反签订协约的规定没有按时向借款方发放贷款的时候，银行应该承担自己的责任，赔付借款方的损失。

5. 在较短的时间内归还银行的借款

一般情况下，贷款人应当严格遵守双方签订签约的标准，按时按量的向银行支付贷款利息。与此同时，为企业提供贷款的银行，在银行为其贷款 7 天之前，应该通过一些方式通知企业，企业接到通知之后，应该准备好资金向银行支付相关利息。

如果企业出现不按签订合同时间还款的，企业应该在还没有到达借款的最后日期前向银行提出申请是否可以延期还款，但是具体的决定权在银行的手里。如果提出抵押的申请，还必须有相关的证明。

（四）短期借款筹资的优缺点

1. 银行短期借款的优点

如果银行的规模大、信任度高、专业度强、资金充足，通常情况下，能满足许多企业短时间内贷款的需求。因为突发情况而出现的贷款需求，向银行提出短期贷款对银行进行借款是比较普遍的方式。并且，如果向资金充足、信任度高的银行借款，其利率会低一些。向银行在短期时间内申请贷款，能够在公司需要资金的时候增加贷款的金额，当对资金的需求减少时，对银行进行还款。

2. 银行短期借款的缺点

通常情况下，短期贷款的成本会高于长期贷款。短期贷款和商业信用贷款的可比性较小，与此同时，其也高于短时间内的融资。而且如果采用抵押的方式向银行进行借款，那么其费用比较而言也会更高。

短期贷款会受到很多方面的制约。借款人向银行提出贷款的申请后，银行会审查贷款人的情况，比如贷款人公司的还款能力、还款期限、未来发展能力等一系列内容。经过多方面的评估后，银行再决定是否给贷款人进行贷款。并且，贷款银行可能会对企业进行不同程度上的干预，比如，要求贷款方企业负债率稳定在一个区间。从这些方面考虑，短期贷款会对企业造成影响和制约。

四 短期融资券筹资

（一）短期融资券的种类

1. 根据融资券不同的发行方式，可以具体分为两种。

第一种为间接出售融资的债券，其具体指的是：发行融资债券的人把该类型的债券卖给中间人，再通过中间人卖给第三方。其中中间人的群体种类较为广泛，其具体有银行、金融中心等。通常情况下，企业让中间人去卖债券，需要向代理人付费。

第二种为直接出售融资的债券，其具体指的是：发行融资债券的人，不通过中间的代理人，直接把债券向相关的投资人员出售。通常情况下，直接出售融资债券的企业公司规模较大，实力雄厚，有属于自己本公司的金融业务部门，有专业的金融性知识分子，所以，从这一层面出发，这种类型的公司能够依靠自己的实力直接对融资债券进行销售，不需要通过代理人向投资者进行销售，从而有利于节约销售的成本。从现在的金融市场来看，这种类型的销售方式已经十分流行，并且占比较高。我国相关的经济法规规定，不是金融相关公司的企业，如果要发行融资类型的债券，必须要有代理人，非金融公司不能自己直接销售这种类型的债券。

2. 根据发行方的不同，可以具体分为两种。

第一种为金融公司的融资债券，其一般直接发行，不需要中间代理人。这种类型的债券是金融公司的相关特定部门、银行控股企业发行的。

第二种为不是金融公司的融资债券。其具体指的是：公司不存在相关的财务企业发行的债券。这种类型的企业，一般用较为间接的方式发行自己的债券。

3. 根据融资债券的发行和市场的不同，可以具体分为两种。

第一种为国内融资债券。其具体指的是：在国内发行的债券。但是这种类型的债券也必须严格地遵守金融市场的相关规章制度。

第二种为国外融资债券。其具体指的是：在国外发行的债券。这种类型的债券，必须严格遵守国家金融的相关规则和法律法规。这种类型的债券一般较多地出现在西方国家。

（二）短期融资券的评级

短期融资券的信用质量与其成本有直接的联系。当前在资本市场中有专门的信用评级机构来对短期融资券进行信用质量的评价，1909年穆迪公司创设了信用评级业务，从此该机构作为一个中介，其业务范围不断发展壮大。主要的信用评级机构有标准普尔公司（Standard & Poor's）、菲奇投资者服务公司（Fitch）和穆迪公司（Moodys）等。信用评级机构主要负责对各种各样的债券开展信用评价，在掌握这些公司的基本信息及财务状况后帮助证券公司发行证券，帮助购买证券的人员合理地投资证券，以达到规范市场的作用。国外信用机构发展迅猛的同时，我国的信用评级行业也在悄然兴起，先后涌现出大公国际和中诚信国际等著名信用评级机构，为我国各种各样的证券公司做好了信用评级工作。

一般信用评级机构在评级和形成结论时都要考虑到下列问题：（1）非企业内部的问题，如市场经济状况不景气、产业萧条、政策不利等；（2）企业内部问题，如企业自身资金周转链出现流动性不强的状况、管理人员出现问题导致企业经营不善等；（3）短期融资券的发行时间及其规模、后期保障措施等。所以，根据这些问题可以将融资券进行分类并标记符号。

除特殊情况外，大多信用评级机构都拥有一套相似的评级标准，对短期融资券的评级也有相关的等级设定。以穆迪投资服务公司为例，他们将短期融资券基本分为“优等的”和“非优等的”两个信用级别，其中“优等的”又进一步分为P-1、P-2和P-3三类，质量从好到次；而标准普尔公司却将短期融资券分为从A到D四个信用级别，而A类中也分为A-1+、A-1、A-2和A-3等四类，其性质与“优等的”无异。我国的短期融资券分类以中诚信国际为例，将穆迪公司和标准普尔公司的分类方法合二为一，以受评对象在短期内的还本付息能力及其安全风险作为分类依据，可以分为 A－1＋、A－1、A－2、A－3、B、C 和 D 七小类。

A－1＋：能力最强且安全性最高，风险最低。

A－1：能力很强，安全性很高，风险很低。

A－2：能力较强，但安全性较低，风险较低。

A－3：能力中等，安全性与前两级相比更容易受到外界因素的影响。

B：能力较低，且安全性很容易受到外界因素的影响，具有一定的违约风险。

C：能力很低，违约风险较大。

D：不能按期还本付息。

在实际生活中为了方便也会把信用等级分为 AAA、AA＋、AAAA、A＋、A、BBB、B＋＋至 C 级，投资则需要在 BBB 级别以上，我国的证券一般都要在 A＋级别以上才能顺利发行。

（三）短期融资券的成本

第一，发行利率大都用来反映应该给予投资者的利息，而发行利率受到多方面因素的影响，例如市场的供求变化、企业信用评级的等级和财务状况及经营规模、央行票据利率、主承销商议价能力等。

第二，中介机构费用包括承销费用、律师费用、评级费用和会计师费用等。其中承销费用是指承销商应收的手续费按照规定应不少于发行金额的 0.4%。律师费用是指律师为出具相关法律意见书而支付的服务费。评级费用是指信用评级机构为被评级企业出具评级报告而支付的服务费，其中该评级报告应满足央行的要求。会计师费用是指会计师为出具财务报告承诺书而支付的服务费。

第三，央行规定，发行登记费应为发行金额的 0.06‰—0.07‰（30 亿元以上部分为 0.06‰，30 亿元以下部分为 0.07‰），兑付费为发行金额的 0.05%。

（四）短期融资券筹资的优缺点

1. 短期融资券筹资的优点

（1）成本较低

国外的同期贷款利率一般高于短期融资券的发行利率和发行成本率的总和，产生这种情况的原因是筹资者和投资者在进行短期融资券筹资活动时没有与银行中介产生联系，所以不用支付银行的筹资费用。而国内的银行借款利率则比短期融资券的发行利率还要低，产生这种情况的原因是国内该行业刚开创不久，所以投资者对此不甚了解。但未来的短期融资券市场情况肯定会发生改变，因其市场的发展与完善，其发行利率会逐渐低于银行借款利率。

（2）金额数值较大

大多数银行都不会允许企业巨额资金的申请，外国的银行贷款一般不会超过该企业所有资金的10%。所以，企业如果想要申请巨额资金最好通过短期融资券筹资的方式去申请。

（3）有利于企业提高信誉

一般能在资本市场中发行短期融资券的企业都是拥有一定信誉的著名企业。

2. 短期融资券筹资的缺点

发行该证券的风险较大，且到期必须归还，若不能按时归还则会产生严重的后果，并且大多数时候都不会延期。

发行该证券的弹性范围不大，所以企业的资金需求不能小于一定的数量，否则不能进行短期融资券筹资。短期融资券有固定的偿还期限，企业应在期限内进行还款，就算企业能提前还款也得等到固定的偿还时间才能还款。

发行该证券的要求较为严格。企业必须满足拥有良好的信誉、强硬的经济实力和较高的收益等要求才能发行该证券，如果是信誉评级低或规模太小的企业则不能进行短期融资券的筹资活动。

第三节　长期筹资管理

一　长期筹资管理概述

企业筹资是一种企业通过各类的渠道和方法筹集企业资金来维持企业经营及管理活动的财务方式，有短期和长期两类企业筹资方式。

长期筹资是一种企业长期在资本市场中通过各类渠道和方式筹集企业所需资金的基础性活动。

（一）长期筹资的动机

企业筹资有各种各样的动机，例如维护资金链的运转、研发高新技术产品并购入材料、加强合作与投资等，这些都是有特殊和具体动机的企业筹资活动，而一般的企业筹资活动都是为了维持企业的经营和管理活动，提供企业所需资金。总的来说企业进行筹资活动的动机有以下四类：创立性筹资动机、支付性筹资动机、扩张性筹资动机和调整性筹资动机。

1. 创立性筹资动机

创立性筹资动机是指企业为了在最初创立时拥有或筹集到可以满足企业进行经营管理活动的资本金的一种动机。企业必须要拥有创业资金才能开始建立公司并开展业务。《中华人民共和国公司法》和《中华人民共和国个人独资企业法》等与建立企业相关的法律规定，无论哪一个企业想要创立都必须拥有创业资金，其中包括股东们在企业内部合理的出资额度。建设企业还要关注其资金链的流动速度和企业的规模等，这样才能及时地购置材料与设备，调节资金的流动，保证企业拥有一定的流动经营能力。在进行股权资金的申请时，要注意若出现注册资本或公积金不足等情况时，可向银行借款，运用债务资金补全其创业资金。

2. 支付性筹资动机

支付性筹资动机是指企业在开展业务也就是正常经营时出现的支付需要的一种动机。但是，有时会出现需要临时资金补足或临时需要购入一批新型材料、按季发放股东福利和员工工资等波动较大的情况，这时就需要临时筹资来维持企业的经营发展。所以，除了正常开展经营活动时会出现支付需要以外，还要注重支付需要波动大时的临时筹资。

3. 扩张性筹资动机

扩张性筹资动机是指企业产生对外投资和扩展经营范围等需求的一种动机。企业规模不变、生产经营活动不变时，只要不受到外界重大因素影响，一般就不会产生资金不足或周转不过来的问题，所以一般也不需要再度进行筹资活动。但是企业如果要对外投资或扩展业务，则需进行扩张性筹资。一般来说，发展时期的企业前景广阔，自然也会产生对外投资或是扩展经营范围的需求，但是若要进行扩张性筹资，则需做好筹资安排，在决策中应做好筹资时间及其规模的计划安排，以免出现筹资时间的延误和筹资资金的浪费等情况。对于扩张性的筹资活动来说，其结果一般是企业规模的加大和管理结构的优化。

4. 调整性筹资动机

调整后的融资动机是企业因资本结构调整而产生的融资动机。控制财务风险，降低资本成本，提升企业价值是资本结构调整的目的。企业进行融资调整有两个主要原因：一是需要对财务杠杆进行合理利用，以此优化资本结构。企业资本结构不合理的原因有：负债资本比率过高导致的财务风险过高，股权资本占比例大导致的企业资本负担重。通过募集股权或债权资金以达到调整和优化资本结构的目的。第二，通过偿还到期债务来整理企业内部债务结构。如果流动负债的占比很高，可以利用长期债务偿还部分短期债务来降低企业短期债务的偿还压力。有的时候，一些债务快到还款时间了，企业虽然有足够的偿付能力，但为了维持现有的资本结构，可以继续借新还旧。可调融资的目的是调整资本结构，而不是为企业的经营筹集额外的资金，这通常不会增加企业的总资本。

（二）长期筹资的分类

1. 内部筹资与外部筹资

企业的长期融资根据资金来源的范围，分为内部融资和外部融资两种，企业一般应先考虑将内部融资充分利用，再去考虑如何进行外部融资。

内部融资是指企业通过留存利润在内部形成的可融资的资金。企业内部自然形成的融资是内部融资，所以内部融资又叫作“自动资金来源”，一般不需要融资成本，其数额通常取决于企业可分配利润的大小和利润分配政策（或股利政策）。

外部融资一般是企业在内部融资不能满足需求的情况下，通过外部融资形成的资金来源。在企业创立的初始阶段，有限的内部融资可能性会限制企业成长，尤其在企业的成长期，内部融资往往更加难以满足需求。所以外部融资是很多企业最好的选择。

企业的外部融资方式有很多种，主要包括投资融资、股权融资、长期贷款融资、债权筹资和租赁融资等，企业的大部分外部融资需要支付融资成本。例如，发行费用是发行股票和债券必须需要支付的，有时获得长期贷款也是需要支付部分费用的。

2. 直接筹资与间接筹资

企业的融资活动根据是否使用银行贷款可以分为直接融资和间接融资。

直接融资。直接融资是指企业直接与资金所有者进行谈判，中间不借助银行或其他金融机构的帮助的融资活动。在直接融资的过程中，融资企业不求助于银行等金融机构，直接与资金所有者进行谈判，会使用特定的融资方式来获取资金。伴随着宏观金融体制改革的不断深入，我国企业的直接融资得到了发展。

具体来说，直接融资主要包括投资者所持有的资金、股票发行和债券发行等。

3. 股权筹资、债务筹资及混合筹资

根据企业获得的资金的不同权益性质，企业融资可以分为三种：股权筹资、债务筹资和衍生筹资。

股权资本是指企业长期依法拥有并能够独立配置和使用的股东投入的资金。股权资本在企业连续经营期间，投资者不得撤出，故又有企业自有资本、权益资本和主权资本三个别称。企业清偿债务和日常正常进行生产经营活动的基本保证是股权资本。它是反映企业基本信用状况的重要指标之一。企业一般通过获取直接投资、发行股票和内部积累来积累股权资本。股权资本通常不偿还本金，这样企业就形成了永久资本，这样做虽然财务风险小，但资本成本高一些。

资本公积、实收资本（权益资本）、盈余公积金等都被股权资本所囊括。这里面，实收资本（股本）和溢价部分所出现的部分资本原本是由外部投资者投资的、多余的公积金、未分配利润和资本公积金中的一部分，是投资者所投资的原始资本在企业可持续经营中的经营积累。一般来说，留存收益包括盈余公积金和未分配利润。从经济意义上讲，权益资本形成了企业的所有者权益。所有者权益是指投资者从企业的资产中所获得的可利用的经济利益，其数额等于企业的资产总额减去负债后的余额。

债务资本，是指企业依照合同向债权人取得并在规定期限内清偿的债务。企业债务资金如果通过债务融资形成，债务资金通过向金融机构借款、发行债券、融资租赁等方式才能取得。因为债务资金应还本付息，债权人不承担企业经营状况的责任，因此债务资金的财务风险较大，但相对来说具有资金成本较低的优势。债务资金从经济学意义上讲也是债权人对企业投资方式的一种。债权人依法享有企业利用债务资金所获得的经济收益，因此，债务资金也构成了债权人权益。

混合融资是指具有股权融资和债务融资双重属性的、可以长期融资的方式，其中包含发行优先股融资和发行可转换债券融资两种。从融资企业的角度来看，优先股资本是含在企业的权益资本中的，债券利率和优先股股利通常是一定的，所以优先股融资属于混合融资。从融资企业的角度来看，可转换债券是持有人将其转换为发行公司股票之前的债务融资，持有人转换为发行公司股票之后的债务融资就属于股权融资了。可见，股权融资和债务融资的双重属性是优先股融资和可转换债券融资所共有的，都属于混合融资。

二 债务性筹资

企业通过向银行借款，然后再向社会发行公司债券和融资租赁等方法筹集和取得的资金就叫作债务资金，企业的债务资金是由债务筹资所形成的。债务筹资有三种基本方式，分别是银行借款、发行债券和融资租赁。

（一）长期借款筹资

企业向银行或者是非银行金融机构借的，并且需要还本付息的，还有长期借款偿还期限超过一年的和短期借款不足一年的款项叫作银行借款。银行借款的主要作用是满足流动资金周转和构建固定资产。

1. 长期借款的种类

种类一：用一定的贷款机构的要求，给商业性银行、政治性银行和其他金融机构贷款。

所谓商业性贷款就是为了满足企业生产经营所需要的资金，短期和长期贷款都算，然后由各种商业银行（如中国工商银行、中国农业银行、中国银行、中国建设银行等）给企业提供贷款。

政策性银行贷款就是执行国家政策性贷款业务银行向企业发放贷款，一般是长期贷款。例如有满足企业承建国家重点建设项目资金需要的国家开发的银行贷款；有为大型设备的进出口提供买方或卖方的中国进出口信贷银行贷款；还有用于保证国家对粮、棉、油等政策性收购资金供应的中国农业银行贷款。

其他金融机构贷款较一般商业银行贷款的期限长、要求利率较高、对借款企业的信用要求和担保选择较严格的贷款。比如从保险公司取得的贷款；从信托投资公司取得实物或货币形式的信托投资贷款；从财务公司取得的各种中长期贷款等。

种类二：有信用贷款和担保贷款两种，它以机构对贷款是否有担保作为依据。

信用贷款是一种无须用财产作为抵押，以借款人的信誉或保证人的信用为根据获得的贷款。这种贷款银行需要收取较高的利息，还有一定的限制条件，因为这种贷款的风险较高。

担保贷款包括抵押贷款、质押贷款和保证贷款三种基本类型，是由借款人或者第三方根据依法提供的贷款。财产质押、保证责任、财产抵押都属于担保。

担保贷款是指以第三人为担保人，在借款人不能按照《中华人民共和国担保法》（以下简称《担保法》）规定的担保方式偿还贷款时，承担一定担保责任或者连带责任而取得的贷款。

抵押贷款是指按照《担保法》规定的抵押方式，以借款人或者第三人的财产作为抵押取得的贷款。抵押是指债务人或者第三人不转让财产的占有权，而只是将财产作为债权人的担保。债务人不能履行义务的，债权人有权将财产折价或者优先受偿。作为贷款担保的抵押品，可以是房地产、交通工具、机械设备、依法有权处分的土地使用权等有形资产，也可以是债券、股票等有价证券。它们一定是可以变现的资产。贷款期满借款企业不能或者不愿偿还贷款的，银行可以取消该企业对抵押品的赎回权。抵押贷款有助于提高贷款的安全性，降低银行贷款风险。

质押贷款是指以借款人或者第三人的动产或者财产权利为质押，按照《担保法》规定的质押方式取得的贷款。质押是指债务人或者第三人将其动产或者财产权利转让给债权人拥有，并且以动产或者财产权利作为债权的担保。债务人不履行债务的，债权人有权将动产或者财产权利折价或者优先受偿。作为贷款担保的质押物，可以是汇票、支票、债券、定期存单、提单等信用证件、股份、股票等依法可以转让的证券，也可以是依法可以转让的商标专有权、专利权、著作权等财产权利。

种类三：有专项贷款、流动资金贷款和基本建设贷款，这是按照企业借贷的用途来分类的。

专项贷款是指企业向银行申请用于特殊目的借款的资金，包括续借和技术改造贷款、大修贷款、研发和新产品开发贷款、小额技术措施贷款、出口专项贷款、进口技术转让费循环基金贷款、进口设备人民币贷款、进口设备外汇贷款和国产配套设备贷款。

流动资金贷款包括营运资金贷款、生产循环贷款、临时贷款、结算贷款和卖方信用贷款。它是指企业向银行申请借款以满足营运资金需求金额的贷款。

基本建设贷款是指企业因新建、改建、扩建等基本建设项目需要资金而向银行申请借款的资金。

2. 银行借款的程序

第一步：提出申请，银行审批。

企业在发展过程中需要结合自身发展实际，向银行提出书面申请，对相关内容进行填写的过程中，必须符合银行的具体要求，银行也需要在收到这一申请书之后进行核实，对企业是否满足相关政策条件进行探究，对该公司的借款金额以及用款计划进行核实。本书在研究过程中也发现银行在对企业的申请进行审查的过程中，主要考虑的内容是公司的财务状况以及信用情况等相关内容。

第二步：签订合同，取得借款。

一旦获得银行的批准，那么银行与企业之间就需要对贷款的具体条件进行协商，并对正式的借款合同进行签订，合同内也需要对贷款的数额以及利率等相关因素进行明确，在最终签订之后，企业需要结合贷款指标，以用款计划等相关内容作为切入点，将贷款转入公司存款的结算账户，确保在使用过程中能够更加便捷。

3. 长期借款的保护性条款

长期借款具备金额高以及风险大等诸多特征，不仅需要填写借款合同的基本条款，除此之外，也需要将相应的附加条款融入其中，确保企业能够在合同规定时间内对金额进行偿还，并且确保企业所开展的各项经营活动都符合合同内的相关规定。

保护性条款一般有以下三类。

第一类：例行性保护条款。

通常情况下这类条款属于例行常规条款的范畴，在绝大部分的借款合同当中都会展现，定期向提供贷款的金融机构提交财务报表等相关内容均包含其中。除此之外还包含如下内容：不准以资产作其他承诺的担保或抵押；不准贴现应收票据或出售应收账款，以避免或有负债等。

第二类：一般性保护条款。

通常情况下这类条款的主要目的是对企业的资产流动性以及偿债能力进行规范，在借款合同中较为常见。保持企业的资产流动性以及限制企业非经营性支出等相关内容是这一类条款具体规定的内容。在发展过程中要想保障企业的资产流动性，始终处于较高水准，那么必然要求企业具备相应的货币资金，以及其他流动资产，要想对企业的非经营性支出进行限制，那么就需要对支付现金股利等方面的金额支出进行政策上的强化。除此之外，这类条款还包含限制企业资本支出的规模以及限制公司长期投资的相关内容，主要目的均是为了企业能够在使用贷款时是完全正规的，能够将这类资金充分落到实处，不仅如此，也能够在到期后及时归还相应的借款。

第三类：特殊性保护条款。

这类条款出现的可能性不高，只有在特定条件下才会出现，并且要想生效也要具备相应的条件，这类条款主要包含要求公司的主要领导人购买人身保险、借款的用途不得改变等相关内容。

在发展过程中，如果能够贯彻落实上述条款，那么对于银行等债权人权益的保护是极为有益的，然而借款的最终权限需要由双方共同决定，最终结果也并不能够仅仅以银行等债权人的主观愿望作为依据。

4. 长期借款筹资的特点

第一，筹资速度快。

银行借款具备时间花费少等诸多特征，因此在现阶段发展过程中，与公司债券等相关融资形式相比，展现出了更加突出的优势。

第二，资本成本较低。

本书在研究过程中也指出，在开展筹资活动过程中，如果运用银行借款这一形式，那么最终需要承担的利息与发行债券等其他形式相比都要低，并且也能够节省一大笔手续费用。

第三，筹资弹性较大。

公司在开展借款活动之前，首先需要结合自身的资本需求，与银行等贷款机构对贷款的时间以及数量等诸多条件进行商定，在开展借款活动时，如果存在公司财务状况发生变化的情况，那么也需要与债权人进行协商，对借款数量进行变更，确保本息能够及时偿还。因此这一方式的运用展现出来的灵活性，是很多公司发展过程中所需要的，尤其是在开展短期借款活动时，这一方式所展现出来的优势更是无法比拟的。

第四，企业在发展过程中，如果运用借款筹资这一模式，那么所展现出来的财务杠杆与债务筹资也存在相似性。

第五，限制条款多。

银行借款合同与发行公司债券相比，都需要对借款的用途进行明确规定，并且制定相应的款项来对其进行法律层面的强化。这类规定在很大程度上都会对公司资本的支出额度以及再筹资等活动为产生重大影响。

第六，筹资数额有限。

贷款机构资本实力在很大程度上受到银行借款数额的制约，并不能够像发行公司债券等其他形式一样对大笔资金进行一次性的筹集，公司的大规模筹资需求也无法得到满足。

第七，筹资风险较大。

本书在研究过程中也指出，公司在开展借款活动时，必然需要具备固定的利息负担以及偿付期限，其中蕴含的风险是较大的。

（二）发行债券筹资

公司债券又被称作企业债券，它作为有价证券的一种形式，是企业结合相应法律法规所发行的，需要在一定时期内还本付息的证券。债券展现出来的是债券持券人与发债公司之间的债权债务关系，它作为书面证书而存在。

1. 发行方式

在新时期发展过程中，委托发行和自行发行都是债券发行的具体形式，前者需要由企业委托银行或者其他金融机构来对全部的债券进行呈现，并结合总面额的比例来对手续费进行支付。而后者并不需要借助任何金融机构的力量，直接就能够把债券分配给投资单位或者个人。

2. 发行债券的要素

债券的面值。币种和票面金额均属于债券面值的两个范畴。不管是本国货币还是外国货币，都属于币种的范畴，它主要是由债券发行的地区以及对象直接决定的。债券到期时偿还本金的金额就被称作票面金额，它是直接印在债券上的固定不变的，到期必须进行偿还。

债券的期限通常是由发行之日至到期之日之间的时间构成。

债券上通常会对年利率进行标注，利率存在固定的和浮动的两种形式，年利率的计算方式是面值乘以利率。

在对债券进行偿还的过程中，通常拥有分期付息、到期还本、到期一次性还本付息这三种形式。

在对债券进行发行的过程中，它的发行价格通常存在如下三种形式，首先是以债券面值等价发行，其次是以低于债券面值的价格发行，最后是高于债券面值溢价发行。

本书在研究过程中也指出，由于债券票面利率与金融市场平均利率存在不一致，使得债券的发行价值与票面价值存在不一致的状况。在经济社会中，如果存在债券利率与市场利率相比更大的情况，那么就会获取更多的利息，这也会使得债券具备更高的内在价值，此时在发行时就需要运用溢价发行的方式，反之则需要运用折价发行的方式。对内在价值进行确定时，需要结合资金时间价值原理进行科学计算。

若每年末支付利息，到期支付面值的债券发行价格计算公式为：

债券发行价格 = 债券面值 × 按市场利率和债券期限计算的现值系数 + 债券应付年利息 × 按市场利率和债券期限计算的年金现值系数

若到期一次还本付息，债券发行价格计算公式为：

债券发行价格 = 按票面利率和期限计算债券到期的本利和 × 按市场利率和债券期限计算的现值系数

例3—11：企业在发展过程中，通过发行债券这一形式来筹集资金面值是500元，期限为5年，发行时的市场利率为10%，每年末付息到期还本。

要求：结合票面利率为8%、10%、12%来对发行价格进行计算。

若票面利率为8%：

发行价格 = 500 × 8% ×（P/A，10%，5）+ 500 ×（P/F，10%，5）

= 40 × 3.7908 + 500 × 0.6209 = 462.08（元）

若票面利率为10%：

发行价格 = 500 × 10% ×（P/A，10%，5）+ 500 ×（P/F，10%，5）

= 50 × 3.7908 + 500 × 0.6209 = 500（元）

若票面利率为12%：

发行价格 = 500 × 12%（P/A，10%，5）+ 500 ×（P/F，10%，5）

= 60 × 3.7908 + 500 × 0.6209 = 537.9（元）

结合上述结果也可以发现在对这一债券进行发行时分别是折价、等价、溢价发行。

例3—12：依例3—11，改成单利计息，到期一次还本付息，其余不变。

若票面利率为8%：

发行价格 = 500 ×（1 + 5 × 8%）×（P/F，10%，5）

= 700 × 0.6209 = 434.63（元）

若票面利率为10%：

发行价格 = 500 ×（1 + 5 × 10%）×（P/F，10%，5）

= 750 × 0.6209 = 465.68（元）

若票面利率为12%：

发行价格 = 500 ×（1 + 5 × 12%）×（P/F，10%，5）

= 800 × 0.6209 = 496.72（元）

3. 债券的发行程序

第一，做出发债决议。

公司在发展过程中，如果需要对公司债券进行发行，那么首先需要由公司的董事会来对公司债券发行的具体方案进行制定，在公司股东大会批准之后做出相关决议。

第二，提出发债申请。

国家在新时期发展过程中也颁布了证券法等诸多法律法规，公司在对证券进行申请时需要受到国务院监督管理委员会的批准，也需要将公司登记证明等相应文件进行提交。

第三，公告募集办法。

在公司的发行请求获得批准之后，那么就需要将募集方法向社会各界进行公示，私募发行以及公募发行均属于公司债券募集的形式。前者的发行对象为少数投资者，而后者则是市场上的广大投资者。

第四，委托证券经营机构发售。

本书在研究过程中通过对我国具体法律法规进行梳理也可以发现，间接发行这一方式是公司债券募集的主要形式。

结合上述形式，发行公司与承销团签订承销协议。证券公司或者投资银行共同组成承销团，代销以及报销均属于承销方式的范畴。前者主要是指承销机构作为债券推行的主体，如果在约定时期内，并不能够将所有债券售出，那么它也并不需要承担相应风险。后者主要是由承销团将发行公司拟定发行的全部债券进行购入，再将它销售给社会上的投资者，如果在期限内并未能够全部售出，此时承销团就需要承担相应风险。

第五，交付债券，收缴债券款。

债券买入人员在向债券的销售平台对其进行购买的时候，债券的销售平台要给购买者购买债券，再然后债券销售平台必须给债券的发行方缴纳相关钱款，并且也要对其进行记录，然后再结算相关的费用。

4. 债券的信用评级

企业的债券等级高低一般情况下都是由专业的评估机构决定的。债券等级的高低对于债券的买卖双方都有着重要的影响。其具体的原因如下：第一，债券等级的高低和风险有着很大的联系，其等级的高低与公司债务成本有着很大的关系。通常情况下，债券的等级越高，其发行的利率就会越低，当债券的等级越低时，其发行利率就会越高。与此同时，很多的投资方对公司进行投资的时候也会把债券的等级当作投资的重要指标。第二，债券等级的高低对投资方进行投资决定时有着很大的影响。对于大多数的小资产投资者而言，其对于相关知识的了解是有较大的局限的，所以在一定程度上会造成其对债券的了解程度不够深，无法做出正确的选择和判断。所以权威的机构对债券的等级评定，会对投资方的投资决定提供一定的价值。

当今世界较为通用的债券等级为 3 等 9 级。3A 是债券的最高等级，2A 为高级等级，A 为债券的上中等级，3B 为债券等级的中级，2B 为中下级，B 为债券等级的投机等级，3C 为债券的完全投机等级，以此类推，C 为债券的最低等级。

从我国目前的情况来看，虽然债券评级的任务正在进行，然而没有相关的制度规定作为具体的评级参考标准。我国政府银行有明确的标准，如果企业向社会发行自己的债券，必须通过该银行批准的评级机构对其发行的债券进行评定。这种类型的机构会从多个方面考虑对公司债券的等级进行评定，比如公司目前的财务情况，企业的生产经营等内容。

5. 债券的优点和缺点

（1）债券筹资的优点

债券筹资的费用成本比较少。如果把股票的利率和债券的筹资进行比较，债券在还没有纳税之前可以支付，所以从这一层面考虑，公司支付的利息就会减少，有利于减轻公司的成本。

债券筹资可以帮助财务进行平衡。不管发行债券方收入的高低，债券的购买者通常情况下就只收其规定的利息，在这种情况下，公司的收益可以被更多的分给公司的相关人员，从而有利于提高公司和相关经营者的收入。

债券筹资可以更好地保护经营者的权利。债券的购买者是没有权利参加公司的生产经营决定的，所以，在这种情况下，公司的经营者的权利能够被很好地保护。

债券筹资有利于合理的调整企业的财务。如果企业的债券其类型是可提前赎回的，那么有利于企业调整企业的财务。

（2）债券筹资的缺点

债券筹资所需要的风险比较高。债券有着自己固有的日期，并且债券是需要按照时间规定付约定利息，发行债券方有这样的责任。如果公司的生产经营情况不好，也必须按照相关的规定，给拥有本公司债券的人付利息和本金，这种情况会给公司的财务带来很大的挑战，可能会导致公司的倒闭。

债券筹资有较严格的标准，对其约束较多。债券的发行会受到很多条件的限制，这在一定程度上会对企业以后的发展产生不好的影响。

债券筹资的量是有较为严格的限制的。当企业发行债券进行筹资的时候，其额度是有限制的。世界上很多的国家对此都有明确的规定。我国相关法律明确指出，企业发行债券的额度不能超过企业资产的 38%。

（三）融资租赁筹资

1. 租赁的概述

租赁的具体内涵为：利用签订条约的手段，用付相关费用的方式让使用资产者得到使用资产方资产的方式。在这一条约里面，资产的使用者通过支付费用得到资产使用权利，达到筹集资金的目的。其具体的特点有以下几点。

（1）所有权与使用权相分离

所有权和使用权是其基本特征之一。通常情况下，虽然银行的信用也具有这一特点，然而其载体为资金，这与租赁是有很大差别的。

（2）融资与融物相结合

租赁在一定程度上就是融资、融物。换句话来说就是融资与放贷相互结合的桥梁。在传统的意义上，融资租赁是转移和资产权有联系的、所有的或者是绝大部分风险和报酬的租赁。资产的权利是能够向别人转移的，也可以不转移，主要由资产所用者的想法决定。它和传统意义上的借钱、还钱是有明显差别的。它是借物然后还钱，与此同时也会对其按照规定的时间支付金钱。租赁是公司进行筹集资金的表现形式之一。

（3）租金的分期支付

如果从租金偿还方法的角度出发，租金和银行的借贷不一样，出租方的资本是一次性直接投入，然后逐渐的收回资本。在承租方的角度来看，其利用租赁的手段得到资本并对其进行利用，逐渐偿付资本租金的方法有利于承租方对预期的资金进行规划。

2. 租赁的种类

如果按照租赁的种类进行分类，其具体有两大类。

（1）经营租赁

经营租赁有多种多样的称呼，比如服务租赁等。其具体的内涵为：资本的出租者向资本的承租者供应相关的租赁工具，与此同时也帮助资本的承租者培养专业性人才和进行日常修护等基础性工作。这也是承租方进行承租的重要目的。短时间租赁的表现形式之一是经营性租赁。

如果从承租方不需要筹集资金就能够得到专业的机械的层面出发，经营性租赁在一定程度上，其作用和短时间筹集资金的作用是一样的。前者的主要特征为：承租方能够根据其需求，没有时间限制的向出租方提出租赁的相关要求；因为其租赁时间是在短时间范围内，所以就没有长期性任务上的联系；如果在器械的租用期里面，如果出现不需要租器械的情况，那么承租公司就可以按照签订合约上的规定，对合约进行解除，从这一层面出发，这一方式对承租方来说是有好处的。

（2）融资租赁

融资租赁也被称为资本租赁、财务租赁，其具体的内涵为：租赁企业根据承租企业的相关需要对相关的产品进行购买，与此同时，在签订的合约上明确的规定将这种产品结构给承租方使用。融资租赁是现代主义的主要表现形式之一，承租公司用这种方法进行租赁是为了达到筹集资本的目的。通常情况下，融资是为了资本，但是这种类型的租赁，把融资和融物结合在一起，所以其具有借贷的特点，与此同时，也是公司长期筹集借入资本的方法之一。

融资租赁在通常情况下一般为长期租赁，因为其能够满足公司对相关器械的需求，所以它也被叫作资本租赁。其主要特点如下：通常情况下，承租公司向租赁企业发出相关的申请，然后租赁企业购买相关的设备，给其进行使用，满足其需求；租赁双方的关系相对来说具有一定的稳定性，必须经过双方的同意才可以解约，这种模式下，有利于双方利益的维护；租赁的时期到达时，双方可以根据自己的要求决定是否续约；相关器械的升级和维修，由承租的企业来对其进行负责。

3. 融资租赁的程序

第一，选择符合自己要求的租赁企业，然后对其各方面的情况进行了解，比如融资的成本、融资的费用高低，然后进行比较分析，找到最适合自己情况的融资租赁企业，然后按照步骤，再向其提出申请。

第二，双方签订合同。承租双方和生产其所需要设备的企业进行谈判或者协商，维护双方的权益，然后签订使双方都能够满意的协议。

第三，双方签订租赁协议。承租双方的企业签订和设备相关的协定，设备需要进口的时候，还需要办理相关的海关手续，双方的签订协约是租赁的重要组成部分，并且其具有法律效益。

第四，对货物进行检查。当器械的生产者把货物送到规定的地点时，承租公司就要办理相关的手续，对其进行验收，如果通过验收，就要把验收通过的合约交给租赁企业，这是其支付费用的重要凭证。

第五，按照规定的时间支付费用。承租公司根据相关的合约内容，按照时间支付费用，换句话来说就是对资金进行分期还款。

第六，期满后处理器械。双方从协约上面的规定出发，按照相关的条约决定是否进行续约或者退租。

4. 融资租赁的形式

在开展融资租赁相关业务的过程中，根据实际的应用情况，从主要特征的角度上进行划分，主要有以下三种。

（1）直接租赁

该形式的使用范围较为广泛，涉及对象较少，只有承租方与出租方，二者之间直接联系。在合作的过程中，承租方提出具体要求，出租方严格按照合约执行，出租准确对应的产品。

（2）售后租回

这种方式主要涉及制造公司以及租赁公司两个对象，前者先根据合约向后者提供产品，之后作为承租公司租回之前所提供的产品，在此期间会严格按照合约缴纳租金。这类租赁模式在工作流程上与抵押贷款几乎相同，制造公司也就是之后的承租企业，可以通过抵押自身产品的方式获得流动资金，从而处理公司的现有问题，并且在这期间仍然具有产品所有的使用权利。

（3）杠杆租赁

这种模式所涉及的对象主要分为三种类型，除了承租以及出租两方，还包括贷款方。对于承租者来说，在进行该种模式的相关业务时，所有内容与其他两种模式几乎完全相同。在租赁产品的期间内，按照合约的相关规定，通过缴纳租金来获得使用产品的合法资格。但是站在出租者的角度上思考，与另外两种业务模式的不同之处在于产品购买资金的部分垫支，比例为20%—40%。剩余的资金需要该出租者以借款人的身份，在抵押所涉及资产的基础上，向贷款企业进行借款，正常情况下的比例是60%—80%。所以，在使用杠杆租赁模式开展业务的过程中，租赁企业所承担的角色是十分重要的，不仅是出租者，也是借款者。此时，对于出租者来说，通过出租产品所获得的收益在弥补借款所花费的成本之后还有一定富余，能够从中谋利，这也就是杠杆租赁模式存在的根本原因。

5. 融资租赁的租金计算

（1）租金的影响因素

在开展融资租赁相关业务的过程中，每一个周期所需缴纳的租赁资金由众多因素共同决定，以下几种因素发挥着至关重要的作用。

购买租用设备所花费的总金额，涉及多种相关费用，不仅包括产品的购买价格，还包括运输、保险等费用。所谓租赁设备的总体残值预估，顾名思义，即在租用周期结束之后，预测相关设备的售出价值。利息，应用对象是承租企业，由租赁公司进行规定。租赁手续费，一般是指租赁公司在营业的过程中需要对租用设备支出的全部费用，也包含一定份额的营业收益。在正常情况下，市场对于租赁手续费没有明确的要求，该费用与设备的总体成本息息相关，主要由租赁与承租的两个公司进行详细商谈，然后制定租赁手续费用的相关协议。租赁期限，即租用设备的时间长度，其长短对于总体租金的高低具有决定性作用。支付租金的方法对于每一周期租金的高低也有间接性的影响作用，在正常情况下，支付次数与每期的租金总额成反比关系。随着融资租赁的发展，支付租金的方法逐渐丰富。按照间隔期来划分，主要有四种支付方式，分别是年付、半年付以及季付、月付。按照支付时间来划分，一般有先付以及后付两种方式。按照每次支付的金额是否相同来划分，有等额与不等额两种方式。在现实生活中，较为常见的支付方式为等额、后付和年付。

（2）租金的测算

当下，在全球范围内计算租金主要使用四种方法，即平均分摊法、等额年金法以及附加率法、浮动利率法。在中国，处理融资租赁相关事务的过程中，前两种方法较为常用。

平均分摊法，即以事先协商的利息比率以及手续费用的比率为基础，得出租用期间内的利息以及手续等相关费用，之后加上租用设备的总体成本，根据支付的总体次数进行平均计算。在使用这种方法的过程中，时间的影响价值被严重忽略。具体计算公式如下：

$$A=\frac{(C-S)\quad+I+F}{N}$$

在上述计算公式中，A 的含义是每一周期所需支付的租金总额，C 代表租赁设备所需花费的成本，S 代表租赁设备售出价值的估测，I 指租赁期间的利息费用，F 指租赁期间所需缴纳的手续费用，N 代表租赁期限。

例 3—13：一家公司向租赁企业租用了整套设备，设备的原定价格是 100 万元，租用期限为五年，租期结束之后该企业花费了 5 万元将整套设备进行转让。每年的利润比率是 10%，手续费用占设备原有价格的2%，租金的支付方式是年付、后付。

要求：计算这家公司每一年所需支付租金的总体数额。

$$解：A=\frac{(100-5)+[100\times(1+10\%)^5-100]+100\times2\%}{5}$$

$$=31.61（万元）$$

等额年金法，以年金现值的计算原理为基础，而后开展应付租金的计算。使用该方法的过程中，需要将利息比率以及手续费用的比率作为一个整体，从而明确租赁费用的比率，用贴现率来进行刻化。等额年金法较平均分摊法而言，计算步骤更多，但由于重视了时间的影响价值，所以从理论上来讲，其结果更准确、客观、可靠。

等额年金法下，每次应付租金数额的计算公式为：

$$A=\frac{C-S\cdot(P/F,i,n)}{(P/A,i,n)}$$

在上方的计算公式中，P 指每一周期结束之后所需支付的租金数额；C 指购买租赁设备所花费的全部成本；S 代表租用期限结束之后，租用者购买设备所需支付的转让价格；i 指代租赁费用的比率；n 指租赁期间内租金的支付总次数。

若想准确无误地使用上述公式，需要重视以下几个方面。

第一，该公式默认的假设背景为后付年付的租金支付方式。如果支付方式为先付，应该将其修改为以下形式：

$$R=\frac{C-S\times(P/F,i,n)}{(P/A,i,n-1)+1}$$

第二，公式中的 i 表示的是租赁费用的比率，是将利息比率以及租赁手续费用的比率进行综合考量之后得出的，由租出、租入双方进行规定，该值超过了借款的利润比率。如果租入方一次全部付完租赁的手续费用，租赁费用的比率等于租金的利息比率。

第三，计算公式中的 i 始终代表租赁费用的比率，如果代入的数值不同，会导致最后的账面余额与残值估测相差较大，无法保持一致。

例 3—14：仍用例 3—13 的资料。

要求：以下列三种情况为背景，使用等额年金法的相关公式，对该公司每年应付租金总额进行计算。

①租费率为12%，租金的支付方式为年付后付。

②租费率为12%，租金的支付方式为年付先付。

③租金的支付方式为年付后付，租赁的手续费使用一次付清的方式。

解：假设以上三种情况每年应付租金的总体数额分别是 R_1、R_2、R_3，则：

$$R_1: \frac{100-5\times(P/F,12\%,5)}{(P/A,12\%,5)}=\frac{100-5\times0.5674}{3.6048}\approx26.95\text{（万元）}$$

$$R_2: \frac{100-5\times(P/F,12\%,5)}{(P/A,12\%,4)+1}=\frac{100-5\times0.5674}{3.0373+1}\approx24.07\text{（万元）}$$

$$R_3: \frac{100-5\times(P/F,10\%,5)}{(P/A,10\%,5)}=\frac{100-5\times0.6209}{3.7908}\approx25.56\text{（万元）}$$

6. 融资租赁的优缺点

（1）融资租赁的优点

一是对于资金的要求较低。如果缺乏流动资产，可以通过融资租赁的方式快速获得。融资租赁的应用对象不仅包含资金，也包括物产，即使公司缺少资金，也能够帮助其引入先进设备。

二是在财务方面，可靠性强，风险低。在开展融资租赁业务的过程中，不需要承担一次付清的压力，偿还期限较长，能够以企业的运营收益来支付租金。

三是资金筹集的难度较低。与发行股票、债券等筹集资金的方式相比，融资租赁没有信用标准、政府监管等限制约束。

四是租赁期限可以调整延长。在一般情况下，如果公司通过贷款来引进设备，还款期限较短，设备的价值难以充分发挥。若开展融资租赁的相关业务，可以大大提高设备的利用率。

五是融资租赁所需支付的租金费用不包含在所得税中，能够大大降低租入公司的税务压力。

（2）融资租赁的缺点

融资租赁的租金较高，超出设备总体价值的1/3。企业虽然无须承担一次付清的还款压力，但固定的高额租金也会制约公司的发展。

三 股权性筹资

股权性筹资是大多数公司所使用的，主要形式分为三种：直接性投资的吸收、股票发行以及所存收益的利用。

（一）吸收直接筹资

企业遵守四个“共同”的基本原则，将国家、法人、个人的资金直接作为筹资。非股份制企业把吸收直接筹资作为自己发展壮大的方法，并且在吸取直接筹资后，企业是不需要公开发行股票的，就算是股份也没有必要分成各个相等的份额。在吸收了直接投资后，比注册资本多的一部分就属于溢价的资本，会成为资本公积，与注册资本相当的一部分将会变为实收资本。

1. 吸收直接投资的种类

（1）吸收国家投资

什么是国家投资？要理解这个概念，就需要知道有种资本叫作国有资本，那么国有资本又是什么呢？即能够在一定程度上代表国家进行投资行为的政府机构把国有资产投资给企业，这种企业的资本便被叫作国有资本。而根据《企业国有资本与财务管理暂行办法》中的条例规定可知，国家投资最显著的几个特点就是该公司的经济所有制在法律意义上归国家所有，在使用资金时自主性不大。

（2）吸收法人投资

法人投资一般是指法人单位使用，在法律意义范围内可以自由使用的资产或资金投资到企业中。而法人投资也具有一些比较明显的特征：在资金投入的方法上具有多样性，对于利润分配极为敏感且目的性很强。

（3）合资经营

多个投资者一起出力创办一个企业并且遵循四个“共同”原则的投资方式叫作合资经营。在中国，中外合资企业也被叫作股权式合营企业。中外合资企业在进行经营时存在几点比较明显的特征：该企业在中国境内经营时需要遵守中国法律，并且在法律意义上是属于有限责任公司，而且作为非中国公民独资的企业，外方需要投资不低于该企业注册资本的四分之一；在经营期间也要遵守相关的法律法规，合资经营企业需要注册资本与投资总额二者保持动态平衡。

不管是中外合资经营企业还是中外合作经营企业，其本质都是需要遵循四个“共同”基本原则，但是这两者却也有不一样的地方。它们二者最本质的区别就在于合资企业必须要有法人才能在法律意义上站稳脚跟，但是合作企业就没有这么多的限制，其次，合作企业需要通过签订一系列的合同去确认各方应尽的义务与权利，但是合资企业在此基础上还通过初期的注册资本占比来决定谁在该企业具有话语权，合作企业则各自都拥有话语权，只是在具体的事情上是通过签订合同去明晰的，合资企业把注册资本作为话语权的依据，谁占比多谁就有话语权。

（4）吸收社会公众投资

社会公众投资的概念是以个人的合法资产去投资企业，这种资本有一个专属名称叫作个人资本，看一个企业是否吸收了社会公众投资，主要是看该企业是否有众多投资人且每位投资人在资金数量上并无太大差距且数量较少，各个投资人的目的都是参与公司的分红，这样的企业就一定吸收了社会公众投资。

2. 吸收直接投资的出资方式

（1）以货币资产出资

要说什么方式在吸收直接投资中地位最显赫，那一定是货币资产出资，只有货币资产可以等价代换成其他资源，维持企业的正常发展。

（2）以实物资产出资

实物出资是投资者使用除土地以外的一切实物来对企业进行投资，实物可以是房子、设备等可折算成固定资产的实物，也可以是材料、消耗品等一直流动的资产。实物出资的资产评估有一套完整的法律体系，国家也规定了相关的评估细则，在国家的评估细则规定下，实物投资必须要做到该企业能够使用该实物进行日常的各类活动等情况。

(3) 以土地使用权出资

土地使用权在法律地位上具有独立性，通过土地使用权出资企业，则该企业可以在法律规定的时间内在该土地上进行法律允许的活动，如：建造厂房、投入生产等。国家也有相关的法律法规保护土地使用权，如果该土地使用权是处于存续期间，那么所有的单位及个人都不可以对该土地的使用者进行干预，哪怕是之前拥有该土地的人，所以土地使用权出资是一种相对颇受法律保护的出资方式。

(4) 以工业产权出资

工业产权是一种不能通过实物去具体定义的资产，这种资产一般来说包括了知识产权以及专利权等一系列概念性的资产权益，工业产权出资有一定的风险，总的来说根据时间的推移，工业产权的实际价值会逐步降低，最后归于零，所以，国家对工业产权多为关照，先后有多部法律法规限制这种无形的工业产权，从一定意义上降低了该资产的风险。

(5) 以特定债权出资

特定债权现在主要分为六种，即上市公司依靠相关的法律法规发行的可巩固进行转换操作的债券、金融资产管理公司持有的国有及国有控股企业债权；企业实行公司制改建时，经银行以外的其他债权人协商同意，可以按照有关协议和企业章程的规定，将其债权转为股权；根据《利用外资改组国有企业暂行规定》，国有企业的境内债权人将持有的债权转给外国投资者，企业通过债转股改组为外商投资企业；按照《企业公司制改建有关国有资本管理与财务处理问题的暂行规定》，国有企业改制时，账面原有应付工资余额中欠发职工工资部分，在符合国家政策、职工自愿的条件下，依法扣除个人所得税后可转为个人投资，未退还职工的集资款也可转为个人投资。

3. 吸收直接投资的程序

第一，确定筹资数量。

一个企业如果需要再建一个厂区或者在某一方向进一步发展，需要筹备一定的资金数量，而筹资数量又和资金需求量挂钩，资金需求量则需要结合该企业在管理经营方面的能力进行判断。

第二，寻找投资单位。

企业既要广泛了解有关投资者的资信、财力和投资意向，又要通过信息交流和宣传，使出资方了解企业的经营能力、财务状况以及未来预期，以便于公司从中寻找最合适的合作伙伴。

第三，协商和签署投资协议。

找到合适的投资伙伴后，双方进行具体协商，确定出资数额和出资方式及出资时间。企业应尽可能吸收货币投资，如果投资方确有先进而适合需要的固定资产和无形资产，也可采取非货币投资方式。对实物投资、工业产权投资、土地使用权投资等非货币资产投资，双方应按公平合理的原则协商定价。当出资额、资产作价确定后，双方签署投资的协议或合同，以明确双方的权利和责任。

第四，取得所筹集的资金。

签署投资协议后，企业应按规定或计划取得资金。如果采取现金投资方式，通常还要编制拨款计划，确定拨款期限、每期数额及划拨方式，有时投资者还要规定拨款的用途，如把拨款区分为固定资产投资拨款、流动资金拨款、专项拨款等。

（二）普通股筹资

1. 股票的种类

股票是股份有限公司为筹措股权资本而发行的有价证券，是公司签发的证明股东持有公司股份的凭证。股票作为一种所有权凭证，代表着对发行公司净资产的所有权。股票只能由股份有限公司发行。

第一，按股东的权利和义务划分，股票可分为普通股和优先股。

优先股是公司发行的优先于普通股股东分取股利和公司剩余财产的股票。多数国家的公司法规定，优先股可以在公司设立时发行，也可以在公司增发新股时发行。有些国家的法律则规定，优先股只有在特殊情况下，如公司增发新股或清理债务时才准许发行。

第二，按票面有无记名划分，股票可分为记名股票和无记名股票。

记名股票是在股票票面上记载股东的姓名或者名称的股票，股东姓名或名称要记入公司的股东名册。《中华人民共和国公司法》（以下简称《公司法》）规定，公司向发起人、国家授权投资的机构、法人发行的股票，应为记名股票；向社会公众发行的股票，可以为记名股票，也可以为无记名股票。记名股票一律用股东本名，其转让、继承要办理过户手续。

第三，按票面是否标明金额划分，股票可分为有面额股票和无面额股票。

有面额股票是以公司名义发行的有金额的股票。持有这类股票的股东的权利和义务的大小取决于他们持有的所有股份的面值和他们在海外发行的股份的份额。根据《公司法》，股票必须标明面值。

无面额股票是没有金额的股票，它们只显示了公司股本的份额或份额，因此被称为“分散股票”或“比例股票”。没有面额的股票的使用是因为它们的价值实际上是随着公司资产的增加或减少而变化的。股票发行没有面额，允许投资者在购买股票时考虑股票的实际价值。

第四，根据投资者的不同，股票可以分为国家股份、法人股份、私人股份和外资股。

国家股份是政府资产投资给公司的股份，由有权代表国家的部门或机构承担。

国家股份属于国家委员会授权的机构或部门，有权在公司中指定代表。法人的股票指的是法人根据法律为投资其支配资产的社会而产生的股票，或由法律和社会协会形成的股票，投资于国家批准的用于剥削的资产。个人股票是社会或员工从合法财产中投资于社会的股票。外资股是指外国和我国港澳台地区投资者购买的我国上市公司股票。

第五，股票可以根据发行时间划分为初级和新股票。最初的股票是在创建一个新的股份公司时发布的股票。发行的具体条件、目标和价格各不相同，但股东的权利和义务是一样的。

第六，股票可以按照发行的地区和发行目标的事物分类。目前我们的股票分为A、B、N和S股等。A股票为我国私人或法人以及合格境外机构投资者（Qualified Foreign Institutional Investors，QFII，2003

年7月开始营业）面值的人民币，也以人民币标明面值和认购、买卖的股票。B股票针对香港和澳门投资者、外国投资者和私人投资者，以及自2001年2月以来中国人民币名义价值的私人投资者，但是是以外币买卖的股票。A股票和B股票在上海和深圳证券交易所上市。H、N和S股票指的是在中国大陆注册的公司，但分别在香港证券交易所、纽约证券交易所和新加坡证券交易所上市的。

2. 普通股发行的条件

一是公开发行普通股。

至于公开发行证券，我国的股票发行管理系统规定，上市证券的盈利能力是可持续的，符合以下要求：利润在过去三年里不断增长。非正规利润和损失的净收益被计算为与之前的净收益相比较低；企业和利润来源相对稳定，在很大程度上并不依赖于控股股东的实际控制；现有的主要业务或投资方向可以是可持续的、商业模式和投资计划的可持续、对基本商品或服务有利的市场前景，以及商业环境和市场需求缺乏实际或可预测的重大不利变化；高级管理人员和基本技术人员都很稳定，在过去的12个月里没有发生重大的负面变化；合法获得重要资产、基本技术或社会其他重要利益，可持续使用和缺乏可预见的重大消极变化；保证、诉讼、仲裁或其他重要问题不会严重影响公司的连续性；在过去24个月里公开发行证券的情况下，一年的商业收益没有比前一年下降一半以上。

上市公司的财务状况令人满意，符合以下要求：会计的基本工作都做得到位，都非常严格的按照国家的标准做事。过去三年的审计报告和财务报表，未由有保留、有偏差或无保留的注册会计师编制；当注册会计师在重大问题上毫无保留地提交报告时，不会对发行人产生重大负面影响，也不会在发行前消除重大不利影响。财产质量很好。不良资产对公司的财务状况没有明显的负面影响。经济活动的结果是真实的，现金流是正常的。业务收入和支出的统计是按照国家企业会计标准进行的。在过去三年里，按货币计算，分布式利润总额至少占过去三年平均分摊收入的三分之一。

二是非公开发行普通股。

关于封闭股票发行，我国的股票发行管理系统规定，在股东大会决议中规定的特定的封闭式股票发行目标必须符合股东大会决议规定的条件。施放的对象数量不超过35个。如果发行者是海外的战略投资者，他必须遵守我国的相关规定。

在上市公司发行股票时不是公开的情况下，应该按照下面规定进行发行：发行价不得低于定价基准日前20个交易日内公司股票平均价格的百分之八十。本次发行的股份，自发行完成之日起6个月内不能进行转让。18个月内控股股东、实际控制人及其控制的企业认购的股份不能进行转让。筹集的资金应当按照本办法有关规定进行使用。上市公司控制权因此发生变化的，也应当符合中国证监会的规定。

3. 股票的发行程序

各国都有严格的法律对股票发行程序进行约束，股票没有法定程序就发行，市场是不承认的。根据我国《上市公司发行证券管理办法》规定，上市公司申请发行股票应当按照下面顺序进行。

第一，由公司董事会决议依照法律，包括证券发行的计划，提高资金运用的可行性报告，报告前次筹集资金的使用情况和其他事项，并且报股东大会批准。

第二，发行股票应当由公司的股东大会做出决定，至少应当包括证券发行的类型和数量，发行的方法目标，安排分配到原始股东、定价方法和价格范围，募集资金具体要做的事、决议的时间有效区间及董事会的决定。是否授权办理本发行的具体事项和其他必须明确的事项

第三，只有有保荐人，公司才能申请公开发行股票或者非公开发行新股，而且保荐人需要向中国证券监督管理委员会打报告。按照中国证券监督管理委员会的有关规定发起人应当编制并提交发行申请文件。

第四，中国证券监督管理委员会按照下列程序对发行证券的相关材料申请进行审查：收到相关文件后，是否受理的决定一般在5个工

作日内揭晓；受理进行开始，先初审申请材料；申请文件再由发行审查委员审查；最后由中国证券监督管理委员会批准或不批准。

第五，自中国证券监督管理委员会批准发行之日起6个月内发行证券；超过6个月没有按时推出的，核准文件就没有用了，须经中国证券监督管理委员会重新核准后才能再次发行。发行前如果发生重大事件就要延期发行，并及时通知中国证券监督管理委员会。对证券发行条件有重大影响的，应当报请中国证券监督管理委员会重新核准证券发行申请。

第六，上市公司发行证券申请未获批准的，自中国证券监督管理委员会作出不批准决定之日起6个月后，可以重新申请发行证券。

4. 股票的发行方式

一是公开间接发行。

这种发行方式指股份公司通过中介机构公开发行股票。以公开发行股票的方式设立的股份有限公司。向社会公开发行股票必须由符合条件的证券公司、信托投资公司等证券中介机构承销。发行范围广、发行对象多、容易足额募集资金是这种发行方式的三大优点。同时，这种发行方式公开发行的审批程序复杂严格，发行成本高，但对公司知名度提高、扩大影响力都有莫大好处。

二是非公开直接发行。

这种发行股票的方法是指股份公司直接向少数特定对象发行股票，无须中介机构承销。以发起方式设立并以向特定对象发行新股的方式向发起人和特定对象发行股票，并直接向认购人销售股份。这样，企业就可以控制发行过程，节省发行成本。但发行范围小，足额募集资金的时间可能会长一些，发行后股票的流动性较差。

5. 股票的发行价格

按照不同情况，普通股的发行价格可以分成两种发行方式：分别是按票面金额或者溢价发行，即按高于票面金额的价格发行。

一般情况下，公司始发股的发行价格与票面金额是大致一样的，依据公司盈利能力和资产增值能力再将增发新股的发行价格确定。主要利用三种方法进行确定：

（1）以未来股利计算：

$$每股价格=\frac{预期股利}{利息率}=\frac{票面价值\times 股利率}{利息率}$$

金融市场平均利率是公式中利息率的最优选择，投资者的期望报酬率也能用。

（2）以市盈率计算：

$$每股价格=每股税后利润\times 合适的市盈率$$

（3）以资产净值计算：

$$每股价格=\frac{资产总额-负债总额}{普通股总股数}=\frac{所有者权益总额}{普通股总股数}$$

三种方法中不管哪一种，如果计算结果得到的小于股票面值，那么股票面值就是股票的发行价格。

6. 普通股筹资的优缺点

（1）普通股筹资的优点

普通股融资与其他融资方式相比有以下几个优点：

一是没有固定的利息负担；

二是没有固定的截止日期；

三是财务风险很小；

四是可以增加公司的声誉；

五是资金限制更少。

关于利息，公司有盈余，可以分配股利给股东；如果公司盈余较少，资金不足或者投资机会较好时，可以少分配或不分配股息。使用普通股筹集资金是永久性的，除非公司被清算，否则必须偿还。确保企业最低资本要求具有重要意义。财务风险较小的原因之一就是普通股没有固定的到期日，也没有固定的利息支付。

企业债务所面临风险的缓冲地带包括股权和留存收益。更多的自有资金可以为债权人提供更大的保护。因此，普通股融资不仅可以增加公司的信用价值，还可以为更多债务资金的使用提供强有力的支持。

使用优先股或债券筹集资金通常有许多约束条件。这些约束往往会影响公司运营的灵动性，而使用普通股筹资则没有此类约束。另外，由于普通股的预期收益率较高，抵消通货膨胀的能力在一定程度上也是比较好的（通常在通货膨胀期间，普通股会随着房地产的升值而升值），所以普通股融资更容易吸收资金。

（2）普通股筹资的缺点

与其他融资方式相比，普通股融资的缺点也变得明显起来。

首先，从投资者的角度来看，投资普通股是有比较大的风险的，所以一般会需要较高的投资回报。其次，对于融资公司来说，净利润是普通股股息的主要来源，净利润不像债券利息可以在税前支出，因此没有税收抵免的好处。此外，发行普通股的成本一般高于其他证券。

通过普通股筹集资金会增加新股东的数量，这导致公司的控制权可能会过于分散，从而削弱现有股东对公司的控制权。

如果公司在股票市场上市，需要根据相关制度严格的进行信息披露，并受公众监督，这将带来更多的信息披露成本，使公司更难保护商业秘密。

上市还增加了公司被收购的风险。公司上市后，其经营状况会越来越受到社会的关注，只要公司经营或财务有不利于公司的情况发生，就可能面临收购。

（三）利用留存收益筹资

1. 留存收益的性质

从性质上讲，是企业合法有效经营实现的税后净利润。因此，归属于所有者的利润包括已分配给所有者的利润和尚未分配和保留在企业中的利润。有很多原因可以解释为什么今年的部分或全部利润会继续存在，主要包括：首先，收入的确认和计量是基于权责发生制会计，企业的虽然有利润，但企业不一定有相应的现金流量增加，所以可能没有足够的现金给所有者全部或部分的利润。其次，从保护债权人利益和要求企业可持续发展的角度来看，法律法规对利润分配进行了制约。根据《公司法》看，企业必须从年度税后利润中提取10%的法定盈余公积金。最后，企业保留一部分利润，以满足再生产和融资需求。

2. 留存收益的筹资途径

（1）提取盈余公积金。

盈余公积金是指留存的专用净利润，提取基数为当年扣除年初累计亏损后的年净利润数额。盈余公积金主要用于企业未来的业务发展，也可用于增加股权（实收资本）和补上一年度的经营亏损，但这个前提是要经过投资者审核。盈余公积金在以后各年度不得用于对外分配利润。

（2）未分配利润。

未分配利润是年度利润中用于非限定用途的留存净利润。未分配利润的含义有两种：一是本年度中属于此分类的净利润不分配给公司股东和投资者；二是这部分净利润不指定用途，只要有利于公司企业未来的业务发展，甚至可以用来补上一年度的经营亏损或者分配到下一年度的利润。

（3）留存收益筹资的优缺点。

留存收益筹资的优点：一是没有筹资费用。由于企业的长期资本基本从外界筹集，相比于普通股筹资，资本成本中不需要发生筹资费用，所以成本较低。二是平衡分布公司的控制权。使用留存收益筹资时，因为不发行新股票就不会产生新的投资者，有效保留了公司原本的股权结构，并不会使原有股东的控制权减少。

留存收益筹资的缺点是，筹到的资金有限。当期净利润是当期留存收益中的最大值，相比外部融资，一次可以筹集的资金量是很少的。假如企业亏损，全年就没有利润留存了。此外，股东和投资者都期望企业每年支付一定的股息，并每年都有部分的利润分配。

四　混合性筹资

（一）优先股筹资

1. 优先股的特点

优先股和普通股是相对的，它比普通股具有一定的优先权，但也会受到一些限制。优先股的含义主要体现为“优先权”，包括股息分配的优先权和公司剩余财产分配的优先权。公司章程应当规定优先权的具体条件，优先股与普通股具有一定共性。比如是否有到期日之类。然而，它也有一些公司债券的特点。因此，优先股被认为是一种混合证券。

优先股相较于普通股，具有以下特点。

首先，固定股利的优先分配。优先股股东在分配股利方面通常优先于普通股股东，其股利一般是固定的，较少受到公司经营状况和盈利能力的影响。因此，优先股就像一种固定利率债券。

其次，公司的剩余财产享有优先分配权。当公司遇到因解散、破产等原因而清算的情况时，优先股股东在分配公司剩余财产时优先于普通股股东。

再次，优先股股东一般没有在公司股东大会上表决的权利，一般没有参与公司经营管理的权利，只有在与优先股股东权益有关的情况下才有表决权。所以，优先股股东控制整个公司的情况不太可能发生。

最后，优先股可能被公司赎回。发行优先股的公司可以根据公司章程的有关规定，公司如果需要，可以以一定的规则回购已发行的优先股，来达到调整公司资本结构的目的。

2. 如何将优先股分类

第一，优先股股息率固定还是浮动。

优先股在股权期限内不调整股息率的就是固定股息率优先股，如果按照约定的计算方法对优先股股息率进行调整，叫作浮动股息率优先股。采用浮动股息率的优先股，应当事先在公司章程中规定优先股存续期间的票面股息率的计算方法。

第二，优先股股息是否强制性进行分配。

当公司有可分配的税后利润时，必须分配的叫作强制性分红优先股，否则为非强制性分红优先股。

第三，优先股是否累积的差异。

累积优先股和非累积优先股可以根据差额是否累积到下一个财政年度来划分，这取决于公司是否因当年可分配利润不够而未向优先股股东支付全额股息。累积优先股是指公司在过去一年中不支付股息，但是可以从随后几年的利润中累积支付的股息。非累积优先股没有这样的认购权。累积优先股比非累积优先股更诱人，发行范围也更广。

第四，优先股是否可转换。

根据优先股能不能转换为普通股，将优先股分为可转换优先股和不可转换优先股。可转换优先股是指优先股股东或发行人可以在规定的时间内将优先股以一定的转换率转换为公司的普通股。否则，它就是不可转换优先股。

第五，可优先回购的股票和不可退货的股票。

按照发行人或者特权股东是不是有权力要求公司购买优先股的权利，可分为可优先回购的股票和不可退货的股票。可优先回购的股票是允许发行人以一定比例的补偿价格购买。通常情况下，公司会用这种方法购买发行的优先股，因为它们认为自己可以发行新的优先股，利率较低。没有反向购买条件的优先股被称为不可购买优先股。买断的优先权包括发行者买断优先股的要求，以及投资者收回优先股的要求，这些优先股必须在公司章程和股票发行文件中规定。如果发行者要求购买优先股，他必须偿还他所欠的股票利息。

3. 优先股筹资的优缺点

该公司利用优先股价动员长期资本，它的优势和劣势远高于传统的普通股票和其他融资形式。

(1) 优先股筹资的优点

一般来说，优先股的到期期限是不确定的，金额是不需要偿还的，发行的优先股票实际等于无限期长期借款。在金融条件较低的情况下发行优先股，在金融状况改善时支付优先股，有助于整合资本需求和获得公司资本结构。

优先股既固定又灵活。一般来说，优先股是固定股息，但支付固定股息不是公司的法律义务。即使公司的财务状况不满意，它也可能暂时不支付优先权红利，即便这样，股东也不能像公司债权人那样让公司破产。

保持公司被普通股东所控制。想要保持原来普通股股东控股权和向社会增加筹集股权资本，特别适宜使用优先股票融资。而从法律角度看，资本股权，股票发行优先资助可能加强基地股本公司提高其债务的能力。

（2）优先股筹资的缺点

虽然优先股价低于正常股价，但它们往往高于债券。

优先股筹资的制约因素还是很多的。例如，为了确保固定股息的优先股，当企业利润很小的时候，普通股东可能不会分到分红。

这可能会带来更大的财政负担。优先股需要支付固定股息，但不能在收益率下降之前扣除，优先股红利可能会给公司带来更大的财务负担，那些有时不得不推迟的付款会对公司的声誉造成不利影响。

（二）可转换债券筹资

1. 可转换债券的基本性质

可转换债券是混合证券，是公司普通债券和证券期权的结合。在一段时间内，可兑换债券的持有人可以自由选择是将其转换为公司的普通股票、价格定得过高和转换成转换比例。

通常情况下，可兑换债券可以分为三类：不能转换的债券，他们的债券和转股权是不能转换的；债券持有人可以根据名义价值和合同市场价格直接将债券持有人在规定期限内转换成股票的债券；其他类别是可转换债券，这种债券必须有认股权证，就是要公司债务和认股权证的结合，单独发行，作为股票搜查令，再加上公司债券。在购买股票时，保单持有人必须以公开价格（市场价格）为买入股票做出贡献。

2. 可转换债券的基本要素

可转换债券的主要要素是创造可转换债券的基本特征所必需的元素，这些元素反映了可兑换债券和普通债券的区别。

（1）股票面值

可兑换债券是转移期权的对象，可以转化为公司股票。一般来说，这些股票是发行商的普通股票，但也可能是其他公司的股票，比如是这个公司的子公司的股票。

（2）票面利率

可兑换债券的票面利率通常低于普通债券的票面利率，在某些情况下甚至低于同一时期的银行存款利率。由于投资于可兑换债券的收益，除了债券利息的收益之外，还增加了股票期权的收益，这是一种合理且可兑换的债券，在大多数情况下，股票期权的收益足够补上债券收益率的差异。

（3）可兑换价格

可兑换价格意味着在转换期间将可兑换债券重新计入普通股票，并将可兑换债券转换为普通股票的价格。如果每股 30 美元，我们说的是可兑换债券的股票，每股 30 美元的股票。因为可兑换债券可以在未来的债券出售中转换为股票，可兑换债券的价格通常比发行日期的股票价格高，例如可以高出 10%—30%。

（4）转换系数

转换系数意味着每一张债券可以根据所宣布的可兑换价格转化为普通股票的债券数量。

在确定债券的面值和可兑换价格时，转换系数是债券的面值和可兑换价格之间商的关系，即：

债券面值/可兑换价格 = 转换系数

（5）转换周期

转换周期意味着可兑换债券持有人可以行使其转换权在有效的期限内。可兑换债券的期限可能与债券的期限相同，也可能比债券的期限短。在创建一个转换周期时，通常会出现四种情况：从发行债券到到期日期，截止日期，完成日期，从发布日期到截止日期。到底选择哪种取决于公司的资本使用、项目状况、投资者需求等，因为转让价高于公司偿还时的股价，投资者通常不会在发行后立即行使转换权。

（6）赎回条款

赎金条件是发行人以预先商定的价格购买未归还债券的条件，通常是发生在公司股价不断高于转让人股价之后的一段时间内。赎金条件通常包括：不可退还期和可以赎金期、赎金价格（通常高于可兑换债券的面值）、赎金条件（无条件和条件赎回）等。

发债券的公司在购买债券之前，发行人必须向债券持有人发出赎金通知，以便在将债券转让给发行公司和出售债券之间做出选择。通常情况下，投资者会将债券转换为普通股票。因此，赎金条款最主要的主要功能是要求债券持有人积极实施股票转移，因此被称为加速交易。与此同时，将允许发行公司避免在市场利率下降后继续以更高的利率向债券持有人支付利息的损失。

（7）回售条款

回售条款是指债券持有人有权利使用约定好的价格将债券提前回售给发行公司所涉及的条件。如果公司股价在一段时间内持续低于转换价格，回售条款可能就会被触发。回售实际上是投资者抛售股票的一种方法，可以有效降低投资者持有债券的风险程度。和赎回条款一样，回售条款生效的时间、价格定价和具体回售条件都是被规定的。

（8）强制性转换条款

债券持有人在满足一定条件后，必须将可转换债券转换为股票，但无权要求偿还债券本金的条件被叫作强制转换条款。发行可转换债券后，其股价可能会大幅波动。如果转换价格长期高于股价，且没有赎回条款，投资者就不会进行转股。遇到这种情况，公司可以设立强制性转换条款，以确保可转换债券顺利转换为股票，防止投资者集中对股票进行挤兑，从而导致公司破产。

3. 可转换债券的发行条件

本书在研究过程中通过对国家发行的具体规章制度进行梳理，也可以发现上市公司和国有重点企业能够对债券进行发行，在对相关证券进行发行过程中，也需要受到省级或者国务院有关部门的推荐，只有经过证监会审核批准之后才能够正式实施。《上市公司证券发行管理办法》也明确表明，上市公司能够对可转换债券进行发行，不仅需要满足发行证券的一般条件，还需要实施如下规定。

首先，最近三个会计年度加权平均净资产收益率必须在6%以上。

在将非经营性损益扣除之后的净利润与扣除之前的利润水平相比，在计算过程中需要选择的依据是上述两个数据的更低值。

其次，在开展证券发行工作后，累计公司债券总额需要在最近一期期末净资产额的四成以内；最近三个会计年度实现的年均可分配利润也需要大于公司债券一年的利息。

除此之外，上市公司在生产经营过程中也能够对认股权以及债权分离交易的可转换公司债券进行发行。发行人一次捆绑发行公司债券和认股权证的两种交易品种均属于分离交易的、可转换公司债券的范畴，他们能够在同一时间内进行上市并开展分别交易的活动。在对这类债券进行发行的过程中，不仅需要满足发行证券的相关条件，还需要以如下条件作为依据：

第一，公司最近一期期末，经审计的净资产需要在 15 亿元人民币以上；

第二，最近三个会计年度实现的年均可分配利润，也需要在公司债券一年利息的数额之上；

第三，在满足第（2）点的基础之上，也可以有例外条件，那就是公司最近三个会计年度加权平均净资产收益率平均在 6% 以上；

第四，在此次发行工作之后，公司债券总额需要稳定在最后一期期末净资产额的四成以内。

4. 可转换债券筹资的优缺点

（1）可转换债券筹资的优点

筹资灵活性。本书在研究过程中通过对可转换债券进行梳理，也可以发现它能够将传统的债务筹资功能和股票筹资功能进行结合，他们在性质和时间上展现出来的灵活性极为突出。企业在运用债券这一形式进行投资的过程中，首先运用的是债务这一方式，如果债券转换期来临，此时股票具备较高的市价，那么债券持有人必然会在约定的价格之内将之转换为股票，只有这样才能够进一步降低企业的还本付息风险。但是企业在发展过程中，如果股票价格长期处于较低水准，此时投资者也并不愿意将之转换为股票企业，如果能够做到在规定时期内对本金和利息进行偿还，那么也能够避免在今后发展过程中造成股东资本成本的损失。

资本成本较低。由于可转换债券的利率与同一条件下的普通债券利率相比更低，因此能够对公司的筹资成本进行有效把控，将可转换债券向普通股进行转化时，公司也并不需要对额外的费用进行支付，也能够对股票的筹资成本进行有效把控。

筹资效率高。在对这类证券进行发行的过程中，转换价格与当时公司的股票价格相比更高，如果能够将这类债券都向股权转换，那么就相当于是在高于股票市场价格的层面重新发行了股票，能够用较少的股权筹集更多资金，因此公司在生产经营过程中如果遇见新股发行时机不佳的状况，那么就可以首先进行可转换债券的发行，确保在今后发展过程中能够向着普通股进行转化。

调整资本结构。可转换债券作为一种具备债务筹资和股权筹资双重性质的筹资方式，对于公司资本结构的调整具有至关重要的作用。这类资本在转换之前是发行公司的一种债务形式，此时如果发行公司希望能够对可转换债券持有人转股，那么可以在相关手段的引导之下，来对资本结构进行优化。

（2）可转换债券筹资的缺点

存在一定的财务压力。本书在研究过程中也指出，可转换债券具备不转换的财务压力，公司在发展过程中，如果股价并没有稳定的较高水准，此时的持有者就并不会向股权进行转换，公司必然会需要集中大量资金来进行还本付息，此时所带来的财务压力是巨大的。除此之外其还具备回售的财务压力，在可转换债券发行之后，公司股价如果始终处于较低水准，如果存在回售条款的状况，那么投资者就能够将债券回售给发行公司，这也会对公司的财务支付能力造成负面影响。

筹资成本高于普通债券。在对这类债券进行发行的过程中，尽管与普通债券相比，票面利率更低，但是加入转股成本之后，所包含的总融资成本相对而言就处于更高的水准。

（三）发行永续债筹资

1. 永续债的特点

永续债券并没有对到期期限进行规定，只需要对利息进行支付，并不需要归还本金。由于具备这一特性，因此它也被称作债券中的股票，他的特性展现了股权和债权的相关属性。

本书在研究过程中也对这类债券的特征进行了详细描述，债券发行人有赎回债券的选择权，这类债券也具备相应的调整机制来对利率进行有序调整，公司如果不能在一定时期内将永续债券进行赎回，此时的利率必然会大幅度上升，以此来对投资人进行补偿。不仅如此，这一债券的发行人也具备是否支付利息的权利，要想实现这一目的，那么公司在开展利息支付之前，并不能够对股利进行分配。

2. 永续债的发行动机

本书在研究过程中通过对发行永续债券筹资的动机进行深入梳理，后也指出它主要存在如下三点银行等相关金融机构为了契合新资本管理方法，因此通过发行这一债券来对本金进行有效补充，如果企业具备较高的财务杠杆率，那么运用这一方式也能够对举债所造成的空间限制进行打破。

3. 永续债的发行情况

本书通过进一步研究也指出，永续债券在国际资本市场上极为成熟，尤其是在海外资本市场，这类形式的债券更是层出不穷。通过对相关数据进行梳理，也可以发现，在现阶段全球总共拥有的存续债券已经超过 2000 只，筹资规模更是超过 6000 亿美元，而且这类债券的评级位于 BB + 和 BBB + 区间内。

我国在现阶段发展过程中，依旧对这类债券进行深入探索，现阶段资本市场上具备的永续债券主要有国家发改委审批的“可续期债券”和中国交易商协会注册的“长期限含权中期票据”这两种形式。武汉地铁在 21 世纪初首次发行“武汉地铁可持续期债”，金额高达 23 亿元，在对利息进行计算时，主要采用的是浮动利率，并且做出规定要求本期债券需要在每 5 个利息年度末进行兑付，这也已经初步展现了永续债券的特征。国电电力也在2013年首次发行永续中票来对5亿元资金进行筹集，前5个计息年度的票面利率为6.6%，并没有设立到期时间以及发行人赎回权利等相应条款。它作为第3个中长期信用债品种而存在，作为一种创新性的债务融资工具，在银行间的债券市场中被广泛运用。

本章小结

1. 资本成本率

一般模式通用的计算公式为：

$$资本成本率=\frac{资金占用费}{筹资总额-资金筹集费}$$

通常情况下，筹资总额的某百分比是对资金筹集费用进行计算的基础，因此也能够将上述公式表述为如下内容：

$$资本成本率=\frac{资金占用费}{筹资总额\times(1-筹资费用率)}$$

2. 银行借款的资本成本率

银行借款的资本成本率按一般模式计算为：

$$K_b=年利率\times(1-所得税税率)/(1-手续费率)$$
$$=i(1-T)/(1-f)$$

结合上述式子也可以发现，银行借款资本成本率、银行借款年利率、筹资费用率及所得税税率分别用K_b、i、f、T表示。

3. 公司债券资本成本率

公司债券资本成本率按一般模式计算为：

$$K_b=\{年利息\times(1-所得税税率)\}/\{债券筹资总额\times(1-手续费率)\}$$
$$=\{I(1-T)\}/\{L(1-f)\}$$

上式中的公司债券筹资总额以及公司债券年利息分别用L及I表示。

4. 优先股的资本成本率计算

对于固定股息率优先股而言，如果存在各期股利是相等的状况，那么在对优先股的资本成本率进行计算时，所采用的公式如下所示：

$$K = \frac{D}{P\ (1-f)}$$

优先股资本成本率，优先股年固定股息，优先股发行价格以及筹资费用率分别用K、D、P、f表示。

5. 普通股的资本成本率

（1）股利增长模型法

如果资本市场有效，股票市场的价格与价值是一致的。假定某股票本期支付的股利为D_0，未来各期股利按g速度增长。在现阶的股票市场价格用P表示，此时普通股资本成本的计算公式为：

$$K = \frac{D_0\ (1+g)}{P\ (1-f)} + g$$

$$= \frac{D_1}{P\ (1-f)} + g$$

普通股资本成本，预期第1年普通股股利，普通股筹资，总额普通股筹资费率以及普通股年股利增长率分别用K、D_1、P、f、g表示。

（2）资本资产定价模型法

在研究过程中假定资本市场有效，并且股票市场的价格与价值也相一致。假定无风险报酬率，市场评估报酬率，某股票被套系数分别用R_f、R_m、β表示，在对普通股资本成本率进行计算时采用的公式为：

$$K_s = R_f + \beta\ (R_m - R_f)$$

6. 留存收益的资本成本率

其计算公式为：

$$K = \frac{D_1}{P_4} + g$$

上述式子的留存收益资本成本用K表示，其余同普通股。

7. 最终的总资本成本率

在对企业的平均资本成本进行计算的过程中，需要以各项个别资本在企业总资本中的比重作为权数，对各项个别资本成本率进行加权平均就能够对最终的总资本成本率进行获取，在开展计算的过程中需要结合如下公式：

$$K_w = \sum_{j=1}^{n} K_j W_j$$

平均资本成本，第 j 种个别资本成本率以及第 j 种个别资本在全部资本中的比重分别用 K_w、K_j、W_j 表示。

8. 债券溢价及折价

结合资金时间价值原理，就能够对债券溢价及折价进行精准计算。

每年末支付利息、到期支付面值的债券发行价格计算公式为：

债券发行价格 = 债券面值 × 按市场利率和债券期限计算的现值系数
+ 债券应付年利息 × 按市场利率和债券期限计算的年金现值系数

到期一次还本付息的债券发行价格计算公式为：

债券发行价格 = 按票面利率和期限计算债券到期的本利和 ×
按市场利率和债券期限计算的现值系数

9. 应付租金

在运用平均分摊法对应付租金进行计算的过程中，首先需要结合相应的利息率以及手续费率来对租赁期间的利息和手续费进行精准计算，此时也需要结合设备成本来对支付次数平均进行计算。如下所示的公式能够对每次应付租金的计算公式进行计算：

$$A = \frac{(C - S) + I + F}{N}$$

每次支付的租金、租赁设备购置成本、租赁设备预计残值、租赁期间利息以及租赁期间手续费和租期分别用 A、C、S、I、F、N 表示。

10. 租金数额

结合等额年金法对每次需要支付的租金数额进行计算，具体公式如下所示：

$$A = \frac{C - S \cdot (P/F, i, n)}{(P/A, i, n)}$$

结合上述式子也可以发现每次期末应付租金数额、租赁设备的购置成本、期满时由租入方留购需要支付给出租方的转让价、租费率和租金次数分别用 R、C、S、i、n 表示。

11. 发行价格

公司在对股票进行发行过程中，通常情况下的发行价格和票面金额都是一致的，在对新股进行增发时所决定的价格也需要结合公司的盈利能力和资产增值水平进行确定，主要存在如下三种方式：

（1）以未来股利计算。

$$每股价格=\frac{预期股利}{利息率}=\frac{票面价值\times 股利率}{利息率}$$

结合上式也可以发现，在对利息率进行确定时，最好运用金融市场的平均利率以及投资者的期望报酬率。

（2）以市盈率计算

$$每股价格=每股税后利润\times 合适的市盈率$$

（3）以资产净值计算

$$每股价格=\frac{资产总额-负债总额}{普通股总股数}=\frac{所有者权益总额}{普通股总股数}$$

第四章

资本结构

第一节　资本结构的概念及理论

一　资本结构的概念

资本结构产生于不同类别筹资形式的筹集资金背景下，公司的资本结构与发展遭受筹资形式类别与组合方式的影响。固然企业拥有各种类型的筹资形式，然而本质上看可划分成资本与权益两种。对企业而言，权益资本为企业所必需的，所以资本结构反映出来的问题本质上为债务资本的比重问题，也就是在企业的资本总额中占据的比例。

资本结构在筹资管理中能够区分出广义与狭义两种。企业的所有债务和股东权益的组成比重构成了广义上的资本结构，狭义的资本结构为长期负债和股东权益的组成比重。本研究描述的资本结构指的是狭义方面。

对企业而言，资本结构种类的差异所引发的结构也是存在区别的。企业需要对财务风险与资本投资两者的联系妥善考虑，保证选择的资本结构是最合适的。原因即为通过债务资本实施举债运营是一把双刃剑。于企业而言，增加股权收益、缩减资本投资，在对财务风险完美掌控的同时，提高企业的商业价值，如此才是企业发展最稳定的情况。

股权收益是通过净资产收益率或者普通股的平均收益情况呈现的，资产成本则是以公司的平均资本成本率展现的。在资本结构的概念中，企业的平均资本成本处于最低，那么企业的价值就会最高。最佳资本结构即为在特定背景下，企业的平均资本成本率达到最低，企业的价值达到最高。减少平均资本成本、提升普通股平均收益即为对资本结构实施完善的宗旨。

二 资本结构的价值基础

针对企业的资本结构而言，资本的价值基础必须清晰明了。在对资本价值进行计算时，需要对会计账面、现时市场以及未来目标综合考虑，从这三个角度对企业的资本价值实施评估计量，如此资本结构就会产生于三种类别价值计量背景下，也就是资本的账面价值、市场价值以及目标价值三种结构。

（一）资本的账面价值结构

资本的账面价值结构即为企业资本依据会计账面价值为基础来计算衡量，以此所形成的资本结构。在企业的资产负债表中，负债及所有者权益、负债及股东权益所呈现的资本结构的计量基础就是账面价值，所呈现出的结构特征亦为资本的账面价值结构。通常情况下，其与企业资本结构决策的标准是相背离的。

（二）资本的市场价值结构

显而易见，资本的市场价值结构的概念即为企业资本依据现时的市场价值情况进行计量所呈现的资本结构。市场价值结构背景下，企业资本具备显示市场价格特性，在呈现结构特征时可以市场价格为基础进行衡量。一般情况下，上市公司所发行的股票与债券具备现时市场价格特性，因此在呈现其资本的市场价值结构时能够依照市场价格衡量。资本的市场价值结构与上市公司的资本结构决策的关联度较大。

（三）资本的目标价值结构

资本的目标价值结构指的是企业资本依据未来的目标价值实施核算，所形成的资本结构。倘若某个企业对于其未来的目标价值情况可以合理地进行预估，那么就能够依据目标价值来进行核算，进而呈现资本结构。通常情况下，其与企业未来资本结构决策管控的关联度更大，然而在评估计量资本的未来目标价值时，出现误差的概率较大。

三　资本结构的影响因素

资本结构本质属于产权结构问题，产生于社会资本对企业经济组织形式的资源配置。社会资本所有者的权益会遭受资本结构的直接影响。

（一）企业运营情况的平稳度与成长率

对于资本结构而言，企业产销的业务水平是否稳定影响重大：倘若产销业务平稳，那么企业对固定的财务费用所能承担的范围就会更大；倘若产销业务量与盈余存在周期特征，那么企业在财务费用方面所面对的风险水平就会更高。经营发展水平通过未来的产销业务量的提升率呈现，倘若产销业务量的提升速度较快，企业在提高权益资本的收益时就能够选择高负债的资本结构。

（二）企业的财务水平与信用背景

企业具备稳定的财务水平与信用背景，债权人对企业的认可度较高，那么企业获取债务资金的概率就较大。倘若企业的财务情况较差，又不具备良好的信用，债权人在投资时所面对的风险较高，那么企业获取信用的水平就会降低，债务资金筹资的投入就会更高。

（三）企业的资产结构

在企业筹集资本、实施资源配置与利用之后，资金占用情况即为资产结构，涵盖长短期资产组成与比重、长短期资产内部组成与比重。对企业资本而言，资产结构所造成的作用重点涵盖：大多数固定资产占比较大的企业都是经由发行股票来实施融资的；流动资金较大的企业在融资时主要是通过流动负债；企业资产用于抵押贷款的，其负债就会较大，而实施技术创新的企业，负债水平就会较低。

（四）企业投资人与管理当局的意见

对企业的拥有者而言，倘若企业的股权相对分散，那么企业风险就可以通过权益资本筹资进行规避，而股权集中的情况下，股东关注的重点就会是企业的控股方面，大部分企业会选择优先股、债务资金集资等形式，放弃普通股筹资，进而避免控股权被分散。就企业的管理者而言，资本结构的负债越大，财务风险就会越高，倘若经营产生问题、财务出现危机，管理者被解聘的概率就会大大增加。所以，负债水平较低的资本结构则被大部分管理者所选择。

（五）行业特性与企业发展周期

行业不同，资产结构的特性亦不同。对于成熟的产业而言，由于其市场稳定、运营风险低，所以其债务资金的占比可适当提升。而对于高新技术行业，其处于发展初期，经营不稳定，所以对应的债务资金占比要降低，规避财务风险。同一企业的不同发展时期，资本结构也存在差异。发展初期，经营风险较大，因此对于企业的负债情况要进行控制。在成熟时期，产品业务量相对稳定，面对风险较低，因此债务占比能够适当提升，发挥财务杠杆作用；在滞后期，产品的市场占有降低，经营风险处于增长阶段，需要缓慢地缩减债务资金占比，确保经营的现金流稳定，确保企业持续经营，规避破产危机。

（六）经济环境的税务政策和货币政策

理财背景对资本结构的决策具有重大影响，尤其为宏观经济背景。国家在对经济进行调整时重点通过财政税收与货币金融的形式，在高水平所得税税率背景下，债务资金的抵税效果明显，企业以此为背景来提升企业价值。货币金融政策对资本的供给产生作用，以此对利率情况造成影响，在国家发布紧缩的货币政策时，市场利率水平会随之升高，企业的债务资金成本继而提升。

四　资本结构理论

（一）资本结构的 MM 理论

MM 概念是由美国研究人员莫迪格莱尼和米勒发明的。

可将 MM 资本架构概念的基础论点综合地概括成：当满足此概念的假设时，企业价值和企业的资本构造没有关系。企业价值是由实际财产决定的，并不是由各种债款以及股权的市场额度来决定的。

MM 资本架构概念中包括的假设有：企业在没有税务的环境里面运营；企业运营风险程度是通过不扣除利息也不扣除所得税的利润的标准差进行评估，企业运营风险定义了企业面临的风险级别；投资人员对于每一个企业的日后收益和风险做出的预测统一；投资人员不需要支出证券业务的开销，全部债款的利率一致；企业是没有增值的企业，也就是说，每年的平均收益数目固定；个体与企业都可以分发无风险债券，同时具有无风险利率；企业不存在破产成本；企业的股票制度和企业价值没有关系，企业分发新的债券时不可以对现有债款的市场定价产生效应；具有十分全面与平均的资本市场。这代表着资金能够随意流动，竞争程度加深，预测收益率一致的证券定价、利率也一致。

1. 无税 MM 理论

命题Ⅰ：不管企业是否具有无债款资金，企业价值（即普通股资金和长时间债款资金的市场价值的总和）和企业全部资金的预测利润数额根据对应的企业风险级别的固定收益率换算得出的价值相等。在此之中，企业资金的预测利润数额等于企业除去利息与所得税前的预测收益；和企业风险级别对应的固定收益率等于企业整体资产的成本率。由此得出，命题Ⅰ的定义为：首先，企业价值不会随着资金构造变化而变化；其次，有债款企业的整体资产成本率等于和其处于一个风险级别却不具有债款的企业的股权资产成本率；最后，企业的股权资产成本率或者整体资产成本率由企业运营风险决定。

命题Ⅱ：借助资产杠杆的企业，其股权资产成本率依据资金筹集额度的提升而增多。所以，企业的市场价值不受债款资产比重提升的影响。命题Ⅱ的定义为：由于资产成本率低下的债款为企业生成的资产杠杆收益会和股权资产成本率的增多而消除，致使有债款企业的整体资产成本率和不具有债款企业的整体资产成本率相同，因此企业价值同资产构造没有关系。

上文提及的 MM 资本构造的基础概念是基于多个假设而获取的。对于公司的资金筹集业务领域，所有的企业都注重资产构造。所以，此概念还应当深入研究。

2. 税务 MM 理论

命题Ⅰ：具有债款的企业价值和具有一致风险却没有债款的企业价值与债款节税收益之和相同。

依照此理论，企业凭借信誉筹集社会资金、担负债务后，其利息应当算在财政费用之中，创建出节税收益，从而提升企业的净利润，并提升企业价值。由于企业债款比重的增加，企业价值同样一并增大。

存有债款企业的股权资产成本率等于没有债款企业的股权资产成本率与风险收益率之和，风险收益率是由企业债款比重与税率来决定的。由于企业债款比重增加，企业整体资产成本率将下降，企业价值从而得到提升。

企业的资产构造和企业价值之间的关联较为紧密，且企业债款比重和企业价值成正比。

命题Ⅱ：MM资产构造理论的平衡观念。

此概念提出，由于企业债款比重的增加，企业风险程度同样会提高，因此企业面临经济危机、面临破产的可能性增加，从而提升了企业的额外开销，使得企业价值下降。由此得出，企业最优资产构成应该是节税收益与债款资产比重提升所造成的经济危机开销和破产成本二者间的均衡。

经济危机代表着企业面向债权人的许诺无法实现，或者难以实现。经济危机在一定状况下可能致使企业破产，所以，企业价值需要排除经济危机开销的现有价值。经济危机开销由企业危机出现的概率与危机的水平决定的。按照企业破产出现的概率，经济危机开销能够划分成破产开销与没有破产开销的经济危机成本。

在企业债款的面值额度总体高于企业市场价值的时候，企业将濒临破产。在这个时候，企业经济危机成本包含了破产开销。企业的破产开销可以分为直接、间接两类。前者涵盖了聘用律师、注册会计以及资产评估人员的开销，其是债务人全部支付的，也就是从债务人收益中去除这笔开销，由此，债务人应当需要和企业破产危机相应的高水平收益率，企业债款价值与企业整体价值同时下降；后者涵盖了企业破产亏损核算与企业破产重新组成带来的治理开销，企业的破产开销抬高了企业额外开销，因而使得企业价值下降。

在企业面临经济危机却不到破产地步的时候，也具有经济危机成本，且对企业价值产生了不良效应。在这个时候，经济危机成本属于非破产开销，此类成本针对企业价值的效应是借助股东为了维护其收益，当作决定的时候用股票价值扩充替换企业价值扩充的任务而出现的。在企业领导者根据这个来做决定并且开展行动的时候，将会让企业的节税收益、企业价值降低。由此，因为债款造成的企业经济危机成本约束了企业借助不限制举债行为来提升企业价值的举措，令企业债款占比维持在合适的区域。

（二）权衡理论

在当下的市场经济中，各种类型的负债成本与负债比率呈显著的正比关系，即在一定范围内的变化趋势相同。如果负债比率达到一定的高度，也就意味着公司破产的风险会大大提高。所以公司如果想要持续健康发展，则必须重视负债比率的变化，将其控制在安全范围内。权衡理论存在的根本意义就是对这一现象进行详细的解释与说明。

权衡理论将 MM 理论作为基础，保持信息完全化的假设，脱离其他假设的限制，重视税收以及财务困境成本这两类因素，主要研究的问题是企业资本构成对公司总体市场价值的影响作用。该理论提出了这样的观点，当一家公司存在负债时，若要计算其市场价值，则需要以公司尚无负债情况下的市场价值为基础，增加赋税节约现值，并且减去财务困境成本的折现价值。

其中，财务困境成本的折现价值受多种因素的影响，主要有两个方面，分别是公司出现财务困境的概率以及成本。在正常的市场环境下，公司出现财务困境的概率与收益的稳定性存在十分紧密的联系。如果一家公司的资金波动程度较大，当出现违反合约需要偿还债务的情况时，公司没有能力支付债务从而出现财务危机的概率较高。如果一家公司资金流动的稳定性较强，并且资金的引入十分密集，那么它出现违反合约需要偿还债务情况的概率便是极低的，适合开展债务融资的相关业务。如果公司出现财务困境，其成本大小是由多种因素共同决定的，与成本来源以及行业的本质特征联系十分紧密。如果一家公司主要开展高科技的相关业务，当它出现财务危机的时候，潜在客户会大大减少，重要科技人才容易流失，并且由于资产的特殊性质，也难以进行相关清算，所以财务困境的总成本较高。反观资产稳定性较强的相关公司，由于资产折现十分容易，并且折现价值较高，在出现财务危机的背景下，所需花费的成本便会大大降低。

权衡理论对于公司债务的相关问题作出了十分详细的解释，在引入财务困境成本这一概念后，多种情况都得以阐明。

（三）代理理论

代理理论主要研究了公司资本构成对于员工工作乃至企业发展的重要影响。该理论提出了这样的观点，通过债务筹集资金的方式能够从本质上促进公司的发展，不仅具有激励的影响作用，也完善了担保的结构体制。债务筹资能够大大提升相关人员的工作积极性，从整体上提高工作效率，间接降低了代理所花费的总成本；不过，债务筹资的模式也存在一定的弊端，公司在接受债权者监督的过程中会有额外的成本产生。只有股权以及债务二者的代理成本达到均衡，公司的资本结构才能保持稳定。

（四）优序融资理论

优序融资理论的存在基础是信息的不完全化，并且重视交易成本的影响作用。该理论提出了以下观点：如果公司使用外部融资的模式，需要额外投入各种类型的成本，在此条件下，投资者应当重视公司内部的资本构成，才能对市场总价值进行准确估测。若企业以往主要使用内部融资的方式，当下需要扩大融资范围，将目光投入外部市场，在这样的背景下，与其选择股权筹集资金的方式，不如通过债务进行资金筹集。对于一家成熟的企业来说，如果需要筹集资金，一般最优选择是从内部入手，之后再考虑外部，有发行债券、股票以及借款等多种方式。

在上述理论中，虽然股权筹资包括留用利润以及增发新股两种方式，但在现实生活中，优先使用前者；如果一家企业的综合实力较强，能够获得较多收益，通常情况下它的债务比率较低，主要原因是内部筹资的比例较大，几乎不需要从外部进行资金筹集；如果一家公司的综合实力较弱，无法获得大量收益，自身的留用利润不足，此时便需要从外部进行资金筹集，负担债务的方式为最佳选择。

第二节　资本结构决策的分析方法

对负债进行合理使用可以大大降低公司的资金压力，但是如果债务的比率达到一定限度，此时杠杆利益不复存在，而债务成本大大增加，公司便很容易陷入财务困境。所以，公司如果想要健康长远的发展，就一定要重视债务比率的变化，应当结合自身特点，确定一个最优比率，从而使得公司的总体价值最大化。在当下的市场环境中，公司对资本构成进行探讨时，主要使用三种类型的分析方法：每股收益分析法、平均资本成本比较法以及企业价值分析法。

一　每股收益分析法

在对某一家公司的资本构成进行分析时，应当重视每股收益这一因素。如果资本结构中普通股的每股收益有提高的可能性，那么该结构的影响作用便是正面的，是能够促进公司长远发展的。一家公司之所以使用债务的筹资方式，根本原因是它能够对企业财务产生杠杆效应，从而使股东获得更多利益。

每股收益并不是一个固定值，会随着公司利润以及债务资本成本等因素的改变而发生变化。每股收益与企业资本组成结构之间的关系也十分紧密，对二者进行综合分析，会出现每股收益无差别点。该点描述的对象是业务量的总体水平，背景是不同的资金筹集方式以及相同的每股收益。通过对这些点进行分析，公司可以选择合适的资金筹集方式，从而调整自身的资本结构。

在每股收益无差别点上，无论是采用债务还是股权筹资方案，每股收益都是一样的。如果此时业务量的整体水平低于该点，公司应当选择股权筹资的方式，反之应当使用债务筹资。处于每股收益无差别点时，即便使用的筹资方式不同，每股收益也是一样的，具体刻画如下：

$$\frac{(EBIT - I_1) \cdot (1 - T) - DP_1}{N_1} = \frac{(EBIT - I_2) \cdot (1 - T) - DP_2}{N_2}$$

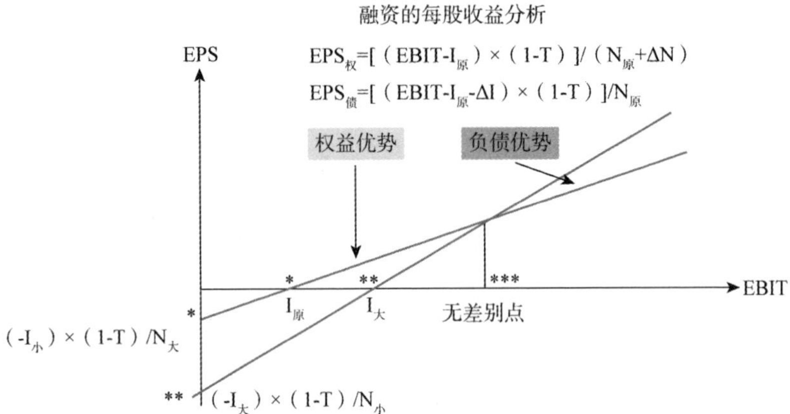

图 4—1　融资的每股收益分析

在上方的等式中，EBIT 代表每股收益无差别点，I_1、I_2指代不同筹资方式中的债务利息，DP_1、DP_2指对应的优先股股利，N_1、N_2指代对应的普通股股数，T 是所得税税率。

例 4—1：光明企业共有 500 万元的权益资金（普通股 50 万股，每股面值 10 元）。该公司还需筹集 500 万元的资金，讨论之后，一共形成了以下几种方案：A 方案——长期发行债券，每年的利润比率为 9%；B 方案——发行优先股，每年的股息率定为 8%；C 方案——增加普通股的数量，共计 50 万份。根据预测结果，该年的税前收益能够达到 100 万元，所得税的税率是 25%。

要求：选择最优资本结构。

解：各方案的每股利润分别为：

$$EPS_A = \frac{(100 - 500 \times 9\%) \times (1 - 25\%)}{50} = 0.825\text{（元）}$$

$$EPS_B = \frac{100 \times (1 - 25\%) - 500 \times 8\%}{50} = 0.7\text{（元）}$$

$$EPS_C = \frac{100 \times (1 - 25\%)}{50 + 50} = 0.75\text{（元）}$$

由以上计算结果可知，A 方案的每股利润最大，应采用 A 方案筹资。

二　平均资本成本比较法

该方法的具体流程是先计算后比较，首先计算得出所有筹集方案的资本成本平均值，然后进行比较，最终选用平均值最小的方案开展相关实践。在使用该方法的过程中，对资本投入的影响作用较为重视。

例 4—2：光明企业需要筹集长期资本，共计 10000 万元，主要有三种方式，分别是发行债券、普通股以及贷款。整理现有数据如表 4—1：

表 4—1　　光明公司资本成本与资本结构数据

筹资方式	A 方案	B 方案	C 方案	个别资本成本率
贷款	40%	30%	20%	6%
发行债券	10%	15%	20%	8%
普通股	50%	55%	60%	9%
合计	100%	100%	100%	

首先，分别计算三个方案的综合资本成本 K：

A 方案：$K = 40\% \times 6\% + 10\% \times 8\% + 50\% \times 9\% = 7.7\%$

B 方案：$K = 30\% \times 6\% + 15\% \times 8\% + 55\% \times 9\% = 7.95\%$

C 方案：$K = 20\% \times 6\% + 20\% \times 8\% + 60\% \times 9\% = 8.2\%$

然后，以资金筹集的其他标准为基础，结合公司自身的部分条件，对三种方案进行优化调整；最后，使用成本最低的方案进行实践。上述案例中，在忽略其他因素影响作用的背景下，方案 A 的最终成本相较其他两个更低。所以，该企业进行资金筹集时，资本组成结构应当是：贷款 40%，发行债券 10%，普通股 50%。

三　企业价值分析法

上述的两种方法都重点考虑了账面价值，却忽略了市场的反应作用以及风险影响。企业价值分析法强调了市场以及风险两种因素的影响作用，认为如果资本结构能够提升公司的综合实力，就是具有存在合理性的。如果公司的规模较大，在使用该方法进行资本结构的调整时，效果更加显著，不仅可以使资本组成结构的价值最大化，也能够使平均资本成本比率最低化。

设：V 指企业价值，B 是债务资金价值，S 为权益资本价值。企业的价值与资本在市场上的价值是等同的，即：

$$V = S + B$$

一般情况下，可以做出企业每个周期 EBIT 恒定的假设，债务资金在市场上的价值与它的面值是等同的，计算权益资本在市场上的价值时使用下列公式：

$$S = \frac{(EBIT - I) \times (1 - T)}{KS}$$

其中：

$$K_S = R_f + \beta (R_m - R_f)$$

$$K_w = K_b \times \frac{B}{V} + K_s \times \frac{S}{V}$$

第三节　杠杆利益与风险

利益的平衡和风险的大小对公司的资本结构有着不可忽视的影响。公司这方面的决定必须在二者的综合考虑下形成。本篇文章将会在这一部分对利益的平衡和风险的大小作出具体的分析，还有这两种杠杆利益与风险的综合——联合杠杆利益与风险。

一　经营杠杆

（一）经营杠杆利益

1. 经营杠杆

经营杠杆是指由于固定性经营成本的存在，而使企业的资产报酬的波动高于业务波动率的情况。经营的平衡在一定程度上是资产变化的表现，它主要被用来评估公司存在的风险。如果把税前利润（EBIT）当作资产总报酬，那么：

$$EBIT = S - V - F = (P - V)Q - F = M - F$$

这个表达式里面，EBIT 为息税前利润，S 为销售的额度，V 为流动性相关性成本，F 为固定性成本花费，Q 为业务的销售数量，P 为出售价格，V 为变化成本，M 为实际的贡献值。

在上面的表达式里面，对 EBIT 数值有影响的因素有很多，如销售额、固定性成本等一系列因素。如果产品里面的成本有较稳定的数值而其他因素又不变，业务量的大小对固体的成本没有什么影响，然而会让单个产品的价格降低，这在一定程度上有利于提高单一产品的利益率，造成息税前的利润比销售业务的增长率高，然后达到平衡的作用。当固定成本不存在的时候，边际贡献就等同于息税前利润，在这种情况下其变化和销售业务的变化是等同的。

2. 企业经营平衡的指数

公司的固定性成本和经营的平衡是相辅相成、密不可分的。有固定性成本的存在就会有经营平衡的存在。然而这二者的销售数量基础是不一样的，并且其经营效果是存在一定差异的。对经营的效应大小进行估算，一般用经营平衡的指数作为参考标准。其具体的计算方式为：

$$DOL = \frac{\triangle EBIT}{EBIT_0} / \frac{\triangle Q}{Q_0} = \frac{\text{息税前利润变动率}}{\text{产销业务量变动率}}$$

在上面的表达式里面，DOL 为经营的平衡指数；△EBIT 为息税前利润的变动；△Q 为销售产量的变动数值。

上式经整理，经营杠杆系数的计算也可以简化为：

$$DOL = \frac{M_0}{M_0 - F_0} = \frac{EBIT_0 + F_0}{EBIT_0} = \frac{\text{基期边际贡献}}{\text{基期息税前利润}}$$

（二）经营杠杆与经营风险

经营风险的具体内涵为：企业在生产、经营、销售的时候，因为某些不确定因素的影响，导致企业存在风险。造成企业经营风险的原因很多，其主要受市场的影响和成本的影响最大。企业的经营平衡和资产利润的高低没有什么联系，它只是资产变化的表现。然而，经营之间的平衡在一定程度上会放大这两个因素的影响。根据调查研究可以知道，经营平衡的数值越高，企业的风险程度也会越高，反之亦然。其具体的计算方法为：

$$DOL = \frac{EBIT_0 + F_0}{EBIT_0} = 1 + \frac{\text{基期固定成本}}{\text{基期息税前利润}}$$

从上面的公式我们可以了解到，如果息税前利润为正值，经营平衡最小的数值是1，不存在负数的情况；但是如果存在固定性成本的情况，企业的经营平衡数值通常情况下比1大。

从上面的公式我们可以了解到，对经营平衡影响的因素有很多。其中最主要的是公司里面固定成本的多少和息税前利润的大小。其中，息税前利润的大小和产品销售量、产品的价格以及成本有着很大的关系。固定成本的占比越大，产品销售的平衡效应也会越大，二者之间呈正相关。

例4—3：考察光明公司连续3年的销量、利润资料，见表4—2。

表4—2　　光明公司盈利情况资料　　单位：元

项目	第一年	第二年	第三年
单价	150	150	150
单位变动成本	100	100	100
单位边际贡献	50	50	50
销售量	10000	20000	30000
边际贡献	500000	1000000	1500000
固定成本	200000	200000	200000
息税前利润（*EBIT*）	300000	800000	1300000

从表4—2可以了解到，从第一年到第三年，光明公司的盈利状况逐年增加，光明公司的销售量也在逐渐递增。我们利用企业的经营平衡可以知道，如果企业产品的销售量增加，那么其利润也会随着增加，企业会获得更多的利益，这被称为企业的经营平衡效应。与此同时，

我们也能够知道，当企业的生产经营出现不好的状况时，其产品的销售量下降，那么其息税前利率也会下降，所以从这一方面出发，杠杆平衡也会给企业生产经营带来负面影响。

二　财务杠杆

（一）财务杠杆利益

1. 财务杠杆

财务杠杆的内涵为：因为企业固定性资本存在使企业的股票每股的收益波动高于息税前利润波动的现象。财务杠杆是资本报酬波动大小的反应，被用来评估公司风险的高低。如果用企业股票每股的利益作为相关股票的资本报酬，那么：

$$TE = (EBIT - I) \times (1 - T) - D$$

$$EPS = [(EBIT - I) \times (1 - T) - D] / N$$

在上面的表达式里面，TE 为普通股股票的利益，EPS 为普通股票每股利润，I 为欠款的相关利息，D 为优先股股票的股息和红利，T 为所得税的税率，N 为普通股股票的股数多少。

在上面的计算公式里面，普通股的利益受到很多因素的影响，其中较为典型的是资本的高低、欠款的相关利息等。如果利息的相关费用存在，假设别的条件情况没有发生变化，那么息税前利润的增加不会对利息的费用产生影响，然而会降低息税前利润的相关性费用金额。这在一定程度上会让企业股票每股比息税前利润高，然后出现财务的平衡。如果固定的相关利息不存在，那么利润总金额和息税前利润的波动是符合的。当两期的税率和普通股的数量一样的时候，每股股票利润的波动和利润总数的波动也是一样的，那么其和息税前的利润变动率也是一样的。

2. 财务杠杆系数

公司里面的固定资本和财务平衡是相辅相成的，只要公司里面存在固定资本的情况，那么，其就会产生相应的财务平衡效应。对财务平衡的程度进行具体的计算，我们通常采用财务平衡的指数（DFL），它为普通股每股收益和息税前利润波动的比，其具体的计算公式如下：

$$DFL = \frac{\text{普通股每股利润变动率}}{\text{息税前利润变动率}} = \frac{\triangle EPS/EPS_0}{\triangle EBIT/EBIT_0}$$

当优先股的股票和利息不存在的时候，上面的式子经过简化，通过具体运算，也可以表现为：

$$DFL = \frac{\text{基期息税前利润}}{\text{基期利润总额}} = \frac{EBIT_0}{EBIT_0 - I_0}$$

（二）财务杠杆与财务风险

财务风险的具体内涵为：公司因为缺少资金从而筹集资本，然后因为筹集资本需要付出一定的成本费用代价影响普通股收益的大小而产生的不良影响。资产收益的不良情况以及资本成本的费用对企业的生产经营有着很大的影响。因为财务平衡，如果企业的税息前利润呈现下降的趋势，公司也必须支付固定的费用。这在一定程度上会导致普通股其他的收益呈现下降的趋势。

财务平衡在一定程度上会夸大资产收益对普通股利益的影响，财务平衡的相关指数越高，就意味着普通股的收益也会围绕着上下波动，那么公司财务的风险就会越大。如果优先股的股票和利息不存在，那么其计算公式可以表示为：

$$DFL(\text{财务杠杆系数}) = \frac{\text{基期利息}}{\text{基期息税前利润} - \text{基期利息}}$$

在上面的计算公式中，基期息税前利润代表的是公司为了筹集资本而产生的相关费用，基期利息是公司股东的利益。从上面的等式中，我们可以知道，如果企业有较大的税后利润的情况，财务平衡指数最小值为1，没有负数出现的情况；当固有资本存在的时候，财务平衡的指数往往超过1。

从上面的计算公式我们可以知道，对财务平衡有影响的因素很多，其中关键的因素是普通股每股的收益高低、所得税税率水平的大小。在这些原因里，普通股收益的高低会受息税前利润以及固定性资本费用大小的影响。债务成本和息税前利润之间呈现负相关。

例 4—4：光明公司年债务利息为 800000 元，其所得税为 28%，普通股的数量为 800000，光明公司近三年的普通股具体利润的信息，见表 4—3：

表 4—3　　光明公司普通股每股利润资料　　单位：元

项目	第一年	第二年	第三年
息税前利润（*EBIT*）	300000	800000	1300000
债务利息	100000	100000	100000
税前利润	200000	700000	120000
所得税	60000	210000	360000
税后利润	140000	490000	840000
普通股每股利润（*EPS*）	1. 4	4. 9	8. 4

通过表 4—3 我们可以了解到，光明公司普通股每股利润第一年、第二年、第三年呈现逐渐递增的趋势，并且增长的幅度较快。企业对财务平衡进行利用，让公司的经营状况处于较为恰当的负债时，其可能会给公司的股东更大的收益，这也被称为公司平衡利益。与此同时，我们也了解到，企业的经营状况不好时，其盈利就会下降，那么股东的利益也会受此影响，呈现下降趋势，所以我们从中不难推测出，财务平衡有时候也会带来一定的风险。

三　联合杠杆

（一）联合杠杆利益

1. 联合杠杆

联合杠杆，具体的内涵为：经营以及财务杠杆二者相互结合，共同发挥作用。其被用来评估销售量的大小对普通股收益的影响。因为固定性成本和经营平衡之间的联系是密不可分的，所以有固定性成本就会有经营平衡的存在，所以这在一定程度上会夸大税前利润的变化对普通股收益的影响。在经营杠杆和财务杠杆二者的影响下，就会对销量产生影响，在一定程度上导致每股收益产生更大的变化。

总杠杆的具体内涵为：因为受经营和固定成本的影响，普通股收益的波动幅度高于销量的情况。

2. 联合杠杆系数

经营平衡指数的重要作用是对营业额度变化对息税前利润产生的相关性反应进行评析，但是财务平衡指数是对息税前利润的变化对每股收益产生的相关性反应进行评估。当把财务和经营平衡的作用进行结合的时候，其被称为联合杠杆。联合杠杆能够把生产经营收入的波动与股票收益的大小之间的联系进行分析，其作用可以用相关数值 DTL 来表示，其具体的计算公式如下：

$$DTL = \frac{\text{普通股收益变动率}}{\text{产销量变动率}} = \frac{\triangle EPS/EPS}{\triangle Q/Q}$$

如果从经营平衡指数以及财务平衡指数的相关计算公式出发，那么联合平衡指数能够代表这二者之间的乘积，与此同时，其也是公司生产经营风险和财务之间相互结合产生的结果。

$$DTL = DOL \times DFL$$

$$= \frac{\text{基期边际贡献}}{\text{基期利润总额}} = \frac{\text{基期税后边际贡献}}{\text{基期税后利润}}$$

例 4—5：考察光明公司表 4—2、表 4—3 资料，计算各年 DTL 如下：

第一年：$DTL = 1.6667 \times 1.5 = 2.5$

或：$DTL = \frac{500000}{300000 - 100000} = 2.5$

第二年：$DTL = 1.25 \times 1.1429 = 1.4286$

或：$DTL = \frac{1000000}{800000 - 100000} = 1.4286$

第三年：$DTL = 1.1538 \times 1.0833 = 1.25$

或：$DTL = \frac{1500000}{1300000 - 100000} = 1.25$

（二）联合杠杆与公司风险

企业的生产经营存在许多的风险，其中典型的代表为经营和财产风险，这二者在一定程度上也是公司整体风险的代表。联合杠杆指数是经营和财务间联系的反应，它通常情况下被用来评估公司的风险。如果联合杠杆的数值处于特定数值，那么经营和财务杠杆之间就会呈现负相关关系。联合杠杆的主要用处有：首先，可以对未来股票的每股收益情况进行相关的推测；其次，它在一定程度上点明了财务管理的办法，如果要让风险情况处于较稳定的情况，那么杠杆的指数也需要一定的平衡稳定，与此同时，为了更好地满足公司利益，这二者之间能够进行排列组合。

通常情况下，如果是资产数值较大的企业，其经营平衡指数越高，那么其风险程度就会越大。这种类型的企业，通常情况下主要依赖资本，去控制财务平衡指数以及其对应的风险。如果是以劳动力为导向的企业，其经营平衡指数越小，那么其风险也会较小。企业对资金进行筹集一般情况下依赖债务资本来控制财务平衡指数以及其风险。

通常情况下，如果公司处于创业初期，公司的竞争力不高，对市场的占有率是十分有限的，其经营平衡指数主要依赖权益资本的费用，如果当企业处于较为成熟的时候，其对市场的占有率大，其销售数量也较大，经营平衡指数就会较小，在这种情况下，公司能够采取增加债务的方式，去使用财务平衡杠杆。

本章小结

第一，优秀的资产构造的含义为基于特定情况，让公司平均资产的成本率达到最小值、公司价值达到顶峰值的资产构造。

第二，存在债款公司价值等同于没有债款公司价值与利息所抵消税款的节税现值之和再减去经济困难开销现值，即 $V_{存在债款} = V_{没有债款} +$ PV（利息所抵消的税款）－PV（经济困难开销现值）。

第三，债款资金筹集可能导致股权代理开销的下降，即因为两权相互分散所造成的代理开销；然而债款代理开销会因此上升，即公司受到债券方监察所造成的开销。

平衡的公司经营权构造取决于股权代理开销以及债款代理开销二者间的均衡联系。

$$V_{\text{存在债款}} = V_{\text{没有债款}} + PV\text{（股权代理开销的下降）} - PV\text{（债款代理开销的提升）}$$

第四，优序融资概念，公司的资金筹集的优先排序为内部资金筹集、向外借贷、分发债款与能够转换的债款以及分发新股资金筹集。

第五，全股利润相同点即在各类资金筹集模式下，全部股的利润一致时候的、不扣除利息也不扣除所得税的利润或者业务数目。算式如下：

$$\frac{(\overline{EBIT} - I_1)(1 - T) - DP_1}{N_1} = \frac{(\overline{EBIT} - I_2)(1 - T) - DP_2}{N_2}$$

第六，平均资产开销对比方法：可以减小平均资产开销的构造，即科学的资产构造，应当选取平均资产成本率较为低下的计划。

第七，企业价值研究法：可以提高企业价值的资产构造，即科学的资产构造。基于上述理论，优秀的资产构造也就是企业市场价值在顶峰时期的资产构造。基于企业价值处于顶峰时期时的资产构造，企业平均资产成本率同样达到了最小值。

第八，运营杠杆理论的含义是基于价格与开销数目固定的情况，售出数量的提升将会造成不扣除利息也不扣除所得税的利润大跨度地提升。用以阐述运营杠杆理论的系数是运营杠杆数，简称为 DOL。

$$DOL = \frac{\dfrac{\triangle EBIT}{EBIT_0}}{\dfrac{\triangle x}{x_0}} = \frac{Tc\, m_0}{EBIT_0}$$

第九，经济杠杆理论的含义是基于资产构造固定的条件，不扣除利息也不扣除所得税利润的提升将会造成一般股份利益大幅度提升。阐述经济杠杆理论的系数为经济杠杆数，简称为 DFL。

$$DFL = \frac{\triangle EPS/EPS_0}{\triangle EBIT/EBIT_0} = \frac{EBIT_0}{EBIT_0 - I - \dfrac{E}{1 - t}}$$

第十，整体杠杆理论的含义是上述两类杠杆理论的共同作用。阐述整体杠杆理论的系数为整体杠杆数，简称为 DTL。

$$DTL = \frac{\triangle EPS/EPS_0}{\triangle x/x_0} = DOL \times DFL = \frac{Tcm_0}{EBIT_0 - I - \frac{E}{1-t}}$$

第五章

投资管理

第一节　投资管理概述

一　企业投资的意义

投资，从宏观上来说，是公司为了日后能够获得利润而投入资金的一种举措。其涵盖了使用在配置、场地购买搭建和升级换代等生产类型资金的投入，又被称为项目投资，以及交易债券、股票之类的定价证券或者其余种类的资金投入。本章节阐述的项目投资指的是一类针对指定项目以及与项目新搭建或者是升级换代等密切相关的长时间的投资举措。公司应当借助投资来分配资源，以便于创造生产，从而获得日后的财产收益。

（一）投资是企业生存与发展的基本前提

公司生产运营，即公司财产的使用以及财产状态的变化。投资作为一类资金付出举措，借助资金的流出，公司购买搭建动态资本以及长时间资本，创建生产基础以及能力水平。具体而言，不论是创立公司还是创建生产经营线，都属于资金投入。借助投资，明确公司的发展道路，分配公司不同的财产，令其能够合理地组合，发展出企业的整体生产运营技能。若是公司意图进入新兴领域，或研发新型的产品，应当先投入资金，所以，资金投入决定是否合理，将对公司的成长起到很大的作用。

（二）投资时公司得到收益的基础

公司将资金投入，是为了借助付出一部分钱财或者其他事物的资产，购买、建设和分配建立公司的不同财产，开展某一种运营，从而得到日后的财政收益。借助投资提升生产运营水平，公司方可进行更为详细的运营措施，得到运营收益。通过交易股票与债券这类定价证券模式面向另外的部门进行资金投入，能够借助收取股票利息以及债款利息从而获得投资的利润，同样能够借助证券变更获得利润，除去交易股票、债款之外，公司还能够借助基金的交易来得到利润。

（三）投资是企业风险控制的重要手段

公司运营常常会面对众多风险，包括源于市场争夺、财产周转、材料增值、花费较高等风险。资金投入是公司用以掌控风险的一种方式。借助投资能够把财产投入公司运营的短板之处，让公司的生产运营合理、均衡、相适应。借助投资，能够达成运营的丰富化，把财产投入与运营联系较远的各类产业之中，将风险化开，稳固利润，使资金变动风险和变现危机程度下降，从而提升资金的安全程度。

二　企业投资的分类

企业投资需要依照投资性质进行分类，在进行投资行为时能够根据性质决定是否值得投资，在管理端加强执行力与决策力。

（一）直接投资、间接投资

企业投资可以根据该投资是否会和企业本身的生产经营存在关联进行区分，如果该投资行为能够直接介入并影响该企业的生产经营则称为直接投资，如果该投资行为不能介入该企业的生产经营则称为间接投资。

直接投资最明显的特征是投入的资金能够明显地影响到企业的生产经营，比如通过购买劳动力、劳动资料等具备生产特征的要素直接介入企业生产经营活动。

间接投资则是不会介入该企业生产经营的过程中，而是购买一部分该企业发放的各种金融债券及股票等进行投资，等待该公司盈利后根据盈利的多少与购买金融债券的比例形成一定的关系进行分配，获得多于购买金融债券时的利润。在法律意义上，基金投资也是一种间接投资，它的获利方式与上述投资方式有异曲同工之妙。

（二）项目投资、证券投资

企业在进行投资时，会根据投资对象是以什么形式存在、其本身的性质是什么来进行划分，现在主流的两种投资是项目投资与证券投资。

企业通过投资购买的存在实际意义的经营资产并且因此产生了一定的市场竞争力，能够获得利润，这种投资称为项目投资。项目投资一定会存在目的性，一旦一个项目落地，就一定要能够获取一定的利润，而获取利润的方式可以是改变了某方面的生产条件，使其变得更好，也可以是加大了该企业的产能。这种改变直接影响了企业的生产经营活动，因此，项目投资也会被认为是直接投资的一种形式，只是项目投资是按照投资的对象进行划分，而直接投资是看是否直接影响了企业的生产经营活动。

企业通过购买其他企业发行的证券等金融资产，或者发售本企业的证券等金融资产给其他公司，扩大自身金融资本或者扩大其他企业的金融资本，以此来影响企业的策略等方针，达到盈利的目的，再通过各种手段获得法律意义上承认的利润，但因为这种投资方式没有介入企业的生产经营活动中，所以也属于间接投资，二者也是由于划分对象不同，但究其本质还是有共通之处的。

（三）对内投资、对外投资

投资是否是在本企业内也可以划分为两种投资方式：对外投资和对内投资。

对内投资的概念主要是看资金是否会在企业内部进行投资，而针对自身的投资一定是希望扩大生产经营规模，提高生产效益等方向上，因此，对内投资一定是直接投资的一种。

对外投资的概念主要是在本企业以外的其他企业及单位进行投资，可以通过各种类型的资产进行投资，也可以通过各种形式的投资方式进行投资，因此对外投资既可以是间接投资，也可以是直接投资，但间接投资的占比一般比较多。

（四）独立投资、互斥投资

投资项目之间也会存在一定的关系，而根据关系可以把企业投资方式划分为两种：独立投资和互斥投资。

独立投资是指投资的各个项目没有任何的冲突，可以互相兼容，同时发展，但是互斥投资则不行，互斥投资指的是各个项目进行投资时存在先后或者其他的不可兼容的关系，因此会存在排他性，所以互斥投资在进行投资活动的时候会有多种方案，从这些方案中选出一个最好的方案去投资。

（五）初创投资和后续投资

企业存在不同的发展过程，根据发展过程进行投资，可以把投资分为初创投资与后续投资两种投资方式。

当一个企业刚刚建立时，需要一笔资金进行经营运转，这笔投资被称为初创投资，这种投资是一个企业能否正常创建的先决条件。但是一个企业是不断发展的，当度过创造期时，需要的就是把企业做大做强，此时的投资就被称为后续投资，这种投资是为了做大做强企业，也可能是为企业提供改革的资金。

三　投资管理的原则

投资管理程序包括确定投资目标、制订投资管理计划、进行可行性分析、控制实施过程、绩效评估等。为了适应投资项目的特点和要求，实现投资管理的目标，需要制定投资管理的基本原则，以便投资人作出合理的投资决策，从而保证投资活动的顺利进行。

（一）可行性分析原则

大型投资项目一般需要注入的投资金多且占用时间长，导致投资的风险加剧，所以对企业的运营状况和发展前景会产生巨大影响。因此，在决定是否投资时，必须建立一套完整且高效的投资决策流程，并对该投资决策从技术、经济、盈利能力等各方面进行一系列可行性分析。

投资项目可行性分析是投资管理的关键程序之一，其主要目的是对投资项目具体实施过程中的因素进行科学的研究，并得出合理的推论。具体过程是对投资项目实施后可能获取的经济能力和对社会环境可能造成的影响等进行预测，通过定性或定量分析说明项目的好坏为投资决策提供依据的一种综合性的系统分析方法。其主要包括环境、技术、市场、财务等方面的可行性分析。

环境可行性，主要是要求投资项目对环境的不良影响应该在一个合理的范围中，与此同时还能产生一些积极的效应，其中包括对自然、社会人文和生态等环境的影响。

技术可行性，根据投资项目要求，从技术角度研究并实现可以将项目进行下去的可能性，过程中发挥技术的适应性和先进性，包括工艺、设备、方法等。

市场可行性，市场对投资项目形成产品的需求量、产品的生命周期、竞争产品的状况等进行分析，得出产品的市场占有率，进而才能带来经济上的可行性。

财务可行性，从投资者的角度，设计合理的财务方案，站在企业理财角度进行资本预算，评价项目的财务盈利能力。在对环境、技术、市场可行性分析完成之后，并对技术和财务可行性进行着重分析和研究。包含筹集资金的可行性。

财务可行性分析是投资项目可行性分析的主要内容之一，投资项目是为了获取经济效益最大化，财务和技术上的可行性的目的也是实现经济上的效益性，项目实施后的业绩绝大部分表现在价值化的财务指标上。财务可行性分析的主要内容包括：支出、收入和利润等经营指标的分析；负债表、所有者权益表、利润表等财务状况指标的分析；资金筹集和分配的分析；资金流出以及流入的整个运行过程的分析；项目现金流量、净现值、内含收益率等项目经济性效益指标的分析；项目收益与风险关系的分析；等等。

（二）结构平衡原则

投资是一个工程，需要各方面架构的平衡，其中既涉及固定资产等生产能力和条件的构建，也涉及使软件设施所需要的流动资产的配备。因此资金是否充沛，决定了投资之间的供需关系。从而也考验投资人对资金的分配是否合理。使有限的资金发挥极限的作用，是投资管理中资金投放所面临的重要问题。所以投资项目的管理就是对项目的综合考察。资金既要用于购买主要生产设备，又要用于购买辅助设施；既满足长期资产的需要，又满足流动资产的需要。投资项目在使用资金时，要遵循结构平衡原则，对资金进行合理配置，具体包括固定资金与流动资金的分配比例、生产能力与经济获取能力的平衡关系、资金多少与资金运用的匹配关系、项目进程和资金供应的协调关系、流动资产内部的资产结构关系、对内投资与对外投资的顺序关系、直接投资与间接投资的投入比等。投资项目在实施过程中，大笔资金被主体项目长期使用，容易破坏结构平衡原则，在此过程中及时做出调整，才能保证投资项目有序运行，才能避免资源的虚耗和浪费。

（三）动态监控原则

投资的动态监控，是指对投资项目整个实施过程的监督观察。特别是对于那些体量大、耗时长的投资项目来说，必须要根据具体的工程预算实施进行有效率的动态监控。

投资项目的工程预算，是对未来一定期限内的工程项目在收入和支出方面的财务计划。建设性投资项目应当按固定资产、无形资产、其他资产投资进行划分工程，对工程又划分为工程费用、预备费和建设利息等，在此基础上对工程项目进行资金支付和资金估算，控制工程进度中没有必要的资金损耗，防止资金浪费，通过工程结算，全面盘点所建造的固定资产数目等，确定工程造价是否合理，保证工程资产合理的账面价值。

对于间接投资而言，投资前首先要认真分析投资对象所能带来的经济效益，根据风险与收益均衡原则合理选择投资对象。在决定是否提供资金支持时，投资者要充分收集被投资对象的基本情况、资本市场中与其同类型的项目的区别等相关信息，全面了解被投资项目的经济收益状况和经营成果，这属于保护自己的财产权益。有价证券类金融资产投资，其投资价值由被投资对象所能产生的经济效益决定，又受资金以及资本制约。这就需要我们对市场的利益关系和风险等关系的变化有预见性，不断对各类项目投资价值进行估算，寻找转让证券资产和收回投资的最佳时机。

第二节　投资决策指标

一　项目现金流量

一个项目在做出投资决策时首先需要估量该项目的现金流量。现金流量是指在项目预算中现金的循环流入与流出的数量增减情况。在广义层面，现金指各类货币和资金、资产，或是和项目相关的可变现的非货币资金。

现金流量有三个方面的内容，分别为现金流入量、现金流出量和现金净流量。

（一）现金流入量

现金流入量也称为现金流入，包括营业收入、固定资产的余值和回收流动资金及其他现金流入量等四个方面的内容，其含义为开展项目以后企业所预期的现金收入的增加数量。

1. 营业收入

营业收入作为投资项目在经营活动中的主要现金流入量，其内涵为投资项目开始实行以后企业每年的营业收入额。一般来说，企业都会将其简单化以方便核算，所以我们假设在企业正常开展经营活动的年度中，其各个季度的应收账款及赊销额相差无几。

2. 固定资产的余值

固定资产的余值的含义为清算总结项目的固定资产后所剩的收入或是项目中转后的变价收入。

3. 回收流动资金

回收流动资金的含义为企业在项目结束、清算收入后，收回全部的流动资产即原先下投在运营项目上的资金。其中回收额包括回收流动资金和固定资产的余值。

4. 其他现金流入量

其他现金流入量为除营业收入和回收额以外的现金流入。

（二）现金流出量

现金流出量也称为现金流出，包括建设投资、垫支的流动资金、经营成本、所得税额及其他现金流出量等五个方面的内容，其含义为在项目开始实行以后企业所预期的现金流出的增加数量。

1. 建设投资（含更改投资）

建设投资包括固定资产的投资和无形资产的投资，其中固定资产建设投资包括建设材料和设备的购入及建设的成本、运输成本等；无形资产的建设投资则是指在建设期间的主要的投资项目的现金流出量。

2. 垫支的流动资金

垫支的流动资金的含义为企业在其投资项目运营中投入的流动资产，这些运营资金是企业项目建成后正常经营的基础。其中原始总投资包括建设投资和垫支的流动资金两个项目。

3. 经营成本

经营成本作为投资项目在开展经营活动时的主要现金流出量，其含义为在投资项目开始经营之后企业为维持正常经营活动而支付的现金成本，其计算公式如下：

经营成本 = 变动成本 + 付现的固定成本

= 总成本 − 折旧额（及摊销额）

4. 所得税额

所得税额的含义为企业在项目建成并投产以后，该企业的纳税所得额增加，从而产生所得税额。

5. 其他现金流出量

其他现金流出量为除建设投资、垫支的流动资金、经营成本和所得税额以外的现金流出。

（三）现金净流量

现金净流量的含义为企业预期的投资项目的现金流入量和流出量的净额数量。考虑到项目的计算期期限和资金的特点，为简化核算，将其计算单位记为年，且不考虑所得税带来的影响。其计算公式如下：

现金净流量（NCF）=年现金流入量-年现金流出量

由公式可知，若年现金流入量的值比年现金流出量的值高，则现金净流量的值为正值；反之则为负值。

（四）项目计算期

项目计算期的含义为企业从一开始的项目方案建设到最终清算的所有时间，将其记为n。

项目计算期的计算单位为年，将建设的起点定为第0年，在半年内都算为0；将建设的终结点定为第n年，除更新或改造以外，投资项目最终的清算或报废都在终结点。

项目计算期包含建设期和生产经营期两个时期，其中生产经营期也称为寿命期，其含义为投资项目开始建成投产到终结点的时间间隔，其公式如下：

项目计算期（n）=建设期+生产经营期

由此将现金净流量分为建设期和生产经营期的现金净流量两个方面。

1. 建设期现金净流量的计算方式

现金净流量=该年投资额的负值

因投资项目在建设期的现金流入量为零，可以得出该时期的现金净流量为负值。建设期的现金净流量数量跟投资额的投入方式有关，投入方式分为一次和多次，如果是一次投入，则该年的投资额就等于原始总投资的数值。

2. 经营期营业现金净流量的计算方式

生产经营期营业现金净流量的含义为企业在投资项目建成并开展正常经营活动以后产生的营业现金净流量。

现金净流量=营业收入-付现成本

=营业收入-（总成本-折旧额）

=利润+折旧额

如有无形资产摊销额，则：

付现成本 = 总成本 − 折旧额及摊销额

3. 经营期终结现金净流量的计算

生产经营期终结现金净流量的含义为该项目在终结时所产生的现金净流量。

现金净流量 = 营业现金净流量 + 回收额

（五）确定现金流量时应考虑的问题

1. 现金流量的假设

确定投资项目的现金流量的过程极其烦琐，但是为了将计算简单化，以便能更快地确定其内容，所以做出了以下关于现金流量的一些假设。

全投资假设：假设投资项目在确定现金流量时仅考虑全部投资资金的运动状态，即现金流量不管作为什么形式的资金，都看作自有资金的形式。

建设期投入全部资金假设：无论投资额的投入方式如何，都算作在建设期内的投入。

项目投资的经营期与折旧年限一致假设：假设项目投资的经营期与固定资产的折旧年限一致。

时点指标假设：假设确定其内容后，若涉及价值指标，则都以年初或年末的时点指标来算。建设投资以年初的时点指标来算。垫支的流动资金以建设期的年末时点指标或经营期年初的时点指标来算。以年末时点指标来算的经营期内的项目有各个年度的营业收入和运营成本、所得税额等。投资项目除中途转让或改造以外，最终结算或报废都以年末时点指标来算。

确定性假设：假设将跟现金流量相关的因素如成本、价格和销量、所得税额等都设为一个确定的数值。

2. 现金流量的估算

本书在研究过程中指出，在对项目资金的现金流量进行确定时，必须遵循只有增量现金流量才是与投资项目相关的现金流量的原则，由于接受或放弃某个投资项目所引起的现金变动的部分就被称作增量现金流量。在对方案的现金流入进行确定时，只有由对某个投资方案进行采纳所实现的现金流入增加额，才符合这一范畴。现金流出的概念也与之相似，在现阶段发展过程中，为了对投资项目的增量现金流量进行更加精准的计算，那么也需要对以下问题加大重视。

沉落成本：沉没成本作为过去发生的支出而存在，并不作为新增成本而出现。之所以会出现这一成本，主要是因为过去的决策所导致的，企业在新时期开展投资决策的过程中并不受到这一成本的影响，例如某企业在前 2 年对某设备以原价 10 万元进行购买，预估能够使用 5 年，不具备残值，在计提折旧时运用的是直线法，在现阶段，账面净值是 6 万元。新时期科技水平的飞速发展，也使得这一设备被逐步淘汰，此时 6 万元的账面净值就属于沉没成本的范畴，此时企业在开展投资活动过程中，所需要考虑的是投资活动是否存在相应的收益，而并不需要纠结过去花费了多少钱。

机会成本：在开展投资决策的过程中，如果对某一投资项目进行了选择，那么必然会对其他投资项目进行放弃，此时本项目的机会成本就包含了其他投资机会可能获取的收益，本书在研究过程中通过对机会成本这一概念进行梳理指出，它并不是我们通常意义上所讲的成本，而属于放弃潜在收益的一种行为。例如，我们在用一笔现金进行投资时，如果选择了购买股票，那么就不能将之存入银行，此时存入银行所获得的利息收益就是此次投资的机会成本，企业如果有一个闲置的仓库，将它改造成职工活动中心就并不会具备其他额外收入，但是将它改造成仓库出租，就能够每年获取 2 万元的收入，而此时 2 万元就属于改建活动中心所构成的机会成本。机会成本属于丧失的收益的范畴，离开被放弃的投资机会就无法对其进行精准的计量，在开展投资决策的过程中，必须对机会成本进行有效考虑，只有这样才能够在经济上选择对自身有益的投资行为，从而保障经济收益的稳步提升。

公司其他部门的影响：在完成项目构建之后，项目必然会对公司的其他部门以及产品产生相应的影响，而由于这些影响的存在所引起的公司现金流量的变化，也应该属于项目现金流量的范畴。

对净营运资金的影响：在新项目正式步入投产之后，必然会促使存货和应收账款等相应的流动资产需求的不断增加，必然也会导致流动负债的不断上升，此时项目现金流量也包含新增流动资产与流动负债之间的差额，这一数值也被称作净运营资金。

例 5—1 某项目投资总额为 150 万元，其中固定资产投资 110 万元，建设期为 2 年，于建设起点分 2 年平均投入。无形资产投资 20 万元，于建设起点投入。流动资金投资 20 万元，于投产开始垫付。该项目经营期 10 年，固定资产按直线法计提折旧，期满有 10 万元净残值；无形资产于投产开始分 5 年平均摊销；流动资金在项目终结时可一次全部收回，另外，预计项目投产后，前 5 年每年可获得 40 万元的营业收入，并发生 38 万元的总成本；后 5 年每年可获得 60 万元的营业收入，发生 25 万元的变动成本和 15 万元的付现固定成本。

要求：计算该项目投资在项目计算期内各年的现金净流量。

（1）建设期现金净流量

$$NCF_0 = -550000 - 200000 = -750000\text{（元）}$$

$$NCF_1 = -550000\text{（元）}$$

$$NCF_2 = -200000\text{（元）}$$

（2）经营期现金净流量

$$\text{固定资产年折旧额} = \frac{1100000 - 100000}{10} = 100000\text{（元）}$$

$$\text{无形资产年摊销额} = \frac{200000}{5} = 40000\text{（元）}$$

$$NCF_{3-7} = 400000 - 380000 + 100000 + 40000 = 160000\text{（元）}$$

$$NCF_{8-11} = 600000 - 250000 - 150000 = 200000\text{（元）}$$

（3）经营期终结现金净流量

$$NCF_{12} = 200000 + 100000 + 200000 = 500000\text{（元）}$$

例 5—2：某企业在这些年的发展过程中，希望对一套依旧可以使用 5 年的老旧设备进行更新，旧设备的原价是 170000 元，满期残值为

10000 元，在现阶段旧设备的变现净收入达到 60000 元。在使用旧设备期间，能够达到的营业收入为 200000 元，付现成本为 164000 元。新设备投资总额 300000 元，可用 5 年，使用新设备后每年可增加营业收入 60000 元，并降低付现成本 24000 元，期满残值 30000 元。

要求：计算（1）新旧方案的各年现金净流量；（2）更新方案的各年差量现金净流量。

（1）继续使用旧设备的各年现金净流量

$$NCF_0 = -60000\text{（元）（变价净收入为机会成本）}$$

$$NCF_1 - NCF_4 = 200000 - 164000 = 36000\text{（元）}$$

$$NCF_5 = 36000 + 10000 = 46000\text{（元）}$$

（2）采用新设备的各年现金净流量

$$NCF_0 = -300000\text{（元）}$$

$$NCF_1 - NCF_4 = (200000 + 60000) - (164000 - 24000) = 120000\text{（元）}$$

$$NCF_5 = 120000 + 30000 = 150000\text{（元）}$$

（3）更新方案的各年差量现金净流量

$$\triangle NCF_0 = -300000 - (-60000) = -240000\text{（元）}$$

$$\triangle NCF_1 - NCF_4 = 120000 - 36000 = 84000\text{（元）}$$

$$\triangle NCF_5 = 150000 - 46000 = 104000\text{（元）}$$

二 投资决策的静态指标

没有考虑货币时间价值的指标就被称作投资决策的静态指标，静态投资回收期以及平均报酬率均属于这一范畴。

（一）静态投资回收期

静态投资回收期并没有对货币的时间价值进行充分考虑，静态回收期指的是直接用未来现金净流量累计到原始投资数额时所经历的时间。投资回收期属于非贴现的反指标，通常情况下具备的回收期限越短，此时方案的有利程度就越高。

1. 未来每年现金净流量相等时

这种情况是一种年金形式，因此：

$$静态回收期=\frac{原始投资额}{每年现金净流量}$$

例 5—3：光明公司在生产经营过程中总共拥有甲、乙两个投资方案，投资总额为 10 万元，投资金额主要是对新的设备进行购买，在计提折旧时主要运用直线法，具体资料如表 5—1 所示：

表 5—1　　甲方案和乙方案投资相关资料　　单位：元

项目计算期	甲方案		乙方案	
	利润	现金净流量（NCF）	利润	现金净流量（NCF）
0		（100000）		（100000）
1	15000	35000	10000	30000
2	15000	35000	14000	34000
3	15000	35000	18000	38000
4	15000	35000	22000	42000
5	15000	35000	26000	46000
合计	75000	75000	90000	90000

要求：计算甲方案的投资回收期。

$$甲方案投资回收期=\frac{100000}{35000}=2.86\ （年）$$

投资项目在投产之后的若干年之内，每年的经营现金净流量都是一致的，并且存在如下关系：

M × 投产后 M 年内每年相等的现金净流量（NCF）≥投资总额

那么在对投资回收期进行计算时，就可以结合上述公式。

例 5—4：在对某项目进行投资时，总共耗费了 100 万元，建设期限为两年，在投产之后的第 1 年到第 8 年，每年的现金净流量是 25 万元，第 9 年和第 10 年的现金净流量是 20 万元。

要求：对项目的投资回收期进行计算。

因为　　$8\times25=$投资额 100 万元

所以　　$投资回收期=2+\frac{100}{25}=6\ （年）$

结合这一案例也可以得知建设企业属于投资回收期的范畴。

2. 未来每年现金净流量不相等时

结合上述情况，那么需要将未来每年的现金，净流量的总和进行计算，在对回收期进行确定时也需要以累计的现金流量作为基础，计算时需要结合如下公式：

静态回收期 = M + 第 M 年的尚未收回额/第（M + 1）年的现金净流量

在对静态投资回收期法的概念进行理解时极为简便，而且所采用的计算方式也较为简单，然而这一指标并没有重视货币的时间价值，也没有将回收期满之后的现金流量状况进行充分考虑。本书在研究过程中也指出，如果长期投资具备相应的战略意义，那么早期收益必然处于较低水准，但是中后期收益却会不断上升，投资回收期法的主要目的是对就近的利益进行把握，而并不重视长远利益，在过去很长一段时间内，在对投资方案进行评价时，往往会运用这一方法，随着经济社会的进一步发展，这一方法的作用也逐渐被替代，主要是用于辅助手段来对投资方的流动性以及非盈利性等特征进行把控。

例 5—5：根据例 5—3 资料。

要求：对乙方案的投资回收期进行计算。

表 5—2　　乙方案的相关资料　　单位：元

项目计算期	乙方案	
	现金净流量（NCF）	累计现金净流量
1	30000	30000
2	34000	64000
3	38000	102000
4	42000	144000
5	46000	190000

结合表 5—2 也可以得知乙方案的投资回收期是第 2 年与第 3 年之间，对其进行计算时可以运用插入法：

$$乙方案投资回收期 = 2 + \frac{100000 - 64000}{102000 - 64000} = 2.95（年）$$

（二）平均报酬率

在对投资项目寿命周期内的平均年计算，需要涉及的是平均报酬率这一概念，在对其进行计算时，通常需要运用如下公式：

$$平均报酬率(AR) = \frac{平均现金流量}{初始投资额} \times 100\%$$

只有将企业达到的平均报酬率进行确认之后，才能够将这一指标融入决策过程。

这一方法具备简单易懂等诸多优势，但是却没有对货币的时间价值进行充分考虑，因此往往不利于做出正确决策，不仅如此，由于存在极为显著的主观性，这也使得最终做出的决策并不客观公正。

三　投资决策的动态指标

投资决策的动态指标主要是对货币时间价值的指标进行考虑，包含净现值以及年金净流量等相关内容。

（一）净现值

净现值主要反映的是一个投资项目中未来现金净流量现值与原始投资额现值之间的差额。如下所示为这一指标的计算公式：

净现值（NPV）＝未来现金净流量现值－原始投资额现值

在对净现值进行计算时，首先需要结合预定的贴现率，来对投资项目的未来现金流量等相关指标进行贴现。

1. 净现值的决策规则

如果存在净现值为正的状况，那么表明这一方案在实际过程中能够收到的实际收益率更高，当净现值出现为负或者为0的情况时，方案就需要慎重考虑。

结合上述研究也可以发现净现值的经济含义，主要表明的是投资方案收益超过基本收益后的剩余价值，在运用这一方法进行投资方案的评价时，主要结合的是如下方案：

第一步，对每年的营业净现金流量进行计算；

第二步，对未来现金流量的总现值进行计算；

第三步，计算净现值。

例5—6：企业购入一台30000元的设备，在折旧时运用直线法，该设备具备6年的使用寿命，期末不具备残值，在正式投产之后可以获得的利润为每年4000元，规定贴现率为12%。

要求：计算该项目的净现值。

解：
$$NCF_0 = -30000\text{（元）}$$

$$NCF_1 - NCF_6 = 4000 + \frac{30000}{6} = 9000\text{（元）}$$

$$NPV = 9000 \times (P/A, 12\%, 6) - 30000 = 9000 \times 4.1114 - 30000 = 7002.6\text{（元）}$$

例5—7：假定例5—6中，投产后每年可获得利润分别为3000元、3000元、4000元、4000元、5000元、6000元，其他资料不变。

要求：计算该项目的净现值。

解：
$$NCF_0 = -30000\text{（元）}$$

$$\text{年折旧额} = \frac{30000}{6} = 5000\text{（元）}$$

$$NCF_1 = 3000 + 5000 = 8000\text{（元）}$$

$$NCF_2 = 3000 + 5000 = 8000\text{（元）}$$

$$NCF_3 = 4000 + 5000 = 9000\text{（元）}$$

$$NCF_4 = 4000 + 5000 = 9000\text{（元）}$$

$$NCF_5 = 5000 + 5000 = 10000\text{（元）}$$

$$NCF_6 = 6000 + 5000 = 11000\text{（元）}$$

$$\begin{aligned} NPV &= 8000 \times (P/F, 12\%, 1) + 8000 \times (P/F, 12\%, 2) + 9000 \\ &\times (P/F, 12\%, 3) + 9000 \times (P/F, 12\%, 4) + 10000 \\ &\times (P/F, 12\%, 5) + 11000 \times (P/F, 12\%, 6) - 30000 \\ &= 8000 \times 0.8929 + 8000 \times 0.7972 + 9000 \times 0.7118 + 9000 \\ &\times 0.6355 + 10000 \times 0.5674 + 11000 \times 0.5066 - 30000 \end{aligned}$$

=6893.1（元）

例5—8：某企业需要用55万元来拟建一项固定资产，在计提折旧时运用的是直线法，该项目具备10年的使用寿命，在期末也拥有5万元的净残值，需要耗费一年时间来对这一工程进行建设，年初需要投入30万元，年末需要投入25万元，在项目投产之后，每年能够收获的营业收入在现有基础上将会提升15万元，总成本为10万元，假定现有的贴现率是10%。

要求：计算该投资项目的净现值。

解：（1）建设期现金净流量

$$NCF_0 = -30\text{（万元）}$$

$$NCF_1 = -25\text{（万元）}$$

（2）经营期营业现金净流量

$$NCF_2 - NCF_{10} = (15-10) + \frac{55-5}{10} = 10\text{（万元）}$$

（3）经营期终结现金净流量

$$NCF_{11} = 10+5 = 15\text{（万元）}$$

（4）

$$\begin{aligned} NPV &= 10\times[(P/A, 10\%, 10) - (P/A, 10\%, 1)] \\ &+ 15\times(P/F, 10\%, 11) \\ &- [30+25\times(P/F, 10\%, 1)] \\ &= 10\times(6.1446-0.9091) + 15\times0.3505 - \\ &(30+25\times0.9091) \\ &= 4.885\text{（万元）} \end{aligned}$$

2. 净现值法的优缺点

净现值法的优点有：它能够对资金时间价值进行充分考虑，将投资项目的真正经济价值进行呈现，而且它也将项目计算期的全部现金净流量进行了充分考虑，能够将流动性和收益性的统一考虑在内。

但是在进行方案决策过程中，仅仅运用这一方法是不科学的，而且一旦出现生命期不同的互斥方案进行决策时，这一方案更是会出现重大误差。这是净现值法的缺点。

（二）年金净流量

项目的现金净流量总额由投资项目的未来现金净流量和原始投资额的差额共同组成。

年金净流量是项目期间内全部现金净流量总额的总现，计算公式如下：

$$年金净流量=\frac{现金净流量总现值}{年金现值系数}$$

$$=\frac{现金净流量总现值}{年金终值系数}$$

结合上式也可以发现，现金净流量总现值就是 NPV。如果存在年金净流量指标大于 0 的状况，那么也就表明每年平均的现金流入能够对现金流出进行有效补充，投资项目的净现值比零大，此时的方案收益率与要求的收益率相比更高，在对两个以上寿命期不同的投资方案进行比较时，如果存在年金净流量越大的状况，那么这类方案就更好。

例 5—9：甲、乙两个方案中，甲方案需要一次性投资 10000 元，使用期限为 8 年，最终残值为 2000 元，每年能够获取的税后营业利润为 3500 元，乙方案也需要一次性投资，10000 元能够使用 5 年，最后并不具备残值，第 1 年获利 3000 元之后，每年的获利呈现 10% 的递增，求应采用哪种方案？

由于这两个项目的使用年限并不一致，因此运用净现值这一元素进行对比是不现实的，此时需要对它们的年均净流量进行考虑。由于：

甲方案营业期每年 NCF＝3500＋（10000－2000）/8＝4500（元）

乙方案营业期各年 NCF：

第一年＝3000＋10000/5＝5000（元）

第二年＝3000×（1＋10%）＋10000/5＝5300（元）

第三年＝3000×$(1+10\%)^2$＋10000/5＝5630（元）

第四年＝3000×$(1+10\%)^3$＋10000/5＝5993（元）

第五年＝3000×$(1+10\%)^4$＋10000/5＝6392.3（元）

甲方案净现值 $=4500\times5.335+2000\times0.467-10000=14941.5$（元）

乙方案净现值 $=5000\times0.909+5300\times0.826+5630\times0.751+5993\times0.683+6392.3\times0.621-10000=11213.77$（元）

甲方案年金净流量 $=14941.50/(P/A, 10\%, 8)=2801$（元）

乙方案年金净流量 $=11213.77/(P/A, 10\%, 5)=2958$（元）

因此，乙方案优于甲方案。

年金净流量的优点是适用于期限不同的投资方案决策（与净现值的区别），缺点是所采用的贴现率不易确定、不便于对原始投资额不相等的独立投资方案进行决策（与净现值法一样）。

（三）现值指数

现值指数的具体内涵为：公司投资项目预期的金额现值和原本投入资金的比值。其计算方式如下：

$$现值指数=\frac{未来现金净流量现值}{原始投资额现值}$$

从上面的计算公式我们可以了解到，现值数值的计算结果通常有三种情况：比 1 大，等于 1，比 1 小。当该数值比 1 大或者等于 1 的情况下，那就说明方案合理，公司投资的利益将大于必要的收益；当该数值比 1 小时，说明方案不合理，公司投资的利益将会小于必要收益，二者之间是呈负相关的。从这一角度来看，现值数值的数字越大，方案就越合理。

例 5—10：有两个独立投资方案，有关资料如表 5—3 所示。

表 5—3　　净现值计算表　　单位：元

项目	方案 A	方案 B
所需投资额现值	30000	3000
现金流入量现值	31500	4200
净现值	1500	1200

A 方案现值指数 = 31500/30000 = 1.05

B 方案现值指数 = 4200/3000 = 1.40

从上面的计算我们可以了解到，第二种方案的现值数值比第一种方案大，所以经过比较，第二种方案更具有优越性。

现值数值可以用来帮助净现值，净现值法的实际内涵就是当所有的方案最初的投资资本金额一样。因为现值数值反映的是预期金额现值和实际所需金额的比值，它是投资效率的表现形式之一，基于这种情况，采用现值数值对方案进行评估分析，能够较好地实现现值数值对原本投资方案的评估和分析，让方案更加具有合理性和优越性。

（四）内含报酬率

内含报酬率也被称为收益率。内含报酬率的具体内涵为：预期资本流入的相关数值与现行的资本流出数值，在把货币时间价值纳入考虑的前提里，收入等同支出的相关数值，从而实现让项目的净现值为 0 的目的。内含报酬率 IRR 满足下列等式：

$$\sum_{t=0}^{n} NCFt \times (P/F, IRR, t) = 0$$

可以从上面的计算公式了解到，净现值数值是通过特定的贴现率来进行计算的。但是内含收益率是让净现值数值为 0，再通过一定的计算让贴现率为 0。因此，净现值的数值对相关方案里的实际报酬率大小是不能评估的，但是内含收益率却能够体现项目里的报酬率。如果要采用内含收益率去对方案进行分析，那么其必须实现内含收益率比率高或者二者相等。

内含报酬率的计算原理为：当对项目的净现值数值进行评估的时候，用所需的收益率当作贴现率对其进行计算，如果净现值数值出现大于 0 或者小于 0 的情况，那么就证明方案可以实行，其收益会比所需投资率大或者小；如果出现净现值为 0 的情况，那么就说明必要投资率和可能达到的投资率相同。如果从这一层面来看，内含报酬率必须要通过计算出现让贴现率等于 0 的情况，这个贴现率具体就是项目能够实现的收益。

1. 如果出现预期的现金数值一样的情况，与此同时投资在项目开始初期就全部投入，这个时候过渡期不存在

所以：

$$经营时期每一年度的现金经金 \times 年度现金的指数 - 投资的总资本 = 0$$

内含收益率的具体计算公式如下所示：

第一步，计算年金现值系数（P/A，IRR，t）

$$年金现值系数 = \frac{投资总额}{经营期每年相等的现金净流量}$$

第二步，通过已经知道年度现金现值数值和年限，找到年金的相关指数表格，明确内含收益率的数值具体值。

第三步，用相关的计算方法得到内含收益率的数值。第三步，用插入法求出内含报酬率。

例 5—11：从例 5—6 可以了解到：

要求：计算内含报酬率。

$$(P/A, IRR, 6) = \frac{30000}{9000} = 3.3333$$

查表可知：

18%	IRR	20%
3.4976	3.3333	3.3255

$$IRR = 18\% + \frac{3.4976 - 3.3333}{3.4976 - 3.3255} \times (20\% - 18\%) = 19.91\%$$

2. 未来每年现金净流量不相等

如果公司投资的项目在投资时间里面，每一年度的现金流量不相同的情况下，或者不存在投资期不是 0 的情况下，那么就代表投资资金是在投资时间内逐渐投入的，所以不能适用上面的计算方法，其必须用逐步检验的办法，得到内含收益率的数值，其具体的计算如下所示。

首先，先假设一个贴现率，并且用它对净现值的数值进行计算。当净现值大于或者等于0的时候，那么就证明项目的内含收益率比预期的贴现率数值大，这种情况下应该假设提高贴现率，再一次进行计算；当净现值小于0的时候，那么就证明项目的内含收益率比预期的贴现率数值小，这种情况应该假设降低贴现率，再一次进行计算。通过这样不断的测试，找到净现值数值从大于等于0或者从小于0到大于0的情况。

其次，通过上面经过反复测验得到的数值去相关，计算方法去算出内含收益率的数值。因为多次测验的方法类似于近似法，所以这两个测验出来的数值差距不能过大，如果过大，会导致结果不准确。

例5—12：根据例5—7资料。

要求：计算内含报酬率。

用预估的15%的贴现率数值对其进行检测，其计算结果为2458.7元，其结果大于0；所以基于这种情况，把贴现率的数值提高到16%对其进行计算，其结果为1234.6元，仍然大于0，再一次把贴现率数值提高到18%进行检测，其结果为－456.4元，结果呈现为负数，那么就证明该方案的内含收益率的范围是16%—18%。其具体的计算情况见表5—4：

表5—4　　测试计算表　　单位：元

年份	现金净流量	贴现率＝16%		贴现率＝18%		贴现率＝20%	
	(NCF)	现值系数	现值	现值系数	现值	现值系数	现值
0	(30000)	1	(30000)	1	(30000)	1	(30000)
1	8000	0.8621	6896.8	0.8475	6780	0.8333	6666.4
2	8000	0.7432	5945.6	0.7182	5745.6	0.6944	5555.2
3	9000	0.6407	5766.3	0.6086	5477.4	0.5787	5208.3
4	9000	0.5523	4970.7	0.5158	4642.2	0.4823	4340.7
5	10000	0.4762	4762	0.4371	4371	0.4019	4019
6	11000	0.4104	4514.4	0.3704	4074.4	0.3349	3683.9
净现值			2855.8		1090.6		(526.5)

然后用插入法近似计算内含报酬率：

18%　　IRR　　20%

NPV=1 090.6　　NPV=0　　NPV=-526.5

$$IRR = 18\% + \frac{1090.6 - 0}{1090.6 - (-526.5)} \times (20\% - 18\%) = 19.35\%$$

内含收益率的数值为动态的正代表数值，其不仅仅对时间成本进行了考虑，还能够充分地反映方案的报酬率，与此同时不会遭受贴现率数值的影响，但是内含收益率的计算方法步骤较为繁杂。

（五）动态回收期

动态回收期必须要利用投资带来的预期现金资金流进行贴现计算，用预期的金额与原本的投资资本数值相等所经历的时长作为回收期。

1. 未来每年现金净流量相等时

在这种年金形式下，假定动态回收期为 n 年，则：

$$P/(A, i, n) = \frac{\text{原始投资现值}}{\text{每年现金净流量}}$$

得到年金现值的数值以后，利用年金现值指数表对其进行查询，就能够评估出回收期。

2. 未来每年现金净流量不相等时

当处于以上模式时，应该将每一年度的现金流数值全部进行贴现并且进行计算，求出其合值，从而根据现金流量数值去找到回收期。具体的计算公式如下：

回收期＝原来金额回收数值的前面一年＋原来金额回收数值的前面一年的尚未收回额的现值/第（原来金额回收数值的前面一年＋1）年的现金净流量数值。

回收期的计算方法有很多优越性，如计算方便。该种计算方法是利用回收期的时间来对方案的好坏进行评价，收回资本的时间越长，其风险就会越大。所以我们可以了解到，这是一种较为传统的计算方法。

就回收期而言，不管是动态的抑或是静态的，它们都有一个共同的问题，当它们对回收期进行计算的时候，没有对原来的投资数值进行考虑，而是仅仅考虑了预期现金数值的以及原来的投资数值。但是通常情况下，如果方案的回收期比较长，那么大于原来投资数值的资本并不会少于回收期短的方案。

第三节　项目投资及决策

项目投资的具体内涵为：把资本流量直接用到生产经营方面的项目，用来达到购买生产器械、修建设备等目的。这种类型的投资通常情况下在公司的内部进行，但是也涵盖了实物性的对外投资。

一　独立投资方案的决策

独立投资方案的具体内涵为：多个方案在关系上面互不依赖，但是可以一起存在，每一个项目的决策也是没有关系的。以这种类型的投资方案的决定为筛分的类型，对方案的合理性进行评价的时候，换一句话说就是看项目有没有达到一定的合理性标准。当方案之间开始进行比较的时候，决策应该对方案的排序进行解决，也就是方案之间怎么排序的问题。当对方案进行排序的时候，用方案可以取得的收益当作评价方案好坏的标准，通常情况下用内含报酬率对方案进行评价。

例 5－13：有一个企业打算再建设一条生产线，计划投资 100 万元，分两次进行投入。第一年度投资 40 万元，第二年度投资 60 万元，估计生产线的建设期为二年，其净残数值为 8 万元。项目才开始的时候对项目投入 20 万元，建设期满的时候可以收回。该生产线可以使用 9 年，预估每一年度销售额度为 70 万元，其成本为 48 万元。如果计划公司建设这条生产线的收益率为 12%。折旧采用直线法。在投产初期投入流动资金 20 万元，项目使用期满仍可全部回收。该项目可使用 10 年，每年销售收入为 60 万元，总成本 45 万元。假定企业期望的投资报酬率为 10%。

对该方案的净现值数值，内含收益率进行计算，并且评估该生产线方案是否合理。

$$NCF_0 = -70 \text{（万元）}$$

$$NCF_1 = -40 \text{（万元）}$$

$$NCF_2 = -20 \text{（万元）}$$

$$\text{年折旧额} = \frac{110-10}{10} = 10 \text{（万元）}$$

$$NCF_3 - NCF_{11} = 60 - 45 + 10 = 25 \text{（万元）}$$

$$NCF_{12} = 25 + (10 + 20) = 55 \text{（万元）}$$

$$\begin{aligned} NPV &= 25 \times [(P/A, 10\%, 11) - (P/A, 10\%, 2)] + \\ &\quad 55 \times (P/F, 10\%, 12) \\ &\quad - [70 + 40 \times (P/F, 10\%, 1) + 20 \times (P/F, 10\%, 2)] \\ &= 25 \times (6.4951 - 1.7355) + 55 \times 0.3186 - \\ &\quad (70 + 40 \times 0.9091 + 20 \times 0.8264) \\ &= 13.621 \text{（万元）} \end{aligned}$$

i = 12% 时，测算 NPV：

$$\begin{aligned} NPV &= 25 \times (5.9377 - 1.6901) + 55 \times 0.2567 - \\ &\quad (70 + 40 \times 0.8929 + 20 \times 0.7972) \\ &= -1.3515 \text{（万元）} \end{aligned}$$

用插入法计算 IRR：

$$IRR = 10\% + \frac{13.621 - 0}{13.621 - (-1.3515)} \times (12\% - 10\%)$$

$$= 11.82\% > \text{贴现率 } 10\%$$

i=10%	IRR	i=12%
NPV=13.621	NPV=0	NPV=-1.3515

通过计算可以了解到，当净现值的数值为 12.564 万元，数值为正数的时候，其内含收益率为 11.54%，比贴现率大许多。从这种情况

来看，该方案具有一定的合理性。通常情况下，如果用净现值以及内含收益率对项目进行评估，其评估结果具有一致性。

二　互斥投资方案的决策

互斥投资方案的具体内涵为：每一个方案都是独立的，相互矛盾，不能共同存在，所以在对方案进行选择的时候应该选择较好的方案，舍弃缺陷方案。从经济收益多角度作为出发点，这种类型的方案以方案的收益作为方案评估的标准。基于这种情况，一般会用净现值的方法以及净流量法对其进行评估，然后找到最优方案。但是净现值数值受方案投资时间回报的影响很大，所以用第二种方法去评估最优方案是最合理的。

（一）项目的寿命期相等时

在项目建设时间相同的情况下，不管方案原来的投资数值是多少，可以让项目取得最大获利的方案，就被称为最优方案。基于这种情况，如果项目的建设时间是相同的，在这种类型的方案决策里面，开始投资的金额多少对决策没有什么实质性的影响，不需要把最初投资额的大小放入考虑的范围。可以用内含收益率对其进行评价。

在这种类型的决策里面，净现值法的具体内涵为：在互斥方案里面，用净现值数值的大小对方案进行评估，从而找到最好的方案。内含收益率法的具体内涵为：在互斥方案里面，用内含收益率数值的大小对方案进行评估，从而找到最好的方案。

例 5—14：光明企业现有 120 万元的投资用于其投资项目，现在有 4 种不同的方案可以选择，这几个方案的金额都为 120 万元，方案的计算时间都假设为 6 年，贴现率为 9%，现在经过计算：

$$NPV_A = 8.1253\text{（万元）} \qquad IRR_A = 13.3\%$$

$$NPV_B = 12.25\text{（万元）} \qquad IRR_B = 16.87\%$$

$$NPV_C = -2.12\text{（万元）} \qquad IRR_C = 8.96\%$$

$$NPV_D = 10.36\text{（万元）} \qquad IRR_D = 15.02\%$$

要求：决策哪一个投资方案为最优。

答：从上面的计算中我们可以知道，C 方案的净现值数值为负数，比 0 小，其内含收益率为 8.96%，比贴现率数值小，与方案合理的条件有所差别，应该放弃 C 方案。

在上面的方案里面，A、B、D 方案的净现值都为正数，大于 0，并且内含收益率也高出贴现率。

综上所述，除了 C 方案，A、B、D 方案都可以作为投资方案。

且

$$NPV_B > NPV_D > NPV_A$$

$$12.25\text{ 万元} > 10.36\text{ 万元} > 8.1253\text{ 万元}$$

$$IRR_B > IRR_D > IRR_A$$

$$16.87\% > 15.02\% > 13.3\%$$

所以 B 方案最优，D 方案为其次，收益最差为 A 方案，应采用 B 方案。

（二）项目的寿命期不相等时

如果两个建设时间不同的项目在进行互斥投资，可以用下面几种办法。

第一种，采用相同年限的办法。从持续经营的角度出发，建设时间较短的项目，其投资进行回收后还可以继续对新的项目进行投资。如果项目的建设时间不同，那么可以找到项目建设时间的最小共同建设时间作为项目的建设时间。在不同项目在最小公倍数的建设时间内，去评估净现值的数值。

第二种，年金净流量的方法。运用方案里面的净现值进行相关的计算，方案的投资资本一样的时候，选用年金流量较大数值的方案；方案的投资资本不同的时候，必须还要对其他的指标进行计算。

例 5—15：光明企业有两种方案对机床进行购买，并且对两种方案的最低回报率为 8%。第一种方案投资资本为 8000 元，每年可收益 6000 元。第二种为 10000 元，每年可收益 8000 元。请问，哪种方案为最优方案？

表 5—5 互斥投资方案的选优决策 单位：元

项目	甲方案	乙方案
净现值（NPV）	3888	4870
年金净流量（ANCF）	2238	1958
内含报酬率（IRR）	38%	23.39%

1. 甲方案

年金净流量 = 3888/（P/A，10%，2） = 3888/1.7355 = 2240（元）

或：年金净流量 = 9748/（P/A，10%，6） = 9748/4.3553 = 2238（元）

2. 乙方案

年金净流量 = 4870/（P/A，10%，3） = 4870/2.4869 = 1958（元）

或：年金净流量 = 8527/（P/A，10%，6） = 8527/4.3553 = 1958（元）

所以：甲方案优于乙方案。

三 固定资产更新决策

固定资产更新的具体内涵为：对不适合当前发展或者生产的东西进行更换或者升级。这种类型的决策就是对其做出评估并且做出决定。

（一）寿命期相同的设备重置决策

通常情况下，如果用新设备更换旧设备，不改变企业的生产能力，企业的经营收入也不会提高。即使存在少量的残值，利用降低价格来招人，也不会使收益真的大幅度增加。所以，大多数折旧设备重置都含在替换重置中。在替代计划中，现金流出是发生的主要流向。如果新设备的性能得到提高，企业的生产能力因此得到了扩展，设备的复位就是扩展重置。在新旧设备使用寿命相同的情况下，可以用差分法计算两个不同方案现金流量的增减，这样计算过程也比较简单。

例 5—16：见表 5—6，光明公司正在考虑用新的、更有效的设备取代过时的设备，以减少成本和增加利润。旧设备的折旧是用直线法计算的，新设备是按年数总和折旧法计算的，公司所得税是 25%，资本成本是 10%，不考虑增值税，其他数据是在表 5—6 中列出的。试决定公司是否继续使用过时的设备，或者是否升级、更新。

表 5—6　　设备更新的相关数据　　单位：元

项目	旧设备	新设备
原价	50000	70000
可用年限	10	4
已用年限	6	0
尚可使用年限	4	4
税法规定残值	0	7000
目前变现价值	20000	70000
每年可获得的收入	40000	60000
每年付现成本	20000	18000
每年折旧额	直线法	年数总和法
第 1 年	5000	25200
第 2 年	5000	18900
第 3 年	5000	12600
第 4 年	5000	6300

设备更新的决定基于对差异的分析，表 5—7 是用差量分析法计算的。所有增加及减少都用希腊字母△展示。

鉴于 A 方案和 B 方案有两个不同的投资周期，分析差异的主要阶段如下。

首先比较和提取资金的经济效益，两个项目的现金流（A 的现金流 - B 的现金流）。其次依照每一期的△现金流计算两种方案△净现值。根据各自的净现值如下：如果△净现值≥0，选择经济效益△；否则选择在目前的预期使用新设备选项 A，而旧设备 B 选项中，计算公式如下：

1. 计算初始投资的差量

$$\triangle 初始投资 = 70000 - 20000 = 50000（元）$$

2. 计算各年营业净现金流量的差量（见表5—7）

表5—7　各年营业净现金流量的差量　单位：元

项目	第1年	第2年	第3年	第4年
△销售收入（1）	20000	20000	20000	20000
△折现成本（2）	-2000	-2000	-2000	-2000
△折旧额（3）	20200	13900	7600	1300
△税前利润（4）=（1）-（2）-（3）	1800	8100	14400	20700
△所得税（5）=（4）×25%	450	2025	3600	5175
△税后净利（6）=（4）-（5）	1350	6075	10800	15525
△营业净现金流量（7）=（6）+（3）=（1）-（2）-（5）	21550	19975	18400	16825

3. 计算两个方案现金流量的差量（见表5—8）

表5—8　两个方案现金流量的差量　单位：元

项目	第0年	第1年	第2年	第3年	第4年
△初始投资	-50000				
△营业净现金流量		21550	19975	18400	16825
△终结现金流量					7000
△现金流量	-50000	21550	19975	18400	23825

4. 计算净现值的差量

$$\triangle NPV = 2150 \times (P/F, 10\%, 1) + 19975 \times (P/F, 10\%, 2) + 18400 \times (P/F, 10\%, 3) + 23825 \times (P/F, 10\%, 4) - 50000$$

$$= 21550 \times 0.909 + 19975 \times 0.826 +$$

$$18400 \times 0.751 + 23825 \times 0.683 - 50000$$
$$= 16179.18（元）$$

随着资本重组，净现值将增加 16179.18 元，所以应该更新。或者可以单独计算两个项目的净现值进行比较，可以得出同样的结果。

（二）寿命期不同的设备重置决策

针对不同生命周期的设备重新设置方案，可能不会通过使用清洁现行价值指标产生正确的结果，应采用最低公倍寿命和年度净现行价值的方法。

最低公倍寿命的方法：方法增加寿命，也被称为最小的方法复制项目构成分析方法，根据总体寿命最小公倍数视为比较期间，条件是多重资金投资于这一时期，两者都有多重投资比较和匹配了相应的净现值。“最低公倍寿命法”的优点在于它很容易理解，缺点是有时计算困难。

例 5—17：继续运用 5—16 的案例，假如新设备有 8 年的使用寿命，每一年有 4.5 万元的可获得销售收入，运用直线性的折旧方法，在期末没有残值，别的条件没有变。

旧设备的年折旧额 $= 20000 \div 4 = 5000$（元）

新设备的年折旧额 $= 70000 \div 8 = 8750$（元）

表 5—9　　新、旧设备的营业净现金流量　　单位：元

项目	旧设备（第 1—4 年）	新设备（第 1—8 年）
销售收入（1）	40000	45000
折现成本（2）	20000	18000
折旧额（3）	5000	8750
税前利润（4）＝（1）－（2）－（3）	15000	18250
所得税（5）＝（4）×25%	3750	4562.5
税后净利（6）＝（4）－（5）	11250	13687.5
营业净现金流量（7）＝（6）＋（3）＝（1）－（2）－（5）	16250	22437.5

表 5—10　　新旧设备的现金流量　　单位：元

项目	旧设备第 0 年	旧设备第 1—4 年	新设备第 0 年	新设备第 1—8 年
初始投资	-20000		-70000	
营业净现金流量		16250		22437.5
终结现金流量		0		0
现金流量	-20000	16250	-70000	22437.5

$$NPV_{旧} = -20000 + 16250 \times (P/F, 10\%, 4)$$
$$= -20000 + 16250 \times 3.170$$
$$= 31512.5 \text{（元）}$$
$$NPV_{新} = -70000 + 22437.5 \times (P/F, 10\%, 4)$$
$$= -70000 + 22437.5 \times 5.335$$
$$= 49704.1 \text{（元）}$$

新设备和旧设备的最低公倍寿命为 8 年，在此期间可以实施两个进一步使用旧设备的投资项目和一个使用新设备的投资项目。规定进一步使用陈旧设备，由于投资选择可以进行两次，相当于第二个完成投资购买同样的旧设备经过四年他实施依照现有的价值实现，获得净现值相同的旧设备，目前也是。

根据图 5—1 可以看出：

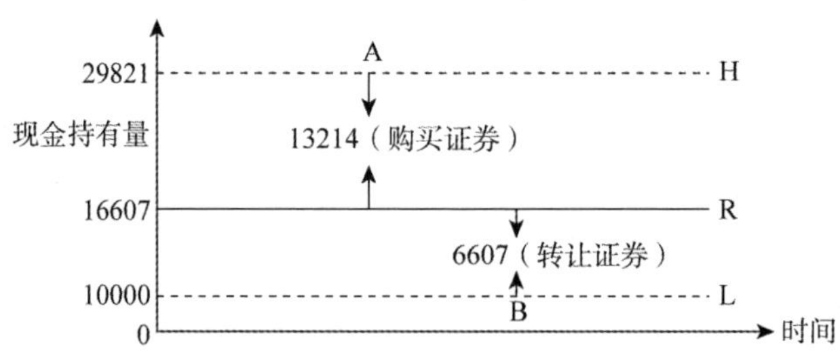

图 5—1　继续使用旧设备的 NPV

8 年内，继续使用旧设备的净现值为：

$$NPV = 31512.5 + 31512.5 \times (P/F, 10\%, 4)$$

$$=31512.5+31512.5\times0.683=53035.5\text{（元）}$$

若使用新设备，其净现值为：

$$NPV_{新}=49704.1\text{（元）}$$

如上述所知，现在不应该更新，因为目前仍在使用的设备的净值比新的设备的净值多3331.4元。

年平均净值是将投资项目净值转化为年平均净值的方法，并进行比较分析。按下列公式计算，年平均净值为：

$$ANPV=\frac{NPV}{PVIFA_{k,n}}$$

在该表达式中，ANPV是年平均净值，NPV是当前净现值，PVIFA，k，n代表年度付款的现行成本系数，基于项目的资本成本系数和持续时间。

第四节　风险投资决策

长期投资决策需要更长的时间，因此准确预测未来的收益和成本变得困难。它有不同程度的不确定性或风险。风险是客观的，因此需要讨论风险投资决策的问题。

风险分析和投资包括两种主要方法。第一种是风险调整方法，就是对项目风险因素的调整，包括对重新计票系数的调整和对未来现金流的调整。第二种方法是分析项目基准不确定性因素，包括决策方法、敏感性分析、损益平衡分析等。这种方法允许尝试投资分析的可行性，从而通过研究投资基础设施变化对投资分析结果的影响来做出最终决定。

一　按风险调整折现率法

在没有通货膨胀的前提下，风险调整的折扣是根据没有风险调整的当前的净成本计算的，并根据风险系数选择投资选择的决策方法。这种方法的基本理念是，风险较高的项目需要高利率，风险较低的项目需要低利率。因此，基于风险因素的折扣率计算方法解决了两个关键问题：第一，投资项目的风险程度如何决定；第二，风险回报的定义是什么。一旦解决了这两个问题，将会有一个包括风险奖励在内的账户。

风险调整贴现率 = 无风险报酬率 + 风险报酬率

= 无风险报酬率 + 风险报酬斜率 × 风险程度

如果“K”代表风险调整贴现率，“i”指的是无风险报酬率，“b”指的是风险报酬斜率，“Q”指的是风险程度，上面的公式表示的是：

$$K = i + b \times Q$$

下面是根据风险水平计算的例子，计算的是风险的程度，风险溢价降低，并根据风险折扣选择最佳选择。

例 5—18：某一个企业有 5% 的风险报酬率，目前的投资方案有两个与之相关的资料在表 5—11。

要求：选择哪一种方案，采用将未来支付改变为现值所使用的利率的方法。

表 5—11　　A 方案和 B 方案相关资料　　单位：元

项目	A 方案		B 方案	
计算期	现金净流量	概率（Pi）	现金净流量	概率（Pi）
0	（500000）	1	（200000）	1
1	300000	0.25	75000	0.2
	200000	0.5	100000	0.6
	100000	0.25	125000	0.2
2	400000	0.3	75000	0.2
	300000	0.4	100000	0.6
	200000	0.3	125000	0.2
3	250000	0.2	75000	0.2
	200000	0.6	100000	0.6
	150000	0.2	125000	0.2

解：具体计算步骤如下：

第一步，确定风险程度 Q。

1. 计算投资方案各年现金净流量的期望值 E_t

$$E_t = \sum_{i=1}^{n} X_i P_i$$

其中的风险因子都在经营期的 NCF 里，可以有三种情况发生，虽然已经知道发生的概率，但建设期的 NCF 的风险依旧还是存在的。

A 方案：

$$E_0 = -500000 \times 1 = -500000 \text{（元）}$$

$E_1 = 300000 \times 0.25 + 200000 \times 0.5 + 100000 \times 0.25 = 200000$（元）

$E_2 = 400000 \times 0.3 + 300000 \times 0.4 + 200000 \times 0.3 = 300000$（元）

$E_3 = 250000 \times 0.2 + 200000 \times 0.6 + 150000 \times 0.2 = 200000$（元）

B 方案：

$$E_0 = -200000 \times 1 = -200000 \text{（元）}$$

$$E_1 = E_2 = E_3 = 75000 \times 0.2 + 100000 \times 0.6 + 125000 \times 0.2 = 100000 \text{（元）}$$

2. 计算反映各年现金净流量离散程度的标准差 d_t

$$d_t = \sqrt{\sum_{i=1}^{n} {}^{(X_i - E_t)^2} \times P_i}$$

A 方案：

$d_1 = \sqrt{(300000-200000)^2 \times 0.25 + (200000-200000)^2 \times 0.5 + (100000-200000)^2 \times 0.25}$

$= 70710.68$（元）

$d_2 = \sqrt{(400000-300000)^2 \times 0.3 + (300000-300000)^2 \times 0.4 + (200000-300000)^2 \times 0.3}$

$= 77459.67$（元）

$d_3 = \sqrt{(250000-200000)^2 \times 0.2 + (200000-200000)^2 \times 0.6 + (150000-200000)^2 \times 0.2}$

$= 31622.78$（元）

B 方案：

$d_1 = d_2 = d_3$

$= \sqrt{(75000-100000)^2 \times 0.2 + (100000-100000)^2 \times 0.6 + (125000-100000)^2 \times 0.2}$

$= 15811.39$（元）

标准差越大，净现金流量分布的离散度越大，风险越大；相反，风险就越小。其中重要的一点是用标准差来反映净现金流量的不确定性，即风险的大小，但有一定的约束条件。由于标准差是绝对的，因此不方便对不同决策方案的风险进行比较。所以，计算标准差系数，即标准差率也是必需的。

3. 计算标准差系数 q_t

$$q_t = \frac{d_t}{E_t}$$

A 方案：

$$q_1 = \frac{70710.68}{200000} = 0.3536$$

$$q_2 = \frac{77459.67}{300000} = 0.2582$$

$$q_3 = \frac{31622.78}{200000} = 0.1581$$

B 方案：

$$q_1 = q_2 = q_3 = \frac{15811.39}{100000} = 0.1581$$

上面的计算只有其中某一年的风险程度系数，如果要继续计算综合各年的风险，则还需要综合的标准差系数的大小。

4. 计算综合标准差系数 Q

$$Q = \frac{D}{EPV}$$

上式中，D 为综合标准差，其计算公式为：

$$D = \sqrt{\sum_{t=1}^{n}\left[\frac{dt}{(1+i)^t}\right]^2}$$

EPV 为各年期望值的现值之和，其计算公式为：

$$EPV = \sum_{t=1}^{n}\frac{Et}{(1+i)^t}$$

A 方案：

$$D_A = \sqrt{\left[\frac{70710.68}{(1+5\%)}\right]^2 + \left[\frac{77459.68}{(1+5\%)^2}\right]^2 + \left[\frac{31622.78}{(1+5\%)^3}\right]^2}$$

$$=101081.97\text{（元）}$$

$$EPV_A=\frac{200000}{(1+5\%)}+\frac{300000}{(1+5\%)^2}+\frac{200000}{(1+5\%)^3}$$

$$=635352.55$$

$$Q_A=\frac{101081.97}{635352.55}=0.1591$$

B 方案：

$$D_B=\sqrt{\left[\frac{15811.39}{(1+5\%)}\right]^2+\left[\frac{15811.39}{(1+5\%)^2}\right]^2+\left[\frac{15811.39}{(1+5\%)^3}\right]^2}$$

$$=24879.41\text{（元）}$$

$$EPV_B=100000\times(P/A,\ 5\%,\ 3)$$

$$=100000\times2.7232=272320\text{（元）}$$

$$Q_B=\frac{24879.41}{272320}=0.0914$$

第二步，确定风险报酬斜率 b。

风险收益率的斜率 b 反映了风险程度变化对风险调整贴现率的影响。其大小可根据历史数据采用高低点法或线性回归法进行计算，也可根据经验数据再由企业领导或有关专家进行确认。

企业过去 5 项投资的投资回报率与标准差系数之间的关系如表 5—12 所示。

表 5—12　　　　　　　　五项投资相关资料

投资项目	标准差系数	投资回报率
甲	0.2	8%
乙	1.2	18%
丙	1.5	21%
丁	0.4	10%
戊	0.8	14%

根据直线方程 $K=i+b\times Q$，采用高低点法来确定 b。

$$b=\frac{\text{最高报酬率}-\text{最低报酬率}}{\text{最高标准差系数}-\text{最低标准差系数}}$$

$$=\frac{21\%-8\%}{1.5-0.2}$$

$$=0.1$$

1. 计算风险调整贴现率 K

根据 $K=i+b\times Q$，得出：

$$K_A=5\%+0.1\times 0.1591=6.6\%$$

$$K_B=5\%+0.1\times 0.0914=5.9\%$$

2. 根据风险调整贴现率计算投资方案的净现值

其计算公式为：

$$NPV=\sum_{t=0}^{n}\frac{E_t}{(1+k)^t}$$

$$NPV_A=\frac{200000}{(1+6.6\%)}+\frac{300000}{(1+6.6\%)^2}+\frac{200000}{(1+6.6\%)^3}-500000$$

$$=116723.32\text{（元）}$$

$$NPV_B=\frac{100000}{(1+5.9\%)}+\frac{100000}{(1+5.9\%)^2}+\frac{100000}{(1+5.9\%)^3}-200000$$

$$=67796.51\text{（元）}$$

$$NPVR_A=\frac{116723.32}{500000}=0.2334$$

$$NPVR_B=\frac{67796.51}{200000}=0.3390$$

综合风险价值的影响，方案 A 的净现值为 116723.32 元，大于方案 B 的 67796.51 元。但是方案 A 和方案 B 的投资金额不一样，用净现值指数在方案之间进行选择并不合适，因此采用净现值比（NPV）来进行决策。方案 A 的 NPVR 比为 0.2334，小于方案 B 的 NPVR 比为 0.3390。因此，方案 B 更适合进行投资。

风险调整贴现率法对高风险项目采用高贴现率，对低风险项目采用低贴现率。该理论是完善的，易于理解和广泛应用。然而，这种方法混淆了时间的价值和风险的价值，将年度现金流折现，代表随着时间的推移风险也会慢慢增加，这个假设有时与现实不符，这也是风险调整贴现率方法的不足之处。

还有另外的方法，即根据投资项目的风险水平调整贴现率。该方法是对影响投资项目风险的因素进行分级，然后再对风险等级进行确定，根据风险等级调整贴现率的方法。

表 5—13 的数据是根据过去的经验由业务经理设定的，其中含有的分数、风险等级和贴现率，评分由来自销售、生产、技术和财务的专家团队完成。风险因素的列表可能更广泛，风险概况可能更多样化。

表 5—13　　按风险等级调整的折现率

相关因素	投资项目的风险状况及得分									
	A		B		C		D		E	
	状况	得分	状况	得分	状况	得分	状况	得分	状况	得分
市场竞争	无	1	较弱	3	一般	5	较强	8	很强	12
战略上的协调	很好	1	较好	3	一般	5	较差	8	很差	12
投资回收期	1.5 年	4	1 年	1	2.5 年	7	3 年	10	4 年	15
资源供应	一般	8	很好	1	较好	5	很差	15	较差	10
总分	—	14	—	8	—	22	—	41	—	49

总分	风险等级	调整后的折现率
0—8 分	很低	7%
8—16 分	较低	9%
16—24 分	一般	12%
24—32 分	较高	15%
32—40 分	很高	17%
40 分以上	最高	25% 以上
$K_A=9\%$　$K_B=7\%$　$K_C=12\%$　$K_D=25\%$　$K_E\geqslant 25\%$		

二　按风险调整现金流量法

因为风险是客观事实，所以每年的现金流是不确定的，因此有必要根据风险状况来调整每年的现金流量。这种根据风险调整现金流量的方法称为风险调整现金流量法，该方法首先根据风险调整现金流量，然后进行长期投资决策。其具体的调整有很多方法，这里面常常使用的是肯定当量法和概率法两种。

(一) 肯定当量法

因为每年现金流量的不确定性，所以在风险投资决策的过程里，就必须对其进行调整。肯定当量法是将一个不确定的年度现金流转换为一个确定数量，通常是根据等效系数进行确定，然后通过使用无风险折现率评价风险投资项目的决策分析方法。

约当系数是确定的现金流量与一个等价的、不确定的预期现金流量的比率，通常表示为 α_t，就是：

肯定的现金流量 = 期望现金流量 × 约当系数

其计算公式为：

$$NPV = \sum_{t=0}^{n} \frac{\alpha_t \times E_t}{(1+i)^t}$$

上式中：α_t为第 t 年现金净流量的肯定当量系数；

E_t为第 t 年的有风险的现金净流量期望值；

i 为无风险的贴现率。

不同的各年现金流量风险的大小，在评价过程中，选取的约当系数也是不同的，如果现金流量一定，那么取 $\alpha_t = 1.00$；如果现金流量风险小，取 $1.00 > \alpha_t \geqslant 0.80$；如果风险一般，则 $0.80 > \alpha_t \geqslant 0.40$；如果现金流量风险大，$0.40 > \alpha_t \geqslant 0$。

(二) 概率法

指调整每个时期的现金流量是通过发生概率的大小，还有计算投资项目的年度预期现金流量和预期净现值来评估风险投资的方法。概率法适用于每个时期现金流量独立的投资项目。每个时期的独立现金流量意味着每个时期的现金流量是相互独立的。当使用概率方法时，预期的年现金流量计算如下：

$$\overline{NCF_t} = \sum_{i=1}^{n} NCF_{ti} P_{ti}$$

其中，第 t 年的期望净现金流量是 $\overline{NCF_t}$，第 t 年的第 i 种结果的

净现金流量是 NCF_{ti}，第 t 年的第 i 种结果 P_{ti}概率，第 t 年可能数量的结果用 n 表示。

投资的期望净现值可以按下式计算：

$$\overline{NPV} = \sum_{t=0}^{m} \overline{NCF_t} \times PVIF_{k,t}$$

其中，投资项目的期望净现值为$\overline{NPV}$；折现率为 $PVIF_{k,t}$，第 t 年的复利现值系数是 k；m 代表未来现金流量的期数。

三 决策树法

决策树法也是一种分析不确定投资项目的方法。上述概率法只在现金流量独立的投资项目适用，用于分析各时期的情况，而决策树法在分析各时期现金流量彼此有关系的投资项目中应用极为广泛。在净现值分析中，决策树可以用来识别一系列决策过程，因为它直接表示了多阶段项目决策中各阶段的投资决策及其发生的概率。

决策树分析步骤如下：

步骤 1：将项目划分为明确定义的几部分；

步骤 2：列出每个阶段可能产生的结果；

步骤 3：根据现有信息，列出每个结果在每个阶段的可能性；

步骤 4：计算每个结果对项目预期现金流是否产生影响；

步骤 5：基于前一阶段的结果和其对现金流的影响，评估决策树从后到前每个阶段所采取的最合适动作；

步骤 6：基于预期的现金流和整个项目所有可能的结果，并考虑每个结果发生的概率，估计第一阶段采取的最佳行动方案。

项目决策者通过决策树分析知道了大量有用的信息，但同时也需要大量的信息来进行决策树分析。决策树分析法过程可以分为几个具体的阶段，要求每个阶段的分析结果必须是不相互关联的，并且可以事先预测概率分析的结果及其对现金流量的影响，这些要求通过减少项目的数量进行分析，使决策树方法的使用大受约束。

四 敏感性分析

大多数投资分析的核心是对未来现金流和收入的预测，预计是将在某个“基本准则”框架内进行分析和预测，如果构成“基本准则”因素发生变化，投资决策将产生什么样的影响？

敏感性分析是一种分析方法，用来评估不确定性因素对项目评价的影响（如 NPV、IRR 等）。“假如……则……”项目评价指标对这一因素更为敏感，如果某一因素变化较少，但是项目评价指标发生重大变化，由此可以看出项目指标对此有很大的敏感性；相反，如果一个或另一个因素对最初的评估结果产生重大影响，则表明项目评价指标对这个因素不太敏感。

投资项目敏感性分析的主要阶段如下。

第一，为分析 NPV、IRR 等敏感性目标确定具体的评估指标。

第二，不确定性因素的选择。有许多因素影响投资评估的结果，必须选择对项目投资回报产生更大影响的因素，其特点是更大程度的不确定性。

第三，所有选择的不确定性因素都被划分为好的、中等的、坏的（或乐观的、正常的、悲观的），并做出相应的评价。

第四，得出基准（正常）评价的评估。

第五，修改其中的一个影响因素并且评估相应的评估指标，条件是其他影响因素保持正常。

第六，分析不同影响因素评估指标的敏感性，作为确定项目可行性的标准，用常态下的指标当作标准。

敏感性分析允许在一定要求上量化分析很多不一样的因素对项目评估的影响，并有助于决策者了解项目决策中需要有针对性分析和控制的因素。然而，敏感性分析方法也有一些缺点，例如不考虑未来不确定性因素的概率分布，这影响了风险分析的准确性。

本章小结

第一，从广义上讲，投资意味着向企业投资，以获得未来的好处。它包括对生产性资产的投资，如设备、机器、厂房建筑初建和重建、项目投资减少；还包括投资债券、股票和其他投资。本章所描述的项目投资是一种长期投资行为，直接与新项目或现代化项目有关。企业必须通过投资来分配资产，以创造生产潜力，并在未来获得经济效益。

第二，现金流量意味着在其计算期间增加投资项目带来的现金流入和流出。包括三个具体的概念：现金流入、现金流出和现金净流入。

现金流入意味着在投资项目实施后项目贷款期间增加企业的现金收入，包括交易收入、固定资产的剩余价值以及流动性恢复和其他现金流。

现金流出是投资项目实施后项目贷款期间现金外流的增加，这个是企业的现金流，包括建筑投资、预支流动资金、现金支付费用、所得税和其他现金流。

现金的净流入是项目期间净流入的现金和现金流，可分为建设时期的净现金流入和运营期间的净现金流入。

建设期间净现金流入计算公式如下：

$$\text{净现金流动} = -\text{这一年度投资}$$

计算报告经营期间的净现金流动如下：

$$\begin{aligned}\text{净现金流} &= \text{营业收入} - \text{所得税} - \text{付现成本}\\ &= \text{折旧额} + \text{税后所得利润}\\ &= (1 - \text{所得税率}) \times \text{营业期间的收入} - (1 - \\ &\quad\ \text{所得税率}) \times \text{付现成本} + \text{所得税率} \times \text{折旧额}\end{aligned}$$

经营期间的最终净现金流 = 营业期间的净现金流 + 该回收额度

第三，假设现金流量关系主要分为：完整的总体投资前提假设的关系，建设期投入全部资金假设、项目投资的经营期与折旧年限一致假设、时点指标假设和确定性假设。为了正确计算投资项目的现金流，必须考虑到以下问题，诸如下沉成本、机会成本、公司其他部门的影响和净资产等因素等受到影响。

第四，投资决策的静态指标意味着不考虑货币价值的指标，一般包括静态投资回报率与平均报酬。

第五，一个动态的投资决策指标意味着一个衡量货币时间成本的指标，一般包括净值、年度薪酬净值、现行价值指数、薪酬利率和动态回报期的指标。

第六，独立的投资项目意味着两个或两个以上的项目可以同时存在，相互不依赖，每个项目的决定都是独立的。单个投资项目决策取决于决策允许可行性的方案，是属于筛选的决策，就是通过决策过程中的个别投资项目之间对比秩序必须决定如何界定问题。关于投资的可能性，就是作为标准来评估单个项目使用一定程度的盈利方法，为了做出类似的决定，通常使用一种确定利润标准的方法，将它们进行比较，做出决策。

第七，方案过程当中，彼此无法共存、相互排斥的，叫作互斥投资方案，由此，决策过程的核心是选择最优的选择。在决策过程中需要解决的问题是，应该排除哪一种选择，这是评估方案中成本最高的决策方法的标准。所以，优先考虑的通常是基于净成本的方法，以及为年度薪酬提供净金额的方法。然而，由于目前的净成本取决于投资项目的寿命，净年薪酬方法是最合适的决策方法，排除了互惠互利的可能性。

第八，同样的设备的使用寿命重新规划，决定用新设备取代过时的设备，如果不改变工厂的生产能力，即使有少量的剩余成本，也不会增加商业营业收入，所以，大多数以旧换新进行的设备重置都属于替换重置，作为替代方案的一部分，资金主要以现金外流的形式流入。假如购买新设备的生产率提高，扩大了企业的生产能力，这种重置属于替换重置。在新设备和旧设备寿命相同的情况下，我们可以使用一种分析差异的方法来计算现金流动，而现金流动在一个程序中比另一个程序增加或减少，这种方法更简单。

第九，针对不同生命周期的设备替代方案可能不会通过使用清洁现行价值指标产生正确的结果，应该运用最低总寿命和年度清洁现行价值的方法。

第十，最小公倍寿命法：又叫作项目复制法。在比较区间内，假设两个方案进行多次重复投资，计算它们的使用寿命的最小公倍数，并且将两个方案多次投资的净现值进行比较的一种分析方法。其易于为大部分人所理解，但是有时计算容易出现问题。

第十一，年均净现值法：利用各年的平均净现值，将投资项目在寿命期内的总的净现值替换，再进行分析比较得出结论。计算年均净现值可以利用公式：

$$ANPV = \frac{NPV}{PVIFA_{k,n}}$$

第十二，风险投资分析有两种基本方法。第一，风险调整方法，即调整项目的风险因素，包括调整贴现率和未来现金流。第二，分析基本状态下项目的不确定性，包括决策树方法、灵敏度分析、盈亏平衡分析等。这种方法通过研究投资基本状态的变化对投资的影响进行分析，利用其结果来检验投资分析是否合适，然后做出最终的判断。

第 六 章

营运资本管理

企业生产经营活动中，流动资产占用的资本是营运资本。营运资本广义上是指企业流动资产总额，狭义上是指流动资产减去流动负债后的余额。

营运资金的特点通常有以下几点。

流动资金来源多样化。筹集长期资金企业可以使用的方式很少，比如吸收直接投资，发行股票和债券。相比于长期资金的筹集，筹集营运资金可用的方式更加灵活多样，通常包括短期银行贷款、短期融资债券、商业信贷、应付税款、应付股息、应付员工工资等。

营运资金的数量会随着企业内外部条件的变化而变化。无论是季节性的还是非季节性的生意，都是如此。随着流动资产数量的变化，流动负债数量也会随之变化。

资金周转流动性是短期的。企业流动资产占用的资金一般在一个经济周期内，一年或一年以上加一个营业周期就可以收回，对企业的影响较小。通过利用这一特点，可以通过商业信贷、银行短期贷款等短期融资方式来解决营运资金问题。

企业营运资金的占用经常发生变化，每个周期的营运资金必须经过采购、生产、销售等过程，通常依据现金、原材料、产品、成品、应收账款、现金订单等次序进行变化，因此，在流动资产管理中，必须对流动资产合理分配资金，以实现合理的结构，促进资金的顺利流动。

第一节　流动资产管理

一　流动资产概述及分类

（一）流动资产概述

在一年或一年以上的商业周期内可以变现或使用的叫作流动资产。占用时间短、周转快、易变现是流动资产的三个明显优势。拥有的流动资产越多，企业财务风险相对来讲就越小。

与各类长期资产相比，比如长期投资、无形资产、固定资产、递延资产等，流动资产主要有以下几个优势。

1. 周转迅速

投资于短期资产的资金周转时间较短，通常需要一年或一个商业周期收回。长期资产（如固定资产的价值）需要多次转移才能逐步收回或受惠。

2. 流动性强

现金作为短期资产，还有银行存款（其本就可以随时用来支付和偿还债务）、其他短期金融资产、存货、应收账款等，在短时间内也能实现收入。

3. 财务风险低

公司拥有较多的短期资产，因为周转快、变现快，在一定程度上能降低财务风险，但是短期资产如果太多，企业的利润也会受到影响。相反，短期资产短缺，说明企业资金周转不好，企业的经营效益就会大打折扣。企业在一定的生产周期内所占用的流动资产的合理数量，既要保证生产经营的需要，又要避免积压和浪费。

（二）流动资产分类

流动资产可以根据不同的标准进行分类。经常使用的分类方法分为两大类。

第一，按不同的占用模式，将金融资产、应收账款和预支款项以及存货分类为现金，并以公允价值计量，变动计入当期损益的存货进行分类。

现金是可以立即用于购买商品、支付费用或者进行债务偿还工作的交换媒介或付钱方式。主要包括手头的现金和以活期存款的方式放在银行的钱，有时到期或即将到期的票据也被视为现金。现金是最具流动性的短期资产，可以直接以公允价值使用或立即投入流通。

其变动记录在金融资产当期损益中，主要是指证券投资。企业适量的持有短期金融资产，不仅可以获得超值的收益，还可以使企业整体资产的流动性增强，使企业财务风险降低。

应收账款和预付账款是指企业在生产经营过程中形成的应收账款、应收票据、其他应收账款和预付账款。企业应努力加快收回账款，以减少坏账损失。

存货，是在生产经营过程中企业储存供销售或者消费的各类资产，其中涵盖商品、成品、半成品、在制品、制作所需的原材料、辅助材料、包装材料等。由于库存在短期资产中所占的比重很大，加强对库存的管理和控制、使其保持在最优水平是财务管理的重要内容。

第二，根据生产经营周期的过程，短期资产可分为生产领域的短期资产，流通领域的短期资产，生产、利息领域的短期资产，在生产过程中发挥作用的短期资产，如原材料、辅助材料、低值消耗品等是生产领域中的短期资产。

在商品交易中有作用的短期资产、商品流通企业的短期资产部分都是流通领域的短期资产。这其中产生的制成品、现金和购进货物也是流通领域中的短期资产。

定期存款、短期证券和其他短期金融资产等为获得利息收入而持有的短期资产，都被称为生息领域中的短期资产。企业在保持资产流动性的同时，将短期闲置现金资产存入银行或购买短期金融资产以获得额外的稳定的收入。

二　流动资产的投资政策

（一）紧缩的流动资产投资政策

在这种相关投资方案下，公司保持较低程度的流动性资产和销售利润的比值。

这种类型的投资方案有很大的优越性，能够节约相关的成本，但是与此同时，与之相随的是风险。其具体的表现形式是紧缩性的收款决策以及较低水平的存货水平，以及没有足够的资金偿还相关的债务款项。但是如果不出现突发性的事情，影响企业的资本流动性，导致企业出现危险，紧缩性的资产政策在一定程度上，也会对企业的生产经营有所帮助。

如果运用这种类型的投资方案，那么，公司也必须提高自身的管理水平。因为这种方式虽然具有一定的优越性，但是如果发生意外的情况，那么就可能因为流动性资金的短缺，对企业的发展产生严重的负面影响。据调查研究显示，一些发达国家（比如英国、日本）的流动资产和销售收益之间的比值呈现越来越小的发展情况。但是这种情况也不等同于公司对资金的流动性要求变低，而是因为公司在管理流动资本方面取得了很好的发展，能够对流动资本进行很好的管理。本章第四节相关控制体系里面，该库存控制体系就是其中的表现之一。

（二）宽松的流动资产投资政策

在这种类型的投资方案上，公司通常会保持较高程度的流动性资产和销售利润的比值。换句话来说，公司继续保持较高水准的资金以及相关的债券、高水准的收款和存货。在宽松的流动性资产投资下，因为公司的资本和流动性水平较高，所以公司承担的风险就比较小。然而，如果流动资产过多，公司必定会承受很大的流动性相关成本，那么就意味着公司的成本将会提高，公司的收益将会减少。

三 影响流动资产投资政策的因素

（一）资产的收益性与风险性

如果对公司的流动性资产的投入增多，那么公司关于流动资产的投资成本也会随之增高，这在一定程度上会对公司资产的收益产生影响，但是公司资产的流动性也会有一定的提高。如果对公司的流动性资产的投入减少，那么，公司关于流动资产的投资成本也会降低，这对公司的收益也会产生影响，对公司的资产流动性会降低。所以，从理想的情况下出发，流动资本投资最好的情况应该让其成本达到最低数值。

（二）企业生产经营的环境

一般情况下，因为公司的流动性和借款信用度以及信用额度有很大的联系，所以商业银行和资本投资方对公司的流动性有着极高的关注。有时候这些借款方还会把应收账款以及现有产品纳入考虑的范围，特别是这些资本是用来做抵押物的时候。有一部分公司因为筹资难，经常采用紧缩性的投资方式。

（三）产业因素的影响

如果企业的销售产品利润比较高，公司从销售里面得到的利益大于额外收账款的资金，利用宽松的经营方案，在一定程度上能够为企业带来更多的好处。

（四）对企业策略有影响的决策者

如果公司的生产经营决策者比较保守，其更可能选择宽松性的投资政策，如果公司的生产经营决策者比较前卫，其更可能选择紧缩性的投资政策。生产部门的负责人，一般情况下比较偏向于保留较多的原材料，去满足生产的需要。销售部门的负责人，一般情况下比较倾向于保留较多的存货，以满足销售的需要。财务部门的负责人，偏向于存货和收款达到理想的数值，使流动性资本的成本达到理想的状态。

第二节　现金管理

一　现金管理的动机及内容

（一）对现金管理的目的

对现金进行管理有三种目的：交易性目的、预防性目的以及投机性目的。

1. 交易性目的

交易性目的的具体内涵为：公司为了其他生产经营必须拥有的资本金额。

公司的生产经营，离不开收入和支出。每天的收入和支出，其具体的数额是不尽相同的，并且在时间上也是不一致的。所以公司必须要拥有一定的资金并且对其进行调节平衡，让企业能够保持平稳的发展。

在通常情况下，公司向其用户群体提供的商业信用条件和公司本身在生产厂家那里获得的信用条件是不一样的，这在一定程度上也让企业必须拥有现存资本。举例来说，假设生产者向公司提供的信用条件为30天，那么公司在市场的压力下，就必须为用户群体提供更多的时间，所以，企业必须在这个时间段里面筹集更多的资本来对公司进行维持。

与此同时，因为公司的销售具有一定的季节性特征，所以企业必须根据实际的需求或者市场的变化适当地增加备货产品，满足销售高峰时期的需求。那么在这种时候就会有季节性的资本流出，公司的现金也会受到影响，呈现下降趋势，但是因为销售高峰时期的来临，其会售卖出更多的产品，现金也会得到恢复，甚至会呈现上涨趋势。

2. 预防性目的

预防性目的的具体内涵为：公司必须要拥有一定的现金，以应对突发事件。突发事件发生的原因是多种多样的，可能是人为的，也可能是无意的。比如社会经济的变化，相关政策的改变，企业的客户群体遭到流失，等等。虽然财务管理人员会有各种各样的方式对公司所需要的资本流量进行评估计算，但因为这些突发因素的影响，事情不能朝着预期的方向发展，财务部门对公司的相关管理政策在一定程度上就会失去作用。从这一层面出发，公司为了能够较好地面对突发事件，其必须要准备足够的资金避免突发事件带来的影响。

当公司确定预防性目的的具体资金金额时，必须要考虑很多的因素，其具体如下：公司愿意承担短时间资金短缺的风险程度，企业未来生产经营的收入，公司借债能力的高低。通常情况下，企业为了规避不良情况带来的影响，会较多的保留资金，当出现突发情况时以此维持公司的运转。但是如果公司的信誉较好，品牌意识形象良好，与银行有着良好的关系，其预防性资金可能会比寻常的公司要小。

3. 投机性目的

投机性目的的具体内涵为：企业必须拥有一定的资金流量，以获得突发性的获利。这种突发性的获利，在很多时候是具有偶然性的，很难抓住。举例来说，债券价格的突然下降，如果出现这种获利机会，企业没有足够的现金，那么，企业就不能把握这种获利机会。

通常情况下，公司的这三种现金管理目的，其中某一目的可以满足其他的目的，所以公司对现有金额的拥有数值不会大于这三种目的下的资金总和。

（二）现金管理的内容

现金管理的内容涵盖很多方面，其具体有：对资金的收入和支出进行合理的规划，达到合理评估预期所需要资金的目的；对平时的流动性资金进行管理，让资金更好地发挥作用；用专业的方法评估企业所需要的现金持有量。如果企业的资金出现与最优的现金数额不一样的情况，企业一般会用筹集资金或者对外投资的方式，让预期的资金和实际的资金保持一致。

二 现金预算管理

（一）现金预算的概念

现金预算的具体内涵为：公司在对自己的生产经营进行规划的

时候，用现金管理作为其指导目标，对影响资金收入和支出的各种情况进行调查研究评估，用较为合适的方法对公司未来的资金具体情况进行预期推测，如果出现差异，根据不同的情况，采取不同的方式，对其进行处理。其具体的解决方式与公司的管理和生产有很大的联系。

（二）现金预算的目的

如果公司的资金金额大于实际或者小于实际，就说明公司的现金管理情况没有达到理想的状态。因此，对资金金额的支出和流入进行合理的规划，让资金金额的实际水平达到理想的状态，是极其关键的。为了公司能够达到资金金额的现行量和预期相等的目的，企业必须对预期资金的支出和收入做出合理的评估，计算具体的现金金额。进行现金预算对现金管理的好处如下。

1. 能够很好地反映资金金额过多或者过少的情况，让公司对资金进行合理的管理，资金过多的时候，可以利用对外投资的方式平衡资金；资金过少的时候，可以利用筹资的方式去筹集资金，使资金的数额达到理想的状态。

2. 能够很好地对以前的财务管理进行了解，评估出公司债款偿还的能力。

3. 能够对财务管理的计划进行评测。

公司必须拥有一定的资金数量，去应对突发情况造成的资金短缺问题，但是也必须把握资金的数额，不能把太多的资本放在这种没有实际意义的事情上。通过对资金进行预算，能够很好地对未来所需资金进行评估，有利于实现资金的收支平衡。

（三）现金预算的方法

对现金进行预算的办法有两种，具体如下。

第一种是收支预算法。收支预算法是现如今企业运用的最多的对现金进行编制的方法。它的具体操作是：把未来预期所产生的一切现金支出和收入进行整理归纳并把它填入相关的表格里面，用来推测现金的支出和收入，然后采取恰当的经济政策。这种方法比较直观，容易明白。

在这种类型的预算法下，对现金的预算主要有以下步骤。

首先，对预期时间里面的现金收入进行评估。换句话来说，就是根据公司的收入预测通过相关的计算得到公司预期时间内所能够得到的资金数额。

其次，对预期时间里面的资金支出进行评估。换句话来说，就是根据公司的支出预测通过相关的计算得到公司预期时间内所支出的资金数额。

再次，对资金的数额进行计算，根据特定的计算方式对公司在预期时间里面的资金数量评估，了解公司的资金现状。其计算公式如下：

$$\text{预算时间里面的现金数值} = \text{预期的资金数值} + \text{预算时间里面的资金流入} - \text{预算时间里面的资金现金} - \text{预算时间里面的资金余额}$$

最后，现金融通。其通过特定的计算得到最终资金的数额，然后对其进行处理。资金过多的时候，就采用对外投资或者提前还款的方式增加公司的收益，当资金不足的时候，就采取筹集资金的方式。

第二种是调整收益法。这种类型的预算方法是公司通过特定的计算方法去推算资金的净收益，并以此作为基础对相关方案的资金收入和支出进行计算，达到净收益与资金流量相互联系的目的，根据计算的结果推算出资金的盈缺，然后采取相应的财务政策。如果用这种方法对资金进行评估预算，必须先制定专门的表格，让里面的事项相互对应，最终求得预估的资金。这种计算方法和净利润入手的表格有一定的相似之处。

这种类型的现金管理方法，它独有的计算优点，在一定程度上能够规避净收益和资金现行量不等的固有弊端。但是其是用比较间接的方式体现出来的，所以对现金具体的分析评估是有一定影响的。

三　现金持有量的确定

明确现金持有量的办法有很多，其具体如下。

（一）成本模型

成本模型的重点为，现金的持有是有相关成本的，如果想要现金的持有数值达到理想的效果，必须让现金持有的成本达到最小的数值。这种类型的模型把金额的成本和以下方案的成本纳入考虑的范围。

1. 机会成本

现金机会成本的具体内涵为：公司因为拥有的金额不能达到再投资的数值，所以不能进行再次投资。再次进行投资的收益公司必须避免再次用该现金对相关类型的债券成本进行投资，该种类型的成本在一定程度上和资金成本等同。在这里面，公司的金额拥有量乘以证券的利率等同于机会成本。

未能成功再次投资的收益属于变动成本的类型，再投资和拥有现金数量的多少有很大的关系。现金的拥有数值越小，其机会成本也就越小，投资机会成本也会越小。二者呈正相关。

2. 管理成本

现金管理成本的内涵具体指的是：公司因为拥有一定的现金数量从而产生的相关管理费，如管理设备的费用、人工的费用等。通常情况下，这些默认为固定成本，这种类型的成本如果控制在相关的数值内，那么其和现金的持有数值关系是比较小的。

3. 短缺成本

现金的短缺成本的具体内涵是指：这是因为现有的资金不够，也不能够及时地筹集到资金对企业生产经营过程中的突发情况进行补救，在这种情况下，就会造成公司的直接损失和间接损失。这种类型的成本和资金的持有量是呈负相关的。公司的资金拥有的数量越多，那么期待短期新成本就会越小。反之亦然。

对公司的成本进行分析的具体内涵为：公司从本身持有的资金成本出发，该公司资本总成本最低的时候，对该公司的资金持有量进行评估预测的方法。

具体的计算方式如下：

资金理想状态下的资金持有量的资金总成本＝最小值，在这里面，第二种成本属于公司的固有成本，第一种成本属于正相关成本，第三种成本为负相关成本。

例 6—1：假设某一个企业现在有四种相关资金数量的拥有方案，这四种资金持有方案的具体情况如表 6—1 所示。现在如果假定资金的概率成本为 10%，根据相关的要求，计算在什么样的情况下，该公司的资金持有数值会达到理想的状态。

表 6—1　　现金持有方案　　单位：元

方案项目	甲	乙	丙	丁
现金平均持有量	25000	50000	75000	100000
机会成本	3000	6000	9000	12000
管理成本	20000	20000	20000	20000
短缺成本	12000	6750	2500	0

这四种方案的总成本计算结果如表 6—2 所示。

表 6—2　　现金持有成本　　单位：元

方案项目	甲	乙	丙	丁
机会成本	3000	6000	9000	12000
管理成本	20000	20000	20000	20000
短缺成本	12000	6750	2500	0
总成本	35000	32750	31500	32000

把这四种方案的总成本进行比较，我们能够了解到，第三种方案的总成本金额是最小的，所以该方案的资金持有量就是该公司最理想的状态。

（二）存货模型

对资金的最理想数值进行确定的基础性模型为存货的经济相关模型。存货的经济批量这一模型的起源是美国，是经过专业的研究者调查研究得出来的。这种类型的模型，预估公司的资金收入每段时期就会产生，然而，资金的支出一定是在每隔一段时间内均匀支出的。在这一段时间里面，公司可以通过出售相关的债券来获得相关的资金。怎么样对债券和现金的转换量进行评估计算，是一个值得挖掘的难题。这一问题可以运用存货模型进行解决。

现金的交易成本的含义为：相关证券换算成现金所要支付的手续成本。这种类型的交易成本和现金的转换次数以及转换的数量有很大的联系。如果现金的交易成本是一个固定的值，假设公司在一定时期范围里能够确定资金的使用数值，其相关债券换得资金数额就会越高，其次数手续成本也会减少；如果公司在一定时期范围里不能确定资金的具体使用数值，那么其相关债券换得的次数就可能越多，其成本就会越高。从这一层面我们可以了解到，资金交易成本的高低和其持有量是呈负相关的，现金的相关总成本曲线见图 6—1。

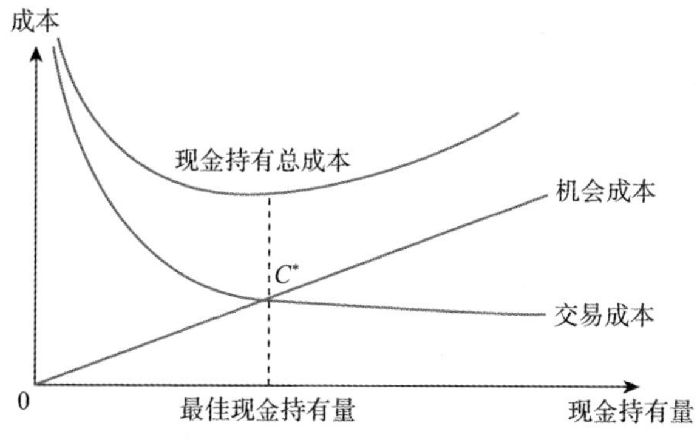

图 6—1 存货模型的现金持有总成本

在这个模型图里面，现金的机会成本以及现金的交易成本和现金持有量的相关折线是不同的，两条曲线相交的时候，出现的现金持有量数值，就为最理想状态下的资金。所以公司必须找到曲线的交点，去找到理想的现金值。如果要想找到机会成本和交易成本的交点，就必须要对以下三点有明确的认识。

第一，一段时间范围内的资金需求量，用字母 T 表示。

第二，用销售相关债券的方式获得的资金所付出的成本，用字母 F 代表；那么就能通过公式计算出其证券的交易总成本：

$$交易成本 = (T/C) \times F$$

第三，现有资金持有的成本率，用字母 K 表示；一段时间范围内的资金总成本的计算公式为：

$$机会成本 = (C/2) \times K$$

$$资金的总成本 = 机会性成本 + 交易性成本$$

从上面的图片我们可以了解到，现金的机会成本和交易成本出现交点的时候，那么其数值 C 就代表最佳资金的持有数量，所以基于这种情况，C 应该满足 $(C^*/2) \times K = (T/C^*) \times F$ 的等式，通过整理可以得到：

$$C^* = \sqrt{(2T \times F)/K}$$

例 6—2：光明企业现在每个月的资金总需求为 52 万元，如果用相关的债券转化为资金的具体费用，假设为 1000 元，持有资金的成本率为 9%，那么我们可以通过相关的公式知道该公司最理想资金的持有量数值，其具体计算如下：光明公司每月现金需求总量为 520000 元，每次现金转换的成本为 1000 元，持有现金的（月）机会成本率约为 10%，则光明公司的最佳现金持有量为：

$$C^* = \sqrt{\frac{(2 \times 5200000 \times 1000)}{10\%}} = 323480\ (元)$$

那么我们通过公式可以知道，该公司的最佳资金持有量为 323480 元，如果该公司的资金持有量超过这个数值，那么其投资收益就会有所减少，如果公司的资金持有量低于这个数值，那么，公司的支付危险就会增加。

（三）米勒－奥尔模型

这种类型的模型的成立基础是一种具有不确定性的现金管理模型。它假定企业没有办法对每日的现金支出情况进行判断，那么资金的流量就跟从正态来看，并且在这种情况下，公司的持有现金和证券能够进行兑换。如果企业的资金持有量在一个具体的范围上下波动，就说明公司的资金持有量在一个较为理想的状态。如果资金的数额到达上限，就把资金转换为债券；反之亦然。

图6—2就是这一模型，它有最高和最低控制线，回归线在控制线里面波动。在这里面影响最低控制线的原因不仅仅是该模型，还有企业的生产经营能力、筹集资金的能力等因素。

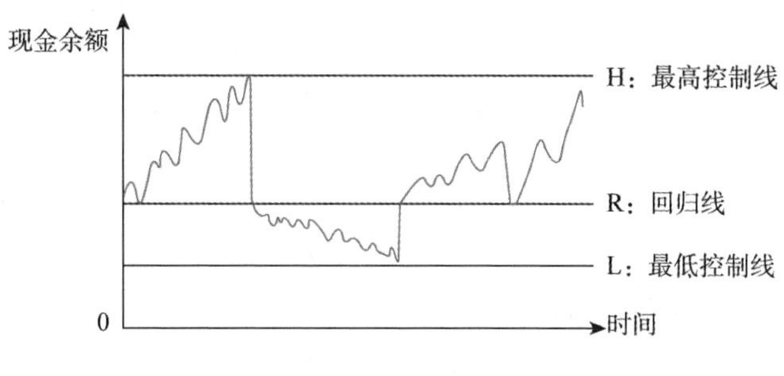

图6—2　米勒—奥尔模型

回归线R可按下列公式计算：

$$R = \sqrt[3]{\frac{3b \times \delta^2}{4i}} + L$$

在这个表达式里面，b代表的是相关证券变为现金时所需要付出的成本，i代表每日公司支出和收入的现金成本。

H的计算公式为：H＝3R－2L

这一模型对每一个公司的理想资金持有额都可以进行预算。

例6—3：假设光明企业的相关负责人决定最低控制线的数值是10000元，同时假定该企业的资金流量标准差为1000元，相关持有资金的成本为14.2%，对其进行换算得到i的数值为0.00039，b为150元。

解：$$R = \left[\frac{3 \times 150 \times 1000^2}{4 \times 0.00039}\right]^{\frac{1}{3}} + 10000 = 12347\text{（元）}$$

$$H = 3 \times 12347 - 2 \times 10000 = 17041\text{（元）}$$

如果企业的理想资金为 12347 元，公司的资金数值为现金余额 17041 元，应该买进的债券数值为 12134 元，当资金的数值为 10000 元的时候，那么应该出售证券 6703 元。

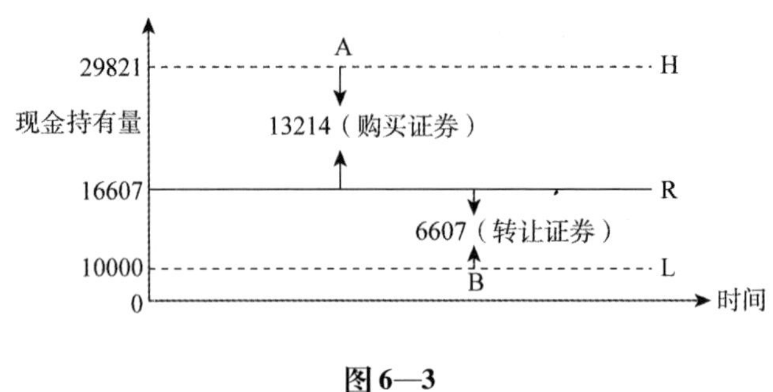

图 6—3

四　现金的日常控制

对资金进行有效的管理，有如下几种方法。

（一）实现资金流动相同步

公司的资金支出和收入是很难对其进行预估的，所以为了解决这种问题带来的麻烦，公司通常情况下要保留比理想值更多的资金数额。为了企业能够更好地获得利润，公司的相关管理人员必须对资金的流动进行监测管理，让资金的支出和流入能够实现合理的平衡，达到相同步的效果，减少公司的资金持有成本。

（二）对资金的数额进行合理的评估

因为公司的资金数额和银行之间的数额，具有一定的时差性，所以会出现一些差异。出于公司能够正常生产经营的目的，相关的人员必须了解这个差异，以便对企业的资金进行正常的评估，在一定程度上规避企业经营风险的存在。

（三）在公司的内部制定资金管理的制约政策

在公司内部制定资金管理的制约政策，账钱分离，落实好相关的主体责任，让相关人员相互监督，让资金得到更好的管理。

（四）对资金进行定期的清理

对资金的管理应该做到按期进行计算，让公司的实际金额和预估的金额相符，从而更好地对资金进行评估，对资金进行管理控制。

第三节　应收账款管理

一　应收账款的功能

公司提高其销售量，来谋得更大的利益。应该收到的钱款被企业当作投资的时候，也会产生成本，所以公司必须要在这两者之间进行一个平衡。其具体的功能如下。

（一）增加销售的功能

在市场中，公司通过赊销的方式，为消费者提供产品，也提供了金钱，消费者将从中获利。这种方式可以增加公司的利润和销售数量。

赊销增加的消费品不会增加相关的成本，其收益和销量以及单位产品的价格有很大的关系。

（二）减少存货的功能

当公司拥有存货的时候，会产生相关性的成本费用，通过赊销可以规避这些成本。所以，当相关的存货成本变高的时候，企业就会采取这种方式提高公司的利润。

二　应收账款的成本

（一）应收账款的机会成本

企业在生产经营过程中的资金，往往会被应收账款占据一部分，这类资金如果不放于这一环节，那么开展其他投资活动，能够收获的收益将会更高，例如只投资债券就能够获得相应的利息，因为投放于应收账款而放弃其他投资收益的行为，就被称作应收账款的机会成本。

（二）应收账款的管理成本

在开展应收账款管理活动时，所增加的费用就被称作应收账款的管理成本，它主要是由调查顾客信用状况的费用以及收集各种信息的费用共同组成。

（三）应收账款的坏账成本

坏账成本主要是赊销交易中债务人无法偿还债务，给债权人所造成的损失。企业在生产经营过程中有极大的可能出现坏账成本，通常情况下它与应收账款的数量成正比例关系。

坏账成本 = 赊销额 × 预计坏账损失率

例 6—4：光明公司预计 2019 年度销售收入净额为 3600 万元，应收账款的平均收账天数为 60 天，变动成本率为 50%，公司的资金成本率为 10%。一年按 360 天计算。

要求：

1. 对 2019 年度应收账款的平均余额进行计算；
2. 对 2019 年度应收账款占用资金进行计算；
3. 对 2019 年度应收账款的机会成本进行计算；
4. 假设 2019 年应收账款平均余额需要控制在 400 万元，其他因素不变，需要对应收账款平均收账天数进行如何调整？

解析：

1. 应收账款的平均余额 = 3600/360 × 60 = 600（万元）
2. 应收账款占用资金 = 600 × 50% = 300（万元）
3. 应收账款的机会成本 = 300 × 10% = 30（万元）
4. 应收账款的平均余额 = 日赊销额 × 平均收账天数

400 = 3600/360 × 平均收账天数

所以平均收账天数 = 40（天）。

三 应收账款政策

在新时期发展过程中，企业财务政策也逐渐形成了应收账款政策这一重要部分。企业在发展过程中必须高度重视信用政策的制定，以此实现自身的可持续发展，它主要是由如下三个部分组成。

（一）信用标准

信用标准主要是企业同意向顾客提供商业信用所推出的基本要求，判别标准通常由预期的坏账损失率组成。企业在生产经营过程中，如果具备严格的信用标准，只会给予较好信用的客户进行赊销，这样能够对坏账损失进行有序把控，但是会对企业的销量造成一定程度的负面影响。反之尽管销量上升了，但是企业的最终利润并没有得到较大提高。

例 6—5：光明公司在当前信用政策下的经营情况如表 6—3 所示。

表 6—3　　光明公司在当前信用政策下的经营情况

项目	数据
S：销售收入（元）	100000
P：销售利润率（%）	20
C：平均收现期（天）	45
B：平均坏账损失率（%）	6
R：应收账款占用资金的机会成本率（%）	15

该公司在生产经营过程中，高度重视信用标准的完善，并推出了 A、B 两个方案，预计产生的变化如表 6—4 所示。

表 6—4　　光明公司备选的两种信用标准

项目	方案 A（较紧的信用标准）	方案 B（较松的信用标准）
销售收入	减少 10000 元	增加 15000 元
收现期	销售收入减少部分的平均收现期为 90 天，剩余 90000 元的平均收现期降为 40 天	销售收入增加部分的平均收现期为 75 天，原 100000 元的平均收现期仍为 45 天
坏账损失率	销售收入减少部分的坏账损失率为 8.7%，剩余 90000 元的平均坏账损失率降为 5.7%	销售收入增加部分的坏账损失率为 12%，原 100000 元的平均坏账损失率仍为 6%

为了对上述两种方式进行科学评价，需要对其中的收益和成本进行计算，具体方式如表 6—5 所示。

表 6—5　　光明公司备选的两种信用标准测算结果

项目	方案 A（较紧的信用标准）	方案 B（较松的信用标准）
销售利润	P =（100000 - 10000 × 20% = 18000	P =（10000 + 15000 × 20% = 23000
应收账款机会成本	I =（100000 - 10000 × 15% × $\frac{40}{360}$ = 1500	I =（100000 × $\frac{45}{360}$ + 15000 × $\frac{75}{360}$） × 15% = 2344
坏账损失	K =（100000 - 10000） × 5.7% = 5130	K = 100000 × 6% + 15000 × 12% = 7800
净收益	A 方案净收益 = 18000 - 1500 - 5130 = 11370	B 方案净收益 = 23000 - 2344 - 7800 = 12856

在此次计算的过程当中，最终结果运用四舍五入的方式。

上述结果表明运用 B 方案能够让公司获取更多净收益。

计算上述两种方案产生的净收益，并以最终净收益的高低来开展相应决策，这种方法也被称作总量法。

（二）信用条件

信用条件主要是由信用期间等相关内容组成，是企业要求顾客支付赊销款项的条件，企业在制定相应发展策略时，往往也会对这一方面提出更高的要求。例如，账单中的“2/10，n/30”就属于信用条件的范畴。规定客户如果能够在发票开出 10 天内就付清所有款项，那么能够享受的现金折扣为 2%，如果不想取得折扣，那么也需要在 30 天内付清所有款项，其中信用期限是 30 天，折扣期限为 10 天，现金折扣为 2%。

要想实现销量的提升，那么可以结合更加优惠的信用条件，此时也必然会在应收账款、机会成本等诸多方面获得更大的压力。

例 6—6：该公司的现阶段经营状况可以选用的方案如表 6—6 所示。

表6—6　　光明备选的两种信用条件下的有关资料

项目	A方案	B方案
信用条件	n/45	2/n，n/30
销售收入	增加20000元	增加30000元
平均收现期	60天	30天
坏账损失率	全部销售收入的平均坏账损失率为8%	全部销售收入的平均坏账损失率为4%
折扣收入百分比	需付现金折扣的销售收入占总销售收入的百分比为0	需付现金折扣的销售收入占总销售收入的百分比为50%

结合相应资料来对信用条件、销售利润和各种成本的影响进行测算，具体结果如下所示，B方案所能凸显的收益处于更高水准，因此可以选用B方案。见表6—7所示。

表6—7　　光明公司可供选择的A、B两种信用条件方案测算结果

项目	A方案	B方案
信用条件变化对销售利润的影响	$\triangle P_A = \triangle S_A \times P'$ $=20000 \times 20\% = 4000$	$\triangle P_B = \triangle S_B \times P'$ $=30000 \times 20\% = 6000$
信用条件变化对应收账款机会成本的影响	$\triangle I_A = \left(S_0 \times \frac{\overline{C_A} - \overline{C_0}}{360} + \triangle S_A \times \frac{\overline{C_A}}{360}\right) \times R_0$ $= \left(10000 \times \frac{60-45}{360} + 20000 \times \frac{60}{360}\right)$ $\times 15\%$ $=1125$	$\triangle I_B = (S_0 \times \frac{\overline{C_B} - \overline{C_0}}{360} + \triangle S_B \times \frac{\overline{C_B}}{360}) \times R_0$ $= (10000 \times \frac{30-45}{360} + 30000 \times \frac{30}{360})$ $\times 15\%$ $= -250$
现金折扣成本的变化情况	$\triangle D_{mA} = 0$	$\triangle D_{mB} = (S_0 + \triangle S_B) \times D_B \times 2\%$ $= (100000 + 30000) \times 50\% \times 2\%$ $=1300$

续表

项目	A 方案	B 方案
信用条件变化对坏账损失的影响	$\Delta K_A = \Delta S_A \times \overline{B_A} + S_0 \times (\overline{B_A} - \overline{B_0})$ $=20000 \times 8\% + 100000 \times (8\% - 6\%)$ $=3600$	$\Delta K_B = \Delta S_B \times \overline{B_B} + S_0 \times (\overline{B_B} - \overline{B_0})$ $=30000 \times 4\% + 100000 \times (4\% - 6\%)$ $=3600$
信用条件变化产生的净收益	$\Delta P_{mA} = \Delta P_A - \Delta I_A - \Delta D_{mA} - \Delta K_A$ $=4000 - 1125 - 0 - 3600$ $=-725$	$\Delta P_{mB} = \Delta P_B - \Delta I_B - \Delta D_{mB} - \Delta K_B$ $=6000 - (-250) - 1300 - (-800)$ $=5750$

（三）收账政策

一旦出现违反信用条件的状况，所运用的收账策略就被称作收账政策。企业在生产经营过程中，如果高度重视积极收款政策的运用，那么必然会对收款筹资进行有效把控，此时也必然伴随着收账成本的提升，反之收账费用则会进一步减小，通常情况下企业必须重视信用标准的参考，以此实现收账策略的科学性。

例 6—7：光明公司在不同收账政策条件下的有关资料如表 6—8 所示。

表 6—8　光明公司在不同收账政策条件下的有关资料

项目	现行收款政策	建议收账政策
年收账费用（元）	10000	15000
应收账款平均收现期（天）	60	30
坏账损失率	4	2

该企业应收账款机会成本为 10%，具体计算结果如表 6—9 所示。

表 6—9　　光明公司不同收账政策的效果对比　　单位：元

序号	项目	现行收账政策	建议收账政策
1	年销售收入	1200000	1200000
2	应收账款周转次数	6	12
3	应收账款平均占用额	200000	100000
4	建议收账政策节约的机会成本	——	10000
5	坏账损失	48000	24000
6	建议政策减少坏账成本	——	24000
7	两项节约合计（7 =4 +6）	——	34000
8	按建议政策增加收账费用	——	5000
9	建议政策可获收益（9 =7 –8）	——	29000

按建议收账政策可获收益 29000 元，故应采用建议收账政策。

四　应收账款的监控

为了保障信用政策的稳步实施，因此企业必须对应收账款的每一项支出进行合理把控，在对重点监控对象进行监控时，也需要重视 ABC 分析法的重要作用。

在新时期发展过程中，企业必须高度重视应收账款总体水平的作用并对其进行监督，主要是因为企业的流动性往往会由于应收账款的增加而获得提升，此时也必然会出现额外融资需求。企业管理部门也需要对此加大关注，采取及时有效的手段进行纠正。企业通过分析应收账款总额也能够更加科学的对未来现金流入的金额以及时间进行有力把控。

（一）应收账款周转天数

在对应收账款管理状况进行衡量时，通常会运用应收账款周转天数这一指标，企业整体的收款效率可以通过对当前应收账款周转天数与规定信用期限等相关数值进行比较得出，但是应收账款周转天数在很大程度上也会受到销量变动等诸多因素的影响。

例 6—8：远方公司 2020 年第一季度应收账款平均余额为 285000

元，信用条件为在60天内按全额付清款项，3个月的赊销情况为：

1月份：90000元；2月份：105000元；3月份：115000元

应收账款周转天数的计算：

$$平均日销售额 = \frac{90000 + 105000 + 115000}{90} = 3444.44（元）$$

$$应收账款周转天数 = \frac{应收账款平均余额}{平均日销售额} = \frac{285000}{3444.44} = 82.74（天）$$

平均逾期天数的计算：

$$\begin{aligned}平均逾期天数 &= 应收账款周转天数 - 平均信用期\\ &= 82.74 - 60\\ &= 22.74（天）\end{aligned}$$

（二）账龄分析表

在对应收账款管理状况进行衡量中过程中，也可以运用账龄分析表这一方式。企业在开展账龄分析工作时，可以结合应收账款总额，也可以结合顾客的特征开展运用这一方式能够对逾期应收账款进行确认，逾期时间的增加，也预示着应收账款回收可能性更小，假设信用期限是30天，如表6—10所示的账龄分析反映出30%的应收账款是逾期账款。

表6—10　　账龄分析表

账龄	应收账款金额（元）	占应收账款总额的百分比（%）
0－30天	1750000	70
31－60天	375000	15
61－90天	250000	10
91天及以上	125000	5
合计	2500000	100

在对应收账款的变化趋势进行分析的过程中，结合这一方式所展现出来的周转天数的变化能够更加精准。应收账款的周转天数与信用期限存在一致性，也存在相关账户拖欠严重的现象，这一方式的运用

并不能够将账款的拖欠情况进行清晰展现。一旦出现各个月之间销售的变化很大的状况，账龄分析表以及应收账款周转天数所展现出来的错误信号都极为显著。

（三）应收账款平均账龄

此外，不算收款账户平均年龄，金融高管经常计算应收款账户的平均年龄，就是该公司没有得到的所有应收账户平均年龄。这意味着有两种广泛使用的方法来计算应收款的账龄。

第一种方法：计算每个未付账户的平均加权年龄。单个发票的份额占应收款总额的很大一部分，作为一个重要的参考。

第二种简化方法：使用包含年龄分析的电子表格。假如账户的年龄是 15 天，根据所有应收款账户的到期日期从 0 天到 30 天的中间；账户的年龄是从 31 天到 60 天的中间，应收款的到期日期为 45 天，但是所有应收款账户的年龄是 61 天到 90 天，则所有应收的账户年龄为 75 天。因此，使用平均 15、45 和 75 的比率，可以计算出该账户的平均年龄，也可以算出应收的账款所占全部应收款的比例，因为应收款总额为 0—30 天、31—60 天和 61—90 天。

例 6—9：根据表 6—11，计算光明公司应收账款的平均账龄。

表 6—11　　　　光明公司的账龄分析表

账龄	金额（元）	百分比（%）
0—30 天	12100	44.82
31—60 天	8600	31.85
61—90 天	6300	23.33
91 天以上	0	
合计	27000	100.00

$$应收账款平均账龄 = 15 \times 44.82\% + 45 \times 31.85\% + 75 \times 23.33\%$$
$$= 38.6（天）$$

（四）ABC 分析法

ABC 分析是现代经济管理中广泛使用的“定向和通用”管理方

法，也被称为定向管理方法，即是抓重点，照顾一般的方法。这是一种按企业规模分类所有负债客户的方式，然后采用不同的方式偿还债务的方法。它一方面允许加快应收款程序，另一方面与预期收入联系起来。

表 6—12

分类	特点	管理方法
A 类客户	超过期限金额占超过期限总额的百分比高	这些客户是汇款的主要受益人；可以发送一个更严格的提醒，由特别人员发送或接收，或委托一名装货代理，甚至可以通过法律处理
B 类客户	超过期限金额比超过期限总额的百分比中	可以催他们，比如多打电话和多发电子邮件信息
C 类客户	超过期限金额占超过期限总额的百分比低	对 C 类客户发出付款通知

例 6—10：该公司使用一种 ABC 的分析方法，以加强对应收账款超过期限的 260 万美元应收款的控制。具体数据出现在表 6—13 中。

首先，根据所有客户拖欠的欠款金额数量多少排队，并计算拖欠金额的百分比。表 6—13 显示，第一类是 A 类，A 类是重点催款的客户，应收款超过期限的金额超过 25 万元的公司有 3 家，超过客户总数的 6%，超过期限的金额有 165 万元，占超过期限总额的 63.46%；第二类是 B 类，应收款超过期限的金额在 10 万元到 25 万元的公司有 5 家，超过客户总数的 10%，超过期限的金额占应收款占超过金额总额的 30.77%；第三类是 C 类，应收账款超过期限在 10 万元以下，占客户总数的 84%，但是超过期限的金额只占超过期限总额的 5.77%。

对于这三类不一样的客户，应采用不同的付款方式。比如，在 A 类客户的情况下，可以提供更严格的提醒或指定特定人员接收或委托给托运代理人，或者这是法律规定的根据法律判定；B 类客户可以发送一些额外的电子邮件或电话来催；对 C 类客户发送付款通知，使其知道付款情况。

表 6—13　　　欠款客户 ABC 分类法（共 50 家客户）

顾客	逾期金额（万元）	逾期期限	逾期金额所占比重（%）	类别
A	85	4 个月	32. 69	A
B	46	6 个月	17. 69	
C	34	3 个月	13. 08	
小计	165		63. 46	
D	24	2 个月	9. 23	B
E	19	3 个月	7. 31	
F	15. 5	2 个月	5. 96	
G	11. 5	55 天	4. 42	
H	10	40 天	3. 85	
小计	80		30. 77	
I	6	30 天	2. 31	C
J	4	28 天	1. 54	
…	…	…		
小计	15		5. 77	
合计	260		100	

五　应收账款日常管理

应收账款管理面临着巨大的挑战，比较难管理，一旦确定了明智的信贷政策，就需要每天管理应收款，包括对客户的信用能力进行调查和分析、应收款止赎等。

（一）客户信用调查

信用调查意味着收集和处理反映客户相关资料信用的信息。信用调查是企业日常应收款管理的基本，也是正确评估客户信用能力的先决条件。主要以两种方式对客户进行信贷审查。

1. 正面调查

正面调查意味着调查人直接跟被调查的人见面，获取信用信息，经过私人谈话，调查、观察等直接调查。这种调查方法可确保准确性和及时收集信息，但却有着特定的限制，获得的往往是感性资料，如果未能得到主体单位的合作，就会加大调查工作的难度。

2. 侧面调查

侧面调查是一种通过处理和处理储存在调查单位和其他单位的原始账户和账户信息，从调查单位获得信贷信息的方法。这些信息主要来自以下几个方面。

财务报表。对财务报表的分析能够了解企业的财务和信贷状况等一些基本资料。

信用评级机构比专业信贷评估部门更有权威，因为它们的评估方法更先进、更彻底、更有效率，并且很细致、很合理，信用度极高。在我国，目前有三种信用评级机构：一是独立的社会评级机构，只靠自己的业务能力吸引相关专家，不论行政干预和群体利益如何，自行进行信用评估；二是由负责政策、保险公司和通常在不同领域的专家组成的评估机构进行专门的评估；三是由商业银行、商业保险公司组织的评估机构通过商业银行和商业保险公司的专家来评估其客户。

银行。信用部是银行信用资料的重要收录处，该部门还负责对顾客进行信用状况的评估和记录。但银行的资料通常只在本行业互通，其他单位一般接触不到。

其他途径包括财税、工商管理部门，还有消费者协会等机构都可能有与信用状况相关的资料。

（二）进行客户的信用评估

分析、评价信用资料的时候，企业通常会使用“5C”系统和客户本身信用综合划分等级。在信用等级划分的时候，一般有两种方法：一种是三类九等，一种是三级制。

（三）关于拖欠款项如何催收

不同的逾期账款的催收方式，构成了企业的催收政策，收账也是信用管理的主要内容之一。通常的做法是：对于短期客户，不要过多的问询，以防市场丢失；对于稍微长期的客户，可以写信催促；对于长期不还款的客户，就需要经常催促，并使用较严厉的语言。

因为相关过程的每个步骤都需要成本，所以收集政策还必须平衡收集成本和减少坏账损失，这在很大程度上取决于业务经理的经验，根据应收账款总成本最小化的原则，催收过程中的一系列具体步骤可以通过比较各种催收方案的成本来确定，这取决于账户逾期时间的长短、负债的规模等因素。典型的收钱过程一般分为以下几步。

刚开始逾期几天时，对逾期人进行"温馨提示"。如果依旧没有还款，就利用邮件，措辞严厉和迫切促使欠款人还款。送出几封信后，欠款人还没有动静就需要打电话进行催款，就算可以收回部分也比一点不收回的好。面对大客户，可以亲自上门追讨，请求付款。还可以派遣专门收款人或者直接交给专门的收款机构。最终实在行不通，就要通过法律的手段来进行应收账款的催收。在收款过程中，刚开始要友好交涉，到后面逐步严厉。当收款成本大于收款款项，那么就要及时止损，放弃追讨。

第四节　存货管理

一　存货的目标

生产经营过程中企业的存货一般涵盖原材料、燃料、低值易耗品、在制品、半成品、合作零部件和采购货物等储备出售或消耗的物资。

一方面企业持有库存可以保证生产经营或销售的正常进行，另一方面原材料在零采时的价格通常比较贵，大量采购的时候获取的优惠力度可以大大缩减成本。但有时候过多的库存还会增加储存成本、保险、维护和管理人员薪金等在内的费用。因此，在保证生产或销售需求的同时，库存管理要将成本最小化。具体来说，包括下面几个内容。

（一）保证正常生产的进行

生产过程中的物质保证就是原材料的供应。企业有存货储备能够有效减少生产中断、停工待料的事件的出现，使生产过程顺利进行。

（二）增强销售的灵活性

企业有充足的库存储备可以提高企业适应市场变化的能力，以避免在市场需求激增时失去大赚一笔的机会。大部分时候，客户倾向于分批购买，以节省采购成本和其他费用。为了实现最优的运输批量，企业也会组织批量装运，因此保持一定的库存也有助于进行销售。

（三）保持生产平衡，减少产品生产成本

对于季节性产品或有大需求波动的产品，如果按需求组织生产，产能有时可能得不到充分利用，有时可能还会因为压力过大导致产生大量生产成本。但是企业如果有一定量的原材料和成品，就能够避免这种情况的发生。

（四）减少存货成本

企业经常选择集中进货，不仅是为了减少订货次数，更是为了享受更低折扣的价格，以此来减少进货成本。

（五）尽量避免意外情况发生

二　存货的成本

存货的存放一定会产生费用。一般存货产生费用的地方有以下几种。

（一）购买成本

采购时的价格、运费和其他费用一般与采购数量大致一样。为了减少成本产生，企业可以进一步研究材料的供应情况，比较商品和价格，努力采购质优价廉的材料。

（二）订单成本

订购成本是指订购材料和商品产生的费用。订单的费用通常与订购的数量无关，而与订单次数有关。为了降低订单成本，企业一般会一次采购足量材料。

（三）存储成本

仓储费是需要支付的储存费、手续费、保险费、利息等。某一时

期的总库存成本等于该时期平均库存数量与单位库存成本的乘积。为了降低仓储成本，企业需要小批量采购，以减少仓储量。

此外，企业还应考虑因物料储存过度、时间过长而造成的变质、损坏的损失等。

三　准确把握最优存货量

存货决策包括四个部分：确定采购项目、选择供应商、确定采购时间和确定采购数量。根据管理库存的需求，通过合理的采购数量和采购时间来使库存总成本最小化。每次执行的订货批量或经济批量，计算主要利用的就是经济订货模型。

（一）经济订货基本模型

基于严格的、系列的假设来保证基本模型的可利用性。这些假设一般包括：库存可以得到及时补充，在企业有订单需求时保证足够的存货供应；所有订单库存可以一次性满足，不需要连续存储；缺货成本为零；并且没有固定的订单成本和固定的存储成本；有稳定不变的库存供应，单价长期保持一致；企业现金流稳定，不会缺货，不会影响采购。

满足这些假设情况以后，若全年需求量为 A，每批订货量为 Q，各批订货成本为 F，每件存货的年储存成本为 C，可以得到：

$$\text{订购批数} = \frac{A}{Q}$$

$$\text{平均库存量} = \frac{Q}{2}$$

$$\text{订货成本} = F \times \frac{A}{Q}$$

$$\text{储存成本} = C \times \frac{Q}{2}$$

$$\text{总成本}\ T = F \times = \frac{A}{Q} + C \times \frac{Q}{2}$$

令总成本的公式的一阶导数等于0，即：

$$T' = \left(F \times \frac{A}{Q} + C \times \frac{Q}{2}\right)' = \frac{C}{2} - \frac{AF}{Q^2} = 0$$

得到

$$经济批量\ Q = \sqrt{\frac{2AF}{C}}$$

$$经济批数 = \frac{A}{Q} = \sqrt{\frac{AC}{2F}}$$

$$总成本\ T = \sqrt{2AFC}$$

例 6—11：光明公司全年需要甲零件 1200 件，每次订货的成本为 400 元，每件存货的年储存成本为 6 元。计算光明公司的经济批量。

$$经济批量\ Q = \sqrt{\frac{2AF}{C}} = \sqrt{\frac{2 \times 1200 \times 400}{6}} = 400(件)$$

$$经济批数\frac{A}{Q} = \sqrt{\frac{AC}{2F}} = \sqrt{\frac{1200 \times 6}{2 \times 400}} = 9(批)$$

$$总成本\ T = \sqrt{2AFC} = 2400\ (元)$$

（二）再订货点

在正常情况下，企业不能按需补充库存，所以需要在未用完的时候提前获取原材料。

再订货点是企业在再次订货时，为了保证在库存用完时订单刚好到达到所需要保持的库存量，其数量的确定等于平均交货时间与平均日需求量的乘积：

$$R = L \times D$$

其中，R 为再订货点，L 为平均交货时间，D 为平均日需求量。

例如，更换模具的订单日期到达日期是五天，每天的需求是 20 公斤，所以 $R = L \times D = 5 \times 20 = 100$（公斤）。

企业在有 100 公斤库存的时候，就应该准备下一次的订单，当下一次订单到达后刚好将库存用完。

（三）保险储备

保险准备金，又叫作安全准备金，是为防止存货使用量突然增加

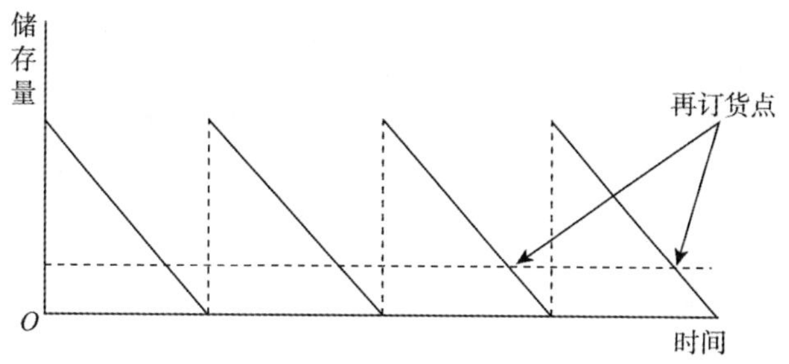

图 6—3 再订货点

或交货延误等不确定情况所持有的存货准备金，以 S 来表示。

保险准备金的多少取决于企业的预期最大日消费量和最长收货时间。日消费量越大，接收货物的时间越长，企业的保险准备金就要准备越多。计算保险公积金的公式为：

$$S = \frac{1}{2}(mr - nt)$$

其中，预计的最大日消耗量为 m，预计的最长收货时间为 r。

经济订货批量在计算过程中会受到保险储备的影响，还会影响再订货点的确定。在考虑保险储备后，再订货点计算可以按以下公式进行：

$$\begin{aligned} R &= nt + S \\ &= nt + \frac{1}{2}(mr - nt) \\ &= \frac{1}{2}(mr + nt) \end{aligned}$$

例 6—12：光明公司耗用乙零件每天为 10 件，订货需要提前的时间按 20 天来算。大约估算光明公司 12 件为最大日消耗量，25 天为最长收货时间，则光明公司：

$$\begin{aligned} \text{保险储备 } S &= \frac{1}{2}(mr - nt) \\ &= \frac{1}{2}(12 \times 25 - 10 \times 20) \\ &= 50\text{（件）} \end{aligned}$$

$$
\begin{aligned}
\text{再订货点}\ R &= nt + S \\
&= \frac{1}{2}\ (mr + nt) \\
&= 10 \times 20 + 50 \\
&= 250\ (\text{件})
\end{aligned}
$$

四 存货的控制系统

在存货管理板块，存货状态是否适合，依赖于不同的模型以及其对应的存货控制系统。固有的存货控制系统划分为定时控制与定量控制两个类型。其中定量控制系统即为存货量到达一定数量后，开始发出订货单，具体的订货数量则是提前确定的。定时控制系统则是指订货不受现有存货数量的影响，而是在间隔对应的时间后，即开始订货。由此可知，两类订货系统都相对简便，可理解性较高，但是精准度不够。如今，计算机存货控制系统已经在大型企业中得到广泛使用。在计算机中登记存货数据量，计算机可以对存货水平进行实时跟踪，登记更新货物的具体存货量。在存货水平下降到一定水平后，计算机控制系统自动发出订单，同时记录所有存货量。使用计算机系统进行存货关系，可管控的存货种类更为多样化，因此该系统也更得大型企业的青睐。对于大型企业来说，其所拥有的存货类别都是多样化的，倘若通过人工对存货进行管理，需要大量的人力、物力，且管理效果并不理想，然而选择计算机存货管理系统则可以实时高效地进行存货管理。

下面对两种类别的存货控制系统实时阐述。

（一）ABC 控制系统

ABC 控制系统可以把企业多样化的存货类别参照其不同的重要性、价值水平与资金情况划分成三种类别：其中 A 类高价值、B 类中等价值、C 类低价值存货。这三类的品种数量与价值高低比例各不相同。根据各个种类的存货，选择其对应的存货管理方式。以 A 类高价值存货来实时核心管控，高标准、高要求，对于 B、C 类存货则相应地降低标准，选择普通的管理方式。

（二）适时制库存控制系统

适时制库存控制系统最开始的提出与使用者为丰田企业，指的是制造业企业预先与供应商以及客户沟通协调，在制造企业的生产过程中，对原材料以及零件有需求时，供应商则及时供给原材料与零件；在产品生产成功之后，客户则及时取走产品，以此达到零库存，因此该系统又被叫作零库存管理系统、看板管理系统。如此一来，就能够大幅度降低制造企业的存货水平，企业的原料供给、制造与营销处于动态循环之中。显而易见，该系统稳步运转的前提是具有可靠的供应商以及合作稳定的客户量，其中任意一个环节出现问题，整个生产循环链就可能进入瘫痪状态。

如今，适时制库存控制系统已经受到更多的企业青睐，譬如沃尔玛、海尔等企业，都利用该系统来降低对存货的需要，也就是进行零库存管理。适时制管理系统在得到一定程度的发展完善之后，在企业的整个生产线得到了适用，即综合了开发、生产、存货与营销等各个环节，对于提升企业的经营管理效率有积极影响。

本章小结

第一，营运资金指的是在企业的日常生产运营中在流动资金方面所占据的。营运资金可以被划分成广义与狭义两种，广义方面指的是某一企业的总流动资金；狭义方面是指流动资金减去流动负债之后的金额。本章所阐述的营运资金指的是狭义方面的。

第二，营运资金总数处于动态变化之后，其来源多样化，但是周期较短，所呈现的实物状态容易变现且不固定。

第三，依据不同的条件，流动资产分类不同。

首先，依照占用形态，可划分成现金、通过公允价值衡量且变化被计入当期损益的金融资产、存货以及应收与预付账款。

其次，依据在生产线中的不同环节，能够将短期资产分类到三个领域，即生产、流通与生息。

最后，基于三种需要而持有现金：交易性、预防性与投机性。

交易性需求指的是为保证企业的日常经营运转等活动所必要的现金流。

预防性需求指的是为预防某些突发性事件的产生，企业所必须具有的现金储备。

投机性需求指的是为了抓住经营过程中的某些商机所预备的现金量。

第四，现金预算在现金管理上的作用表现如下。

首先，显出现金过剩或是现金匮乏的时候，协助相关部分对现金实施合理管控，规避现金闲置或匮乏造成的消极影响。

其次，能够帮助企业管理者认识经营计划的财务成效，同时对未来的债务偿还能力进行预估。

最后，能够对相关财务计划提供完善意见。

第五，成本分析模型为依照持有现金的不同成本，对总成本最低状态下的现金持有量实施研究预估。具体计算方式如下所示：

最佳现金持有量下的现金持有总成本 =

min（管理成本 + 机会成本 + 短缺成本）

其中，管理成本即固定成本，机会成本为正相关成本，短缺成本为负相关成本。

第六，现金管理的随机模型（米勒—奥尔模型）具备一条回归线与两条控制线。具体数值的大小是现金管理部门综合考虑各方面因素获得的。

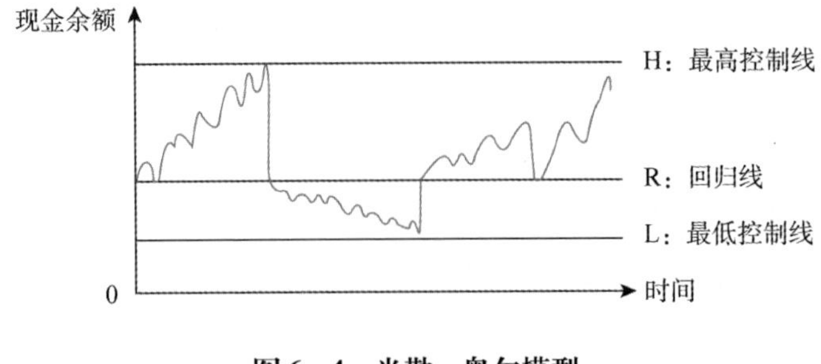

图 6—4　米勒—奥尔模型

回归线 R 可按下列公式计算：

$$R = \sqrt[3]{\frac{3b \times \delta^2}{4i}} + L$$

在上式中，b 代表证券与现金互相转变的成本，即为企业每日现金流量变动的标准差，i 代表以日为基本得出的现金机会成本。

最高控制线 H 的计算公式为：$H = 3R - 2L$

第七，经济订货基本模型的产生背景为系统化的严格假设基础。譬如：能够实施的补充库存，也就是企业对货物有需要时可以及时获得必需的存货；订购的货物可以立即入库，没有滞后；不产生缺货成本；不产生稳定的订货成本且不存在固定的存储成本；货物需求平稳且可预估需要量；存货供需稳定、价格平稳；企业流动资金足够，不会产生缺乏流动资金的情况。其中的公式为：

$$经济批量\ Q = \sqrt{\frac{2AF}{C}}$$

$$经济批数\frac{A}{Q} = \sqrt{\frac{AC}{2F}}$$

$$总成本\ T = \sqrt{2AFC}$$

第八，在预先订货的背景下，为保证货物使用的连续性，企业再次进行订购货物，保证库存即为再订货点，其数量的计算公式为：$R = L \times d$

上式中，R 为再订货点，L 为平均交货时间，d 为每日平均需用量。

第九，保险储备情况依赖于企业预估的最高日消耗量与最久收获时间，两者的数值越高，企业的保险储量就要越高。该数值的计算公式如下所示：

$$S = \frac{1}{2}(mr - nt)$$

在上式中，m 象征预计的最大日消耗量，r 象征的是预计的最长收货时期。

在对经济订货批量实行核算时，保险储备对其不产生实际作用，只会对再订货点造成影响。即在保险储备的背景下的再订货点的计算式如下所示：

$$\begin{aligned} R &= nt + S \\ &= nt + \frac{1}{2}(mr - nt) \\ &= \frac{1}{2}(mr + nt) \end{aligned}$$

第七章

股利理论与政策

第一节　股利种类及其分配

一　股利的种类

一般将股份有限公司划分为以下四类：现金股利、股票股利、财产股利和负债股利。但是在我国，股份有限公司只有现金股利、股票股利这两种。

（一）现金股利

现金股利是股份有限公司把每年的净利润用现金的方式按照一定的比例发放给股东，在中国，现金股利也是股份有限公司执行分配方式的主要执行方式，在股份有限公司草创阶段的投资者们享受一定的特权，这种股权被称为优先股，在公司的净利润满足一定的条件的时候，优先股的股利额也会随之固定。但是非优先股则会随着净利润额度的变化而变化，我国与西方国家在发放现金股利的频率上存在差异，我国每年会发放一次，而西方国家基本按季度发放，不过由于发放现金会导致公司的资金链出现一部分空缺，面对突发情况的风险会提升，所以现金股利会直接影响公司的股价，总体是呈负面影响，比如一家公司按照每股一元发放现金股利，那么一股就会减少一元的股价，所以在实际生活中，现金股利能够导致一家公司在一段时间内股价跌落。

（二）股票股利

股票股利是股份有限公司把每年的净利润用股票的方式按照一定

的比例发放给股东。股份有限公司需要通过股东大会的同意才可以发放股票股利，总的来说就是增加股东手中的股票，但是不以现金的形式发放，这种发放不会影响公司的现金资金链，对于公司的抗风险能力没有必然的影响，而且由于只是增加股东手中的股票数量，在把该分配给股东的股票分配完毕后，多余的利润则会转化为公司发展的资本，在这种情况下，公司总的股份增加了，每股的价值也变化了，那么股东手中的财富会随着公司的发展而变化，这对于公司的发展具有一定的积极意义。

从股东的角度看，股票股利存在以下优点：

第一，股票股利在进行分配后，会直接导致每一股股票的实际价值减少，但是由于市场经济的影响，人们会认为股票股利发放得越多，那么公司的效益就会越好，这样大部分人就会加大投资，让公司发展更好，在这种情况下，每一股股票的价值还有可能存在上升的趋势，股东手上本就多了很多股股票，每股股票还存在上升的趋势甚至已经上升，这样，股东拥有的财富会增加。

第二，在纳税方面，股利收入不会被归为资本利得税，所以两者会存在纳税数额上的差异，股东手上的股票进行售卖得到的利润会按照资本利得税去缴纳税收，在政策上会有一定的利益。

从公司的角度看，股票股利存在以下优点：

第一，公司面对突发状况的抗险能力增加，公司发展能力得到提高。

第二，增加公司股东数量，规避被恶意控制的风险。

第三，表现公司发展的良好前景，稳住股票价值。

二 股利的支付程序

公司要按照法律法规规定的行程进行发放股利行为，首先必须由董事会提出方案，接着股东大会进行决策，最后向股东宣布在什么时间、采取什么方式发放，并在此基础上确定四个特殊的日子：股利宣告日、股权登记日、除息日和股利发放日。

第一，股利宣告日是股东大会决议通过并由董事会将股利支付情况予以公告的日期。

第二，股权登记日是有权领取本期股利的股东资格登记截止日期。

第三，除息日即收取股票分红的权利和明确股票分离的日期，除息日也是股权登记的下一个交易日。除息日买入的股票不再享有送配公告上所登载的各种权利，也就是说领不到本次的股息红利。故想领取此次股息红利必须在除息日之前购买股票。因为当日的股票无法收取股息红利的权利，所以股价会下跌。

第四，股利发放日是指董事会规定登记的有权领取股息红利的股东名单的截止日期。

例 7—1：公司董事会在 2020 年 4 月 10 日对本年度利润分配方案的情况以及股利支付情况予以公告，该公告为："2020 年 4 月 10 日之前在上海召开了本公司的股东大会，在本次股东大会通过了由董事会提出本年度每股分派 0. 15 元的股票利息分配方案。并确定 2020 年 4 月 25 日为股权登记日，4 月 26 日为除息日，5 月 10 日至 25 日为股利发放日，股东通过上海证券交易所按交易方式领取股息。"

那么，该公司的股利支付程序如图 7—1 所示。

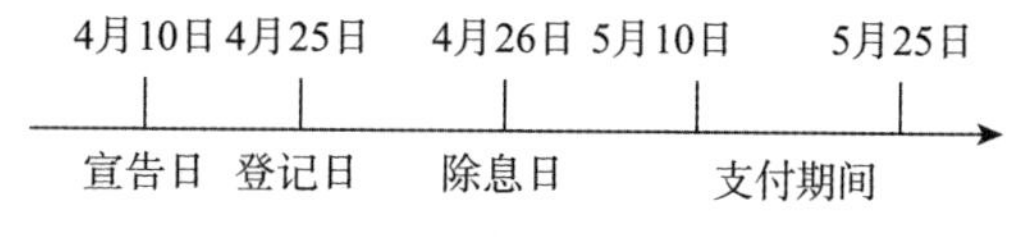

图 7—1　股利支付程序

三　股利分配方案

企业的股利分配方案由股利支付形式、股利支付率、股利政策的类型、股利支付程序四个方面构成。

（一）股利支付形式

以现金股利为主要支付方式、兼配负债股利、财产股利、股票股利等其他形式支付股利。

（二）股利支付率

股利支付率又称股权分配率、现金流动测量公式，是向股东分派的股息占公司盈利的百分比。股息分配律的高低依据各公司对资金需要量的具体情况而定。股息发放率的高低取决于公司的支付形式，股利支付率的比例由经营扩张资金需求和风险高低等因素决定。

（三）股利政策的类型

分为固定或稳定增长的股利政策、剩余股利政策、低正常股利、加额外股利等。

（四）股利支付程序

股权发放必须遵守相关的要求，按照时间安排进行。正常情况下，先由董事会提出预案，然后提交股东大会决议通过才能进行分配。股东大会通过提议后确定股利宣告日、股权登记日、除息日和股利支付日等具体日期。

第二节　股利理论

股利理论又称股利分配理论，企业既向股东分派股利，又保证了企业利润的合理分配。股利分配理论是指人们对股利分配产生的客观规律的不断认识与总结，重要问题是股利政策与企业利润如何平衡的关系。在市场经济条件下，企业在制定股利分配政策时遵循一定的原则，并充分考虑影响股利的相关因素及相关市场反应，使企业收益规范化。但关于股利分配与财务目标之间关系产生了许多不同的理念，股利理论包括股利无关论、股利相关论、所得税差异理论及代理理论。但股利无关论和股利相关论为两大主要观点。

一　股利无关论

股利无关论认为投资者不关心股利的分配。它是基于完美资本市场的假设提出公司的投资政策已确定并且已经为投资者所理解；不存在股票的发行和交易费用、个人或公司所得税、信息不对称；经理与外部投资者之间不存在代理成本的说法。比如若公司留存较多的利润用于再投资，会导致公司股票价格上升；此时尽管股利较低，但需用现金的投资者可以出售股票换取现金。若公司发放较多的股利，投资者又可以用现金再买入一些股票以扩大投资，就是说投资者对股利和资本利得并无偏好。也间接说明投资者不关心股利的分配，则公司的价值就完全由其投资的获利能力所决定。公司的盈余在股利保留盈余之间的分配和股利支付比率并不影响公司的价值。上市公司分红的形式大致分为向股东派发现金股利或股票股利的方式，但是，在合理、合法、有效的资本市场上，股利政策的改变意味着股东的收益在资金与股利分配配比上的变化。

该理论建立在完美资本市场的理论之上，股利无关论的假定条件包括：

第一，市场具有强式效率；

第二，不存在任何公司或个人所得税；

第三，不存在任何筹资费用；

第四，公司的投资决策与股利决策彼此独立。

二　股利相关论

股利相关论是将无关论中的那些假设条件进行不断放大，就会看出股利政策会对公司利润产生的影响。

（一）税差理论

投资者由于避税需要而对股票股利的偏好，高投资对应着高股息。首先该理论建立在不同国家对不同的收益索取的所得税不同，且认为资本利得所得税与现金所得税之间存在差异。理性的投资者更倾向于通过推迟获得资本收益而延迟缴纳所得税。该理论认为，股票的价格与股利支付比例成反比，权益资本费用与股利支付比例成正比。企业支付较低的股利，对实现企业价值最大化是有利的。股利的税率比资本利得税率高，投资者会对高股利收益率股票要求较高的必要报酬率。在追求股东价值最大化目标时，公司不应支付现金股利。说明在存在税收因素的情况下，在公司及投资者看来，支付现金股利就不再是最优的股利分配政策。由此可见，在存在差别税负的前提下，公司选择不同的股利支付方式，不仅会对公司的市场价值产生不同的影响，而且会使公司的税收负担出现差异。即使在税率相同的情况下，由于资本利得只有在实现之时才缴纳资本增值税，因此，相对于现金股利保税而言，其仍然具有延迟纳税的好处。

税差理论发展过程中法拉、塞尔文、布伦南、Black 等学者的观点融合而成的结论，当资本利得税率低于股利收入税率，税差理论有两点结论：一是股票价格与股利支付率成反比；二是权益资本成本与股利支付率成正比。按照税差理论，企业在制定股利政策时必须采取低股利支付率政策，才能使企业价值最大化。

（二）顾客效应理论

客户效应体系指的是税差概念的一种拓展，其分析在各类税款级别下，投资人员对于股份利益配置的不同要求，提出投资人员可以偏重于资产利益与股份利润，即便对于投资方，由于其所在的边际税率有所差异，对于公司股份利益制度的偏重同样有所差异。收益较多的投资方由于边际税率较大而注重股份利益支出率较低的股票，以期能够减小现金股利或者没有分到现金股利，从而能够投入大部分的留存利润，并提升自身的股票定价。相反，收益较少的投资人员或者拥有税款扶持的养老资金投资人员注重股份利益支出率较高的股票，以期能够缴纳高水平并且平稳的现金股利。

投资人员的边际税率的不同造成了其面对股票利益制度时的不同应对措施。边际税率较大的投资人员可能选取股份利益支出率较低的股票，相反，边际税率较小的投资人员可能选取股份利益支出率较高的股票。此类投资人员按照本身的边际税率表现出来的针对有关股票利益制度的选取偏重性情况也叫作“顾客效应”。所以，该理论提出，当企业设计或修正股票利益制度的时候，不能够忽略股东对于股票利益制度的要求。

（三）“一鸟在手”理论

股东在投入资金后得到的利润源于本期股票利益以及资产利益，收益配置政策的关键在于本期股票利益和日后预测获得的资产利润二者间的平衡。公司拥有较大的本期股票利益支出率的时候，公司利润应用在日后进步的资金存量较低，即便股东在该时期获取了一定的收益，在日后的资产收益却会下降；在公司拥有较小的股票利益支出率的时候，应用在公司日后进步的资金存量较大，日后股东将会拥有更多的资产利润。

因为公司在运营的时候可能具有很多不稳定因子，股东更注重具体的现金股利而不是日后的资产收益，也更看重固定的股利利润。由此可知，资产收益仿佛树林中的鸟，数量众多却无法抓住。相比之下，现金股利仿佛手中的鸟，股东能够掌控这类定时定量的利润。股东面对股票收益配置制度时展示出来此类宁可当下获取明确的利润，并不是把相同资产放入日后价值不稳定的投资中的偏重，叫作“一鸟在手，强于二鸟在林”。

按照上述概念表现出来的利润和风险之间的偏重，股东注重现金股利并不是资产收益，同样也注重股票收益支出率较高的股票。在提升公司股票收益支出率的时候，股东所担负的利润风险越低，需要的权益资产收益率将会越小，权益资产开销同样也会越小，那么按照永续年金得出的公司权益价值，即分红数额和权益资产开销的比值会增大；相反，由于股票收益支出率降低，股东具有的权益资产开销提升，导致公司权益价值降低。此类情况阐明股票收益制度会作用于股东价值，而上文所提的概念表明了公司应当实施高股利配置率的制度，从而将股东价值扩大化。

（四）代理理论

公司里面股东、债权方、管理者等众多受收益牵扯方的目的并不相同，在取得本身收益的时候有一定可能会抛弃其他人的利润，此类矛盾在企业股票收益制度里面展现成了各类模式的代理开销：体现两个投资方间收益矛盾的是股东和债权人间的代理联系；体现股权散开状况下管理者和企业外投资人员间收益矛盾的是管理者和股东间的代理联系；体现股权聚集状况下大型股东和企业外中型或者小型股东间收益矛盾的是掌控股权的股东和中型或者小型股东间的代理联系。

1. 股东和债权人的矛盾

公司的股份持有者在进行融资相关决定的时候，会通过增加相关风险的方法去获得更高的利益。如果公司股份的持有者和债权人有矛盾，第二方出于保护自己利益的目的，希望公司多留资金以防突发情况导致不能进行债务的支付。所以，当公司和债权人签订条约的时候，会用相关的政策对公司的发放股利利润进行约束。

2. 管理责任人和股东的矛盾

管理责任人和股东的矛盾。当公司持有过高数额资金的时候，公司的管理人员可能为了自己的利益而出现腐败行为，所以，采取支付率较高的方法时，可以在一定程度上规避这种行为的产生。把资金进行流通运用的行为，不仅对管理人员腐败行为出现的可能性有所抑制，还能较好地满足股份持有者追求利益的需求。

3. 控股方和小股东间的矛盾。公司的控股方通常情况下，会担任公司的管理层，所以这二者的利益基本上相同。公司的控股方为了追求利益，可能会利用自己的权力去伤害少量股份持有者的权益。如果相关的政策是在较合理的情况时，对外进行投资的人员利益就会得到保护，控股方的代理相关成本就会减少。然而，如果相关的政策是在不合理的情况时，对外进行投资的人员利益就不能得到保护，控股方的代理相关成本就会增加。所以，基于这种情况，当相关政策不合理的时候，公司股份持有量比较少的人希望公司用资金多进行分配的方法来保护自己的利益。所以基于这种情况考虑，有一部分的公司会采取这种方法，吸引相关的投资人员。

这种理论为公司进行股票利率的分配提供了分析思维。但是当公司在进行股票利率决定的时候，受很多因素的影响，对其的分析将会是一个很复杂的事情。

（五）信号传递理论

MM 的股票利率受信息的影响较小，也就是说外部的投资人员和公司的管理人员共同拥有相关的信息。然而这是较为理想的状态，通常情况下，公司的内部人员所拥有的公司数据资料会比投资人员多，那么这就说明这两者的数据信息并不是一样的。所以基于这种情况，股利的分配制度能够作为一种信息，让二者通过此对公司的情况有更好的了解。公司的管理人员也认同这种说法，股利分配政策具有信息传递的功能。信号理论认为股利分配政策的信息传导有两个具体的表现：第一，能够传递股利利率上升。公司的股票支付利率升高的时候，这种情况就被管理人员认为公司的生产经营情况比较好，公司预期的利润会上升。在这种情况下，股票利率的支付变高，这时候公司的股价也会随之升高。第二，能够传递股利利率下降的信息，当公司的股票支付利率降低的时候，这种情况就被管理人员认为公司的生产经营情况处于不理想的状态，公司预期的利润会有所下降。这时候公司的股价也会随之降低。

对股利是不是可以为公司的股票持有者和投资者传送理想的信息，不同的人有不同的看法。当公司的生产经营情况一直处于比较稳定的情况，其利益收入比较稳定，在这种情况下公司增加股票支付利率的时候，就可能暗示着该公司现在并不存在良好的投资，也暗示着公司的发展可能处于较为滞缓的情况甚至偏向于不好的情况，在这种情况下，当股票的支付利率处于较高的状态，公司的股价可能会降低；如果公司的股票利率下降，那么公司就必须用筹集资金的办法为公司的新项目提供资金，这暗示着公司的生产经营情况比较好，如果股利支付利率降低，这个时候公司的股价应该会有所增加。

信号理论为股票的支付利率能不能传递信息提供了一个思路，但是因为投资人员对股票支付利率的理解存在差异，所以受股利的影响其决策也是不一样的。

第三节　政策及其影响因素

一　股利政策的类型

这种类型的政策对企业怎样对利率进行处理有着很大的影响。企业的利润是企业进行生产、销售，然后消费者进行消费所得到的利润，是公司的股份持有者对企业投资应该得到的回报。如果从利益的层面出发，企业的利润是属于公司股份持有者的，不管以何种方式存在，把利益留在公司还是对其进行分配，它都是属于公司股份持有者的。如果企业把公司的利润用现金的方式给公司股份的持有人员，那么，公司股份的使用人员可以利用这些资金进行其他的投资，创造财富。但是如果把资金放在企业里面，它还是属于公司的财富，是公司股份的持有人员对公司进行投资的表现。所以从上我们可以了解到，不管公司对财富进行怎样的分配，公司的利益都是属于公司股份持有人的。然而在通常情况下，企业对利润怎么样进行处理对公司股份持有者有着极其重大的影响。所以对股票的支付利率进行管理是企业的重点之一。在通常情况下，一般有以下的股票利率政策。

（一）剩余股利政策

剩余股利政策的具体内涵是指：当公司有理想的投资项目的时候，根据相关的数据，预测投资理想项目所需要的金额成本，然后把它从公司的多余资金里面留出来，然后把剩余的资金当作股票红利进行分配，换句话说，公司的利益必须满足公司当前的需求，如果还存在多余的资金，就发放股票红利。如果没有存在多余的资金，就不会发放股票的红利。剩余股票利率的理论基础是股票利率的无关理论。从这种理论出发，当市场处于较为良好的状态的时候，企业的股票支付率政策和普通股的市价没有什么联系，基于这种情况，股利的政策由公司决定。但是公司在制定剩余股票政策的时候，必须要跟随以下的步骤。

第一，建立相关目标的资本结构。在这种结构里面，企业的所有资本总成本将会达到一个理想的数值。

第二，明确企业的最优预算数字，并且根据步骤（1）对资金的数值进行计算。

第三，用保留的资金数值满足资金需求中所需增加的权益资本数额。

第四，必须用留存的金额来满足未来投资的金额数值。

例 7—2：光明企业在 2019 年缴纳税收以后的纯利润为 1000 万元，2020 年进行项目投资的金额为 1300 万元，企业的资本结构为 58%，债务结构为 38%。

根据相关要求，企业进行投资所需要的资金数值为：

$$1300 \times 58\% = 754 \text{（万元）}$$

企业在当时可用来进行分配的数值为 980 万元，在满足上面的投资计划外还有多余的金额，还有多余的资金可以对股票利率进行发放。

$$1300 - 754 = 546 \text{（万元）}$$

如果该企业在当时的普通股票为 10000 股，通过计算，可以知道股票股利的数值为：

$$546 \div 1300 = 0.42 \text{（元/股）}$$

这些类型股票政策的优势为：公司留存下来的金额可以满足再投资的需要，这在一定程度上能够降低再投资的费用，使公司的利益得到更大化。

这种类型股票政策的缺点为：如果全部按照这种股票政策，那么股利就会呈现较大的波动。在公司收益较为平衡的情况下，股利发放数值的多少和投资的多少呈正相关；但是在投资机会较为稳定的时候，股票的发放额和企业盈利的多少呈负相关。在这种情况下，这种类型的政策对公司投资者的支出和收入的安排有一定的不利影响，公司的企业形象会受到影响。所以基于这种情况考虑，剩余股利政策除了公司在起步的时候可以使用，其他情况下不太适合。

（二）固定股利政策

固定股利政策的具体内涵为：企业在比较长的一段时间里面，每一只股票支付稳定的数值的股利政策。如果公司的盈利情况发生改变，固定性的股利政策对股利的支付并不会产生什么影响，只是让其达到比较平稳的目的；当企业对未来的收益预期数值的增长有很大的信心并且没有意外时，股利才会有所增加。

实施固定股利政策的优点如下。

第一，这种类型的政策，能够帮助投资人员知道企业生产经营的情况。企业的股利支付率属于一个比较稳定的数值时，就暗示着企业的生产经营情况比较好，公司面临的风险率较低，就会对股票价格的上涨有所帮助。企业的股利支付率属于一个不稳定的数值时，就暗示着企业的生产经营情况不太好，公司面临的风险率较高，就会对股票价格的有负面的影响。

第二，这种类型的政策能够帮助投资人员合理地安排其资产的收支情况。通常情况下，公司的投资者希望能有较为稳定的收入，所以其希望公司采取这种较为稳定性的鼓励政策。如果公司采用这种股利政策，这些投资者就可以据此对其收支进行安排，但是那些不稳定的股利政策，会影响他们对股票的期望值，对股票的投资下降，股价也会因此降低。

第三，这种类型的政策能够有利于股价处于一个比较平稳的状态。企业用这种政策对股利进行管理，为了维持稳定的股利水平，有时可能会出现使某些投资方案延期，或者使公司资本结构出现偏离的情况。然而，拥有这种股利政策看法的企业认为，哪怕在这样的情况下，也会比降低股利的情况实现股价数值的稳定。因为假设公司的股利突然降低，投资者可能会有企业的生产经营出现了困境的心理，然后股票的价格会呈现快速下跌的趋势，在这种情况下对企业及其股份的持有者会产生较大的负面影响。

这种政策存在以上优点的同时也存在缺点。因为这种政策可能对企业的资金有较大的压力，特别是当企业的利润出现下降的趋势或者资金缺少的时候，企业为了让股利能够进行支付，就会出现资金短缺的情况，不利于公司的长期发展。基于这种情况考虑，这种类型的股利政策通常情况下会被生产经营情况较为稳定的企业运用。

（三）稳定增长股利政策

稳定增长股利政策的具体内涵为：在一段时间范围内企业的股利呈现稳定增长的趋势。如果企业运用这种股利政策，公司的收益增加的话，其股票利率也会呈现上升的趋势。当企业明确股利增长率的数值时，其实质是向投资者反映其生产经营状况较为稳定，能够在一定程度上降低这些人员对企业的担心，利于其对公司进行投资，从而促进股票价格的上涨。这种稳定股利增长率的方法通常情况下会被生产经营活动较为稳定的公司所采用。

（四）固定股利支付率政策

固定股利支付率政策的具体内涵为：企业把每一年度的收益固定其中的一部分收益，把它当作股利分配给公司股票的持有者。这种利率一旦确定，在通常情况下就不会改变。

这种政策有以下几个优点。

第一，运用这种政策，公司的股利和其资金的多少有着紧密的联系，能够较好地体现股利的分配情况。

第二，因为企业的收益是存在波动性的，企业按照固定的比例支付现金，如果从公司的支付层面出发，那么这是一种比较好的政策。

这种政策有以下几个缺点。

第一，很多企业每年的利益是有波动的，其股利也会随之变化。因为股利可以起到传递企业生产经营情况信号的作用，所以有时候也会对股利有不好的影响。

第二，企业可能会有更大的资金压力。在这种情况下企业的收益可能增加，但是这不意味着企业有足够的资金对股利进行支付。

例 7—3：光明公司在股利分配过程中，一直以来都是以固定股利支付率来计算，股利支付率定为 20%。税后净利润在 2020 年达到 1500 万元，假设要依旧使用这种支付政策，那么，2019 年公司就要支付股利：

$$1500\times20\%=300\text{（万元）}$$

2021 年，光明公司的投资又有进一步扩展的计划，所以，2019 年分红时使用剩余股利政策是比较合适的。

（五）实施低正常股利加额外股利

低正常股利加额外股利的意思是：公司预设置一个低于正常股利的数额，然后将每年的分红正常进行，还在有额外盈余的时候，向部分股东额外发放分红。这其中要注意的一点就是，额外股利并不是每次都有的。它不是公司持续提高分红数额的。下列公式可以表示：

$$Y = a + bX$$

其中，每股股利 Y 等于每股收益 X 与额外股利支付比率 b 相乘再加上每股低正常股利 a。

低正常股利加额外股利政策的好处：

第一，给予公司更多的灵活性，使公司有支付股利的空间和更大的财务灵活性。公司可以灵活依据各年情况选择不同的股利支付水平，从而稳定和提高股票价格，从而实现公司价值的最大化。

第二，依赖股息的股东每年至少可以获得较低但稳定的股息收入，以吸引这些股东。

低正常股利和附加股利政策的不足：

第一，由于公司年度收入的波动和附加股利的不断变化，股利分配的不同就容易给投资者一种收入不稳定的感觉。

第二，如果公司长期持续发放额外股利，股东可能会误认为是“正常股利”。一旦没有，这个信号可能会让股东认为这是公司财务状况恶化，导致股价下跌。相对而言，对于利润随经济周期波动较大或利润和现金流非常不稳定的公司，较低的正常股息加额外股息政策可能是一个不错的选择。

二　股利政策的影响因素

日常生活中，公司的股利分配往往会受到各种现实因素的制约，虽然管理层才是股利政策的最终决定者，但在现实中，其在决策时会受到许多主观和客观方面的干扰。

股利政策受影响的主要原因有如下。

（一）法律限制

公司为了可以求得长期稳定发展，一些法律法规往往对公司股利的分配施加以下限制。

第一，资本保全限制规定，公司不能以资本（股本和资本公积金）支付分红。股息不能使用法定资本支付。如果公司的资本因为已减少或已支付股息而减少，则无权支付股息。

第二，关于对企业积累的规定限制范围在于限制股利支付的随意性。根据法律规定，公司的税后利润必须作为法定准备金计提。除了此条款，还鼓励企业提取法定准备金，法定准备金最高只能提取注册资本的一半。提取法定公积金后的净利润可用于支付股息。

第三，净利润限额规定，想要支付股利，只有在公司年度累计净利润为正的情况下才可以，而且必须把前几年的亏损全部补齐。

第四，对超额累计利润的限制，许多国家的股东对股息支付的所得税率高于他们对股票交易资本收益的所得税率这种情况默认，所以公司被禁止积累超额利润，超过法律可接受水平的留存收益就会被征收附加税。

第五，基于保护债权人利益然后对无偿债能力进行条件限制，如果公司无力偿债，或者支付股息会导致公司无力偿债，支付股息是坚决不被允许的。

（二）股东要素

股东大会往往对公司的股利政策有决策权，所以股东的需求不容忽视。股东在考虑自身利益以后，分红的分配通常会受到以下几方面的影响。

1. 稳定收入和避税

分红收入是有些股东的主要获利来源，支付稳定的分红是他们对公司的期望。他们的意识里面，通过股价盈利得到的收益当作资本继续获利是有高风险的。如果公司保留了更多的利润，就会遭到这部分股东的反对。此外，一些边际税率较高的股东往往会以避税为由反对公司支付更多股息。

2. 被减少的控制范畴

通过支付更高的股息将导致留存收益的减少，这反过来会增加未来的新股发行的可能性，这将不可避免地削弱公司的控制，这种情况，股东都是不愿意看到的。因此，如果他们没有更多的钱来购买新股，他们宁愿公司不支付股息。

（三）公司因素

股利政策的调整与公司的经营情况和经营能力也有一定的关联性。

1. 可持续的盈余

公司长期稳定的盈余是决定红利的重要基础。相对稳定的盈余公司对不稳定的盈余公司的偿付能力更高，由于稳定盈余公司相信它们会保持更高的红利支付速度。企业面临的业务和金融风险较低，收入稳定，融资水平较高，是它们偿付能力的关键。

2. 流动性的公司

更高的现金支付将减少公司的现金容量和流动性。在这里，公司的流动性被理解为及时履行财务义务的能力；保持一定的流动性不仅对公司的运作至关重要，而且对实现红利分配计划至关重要。

3. 偿还债务的能力

具有更高借贷能力的公司可以采取高红利政策，因为它们能够及时获得所需的资金，并且债务状况较弱的公司被迫持有盈余，并倾向于基于低红利政策。

4. 投资的机会

拥有良好投资机会的公司需要强有力的财政支持，这会减少红利，并将大部分盈余转向投资。错过投资机会的公司持有大量现金，会造成资金的闲置，从而增加了股本份额。这就是为什么在经济增长的过程中，企业更倾向于采取降低红利的政策；在经济低迷时期，企业更倾向于采用高红利政策。

5. 融资的成本

与发行新股票相比，保持盈余没有融资成本，是一个更经济的融资来源。因此，考虑到资本成本，如果公司需要增加资金，还应采取降低红利的政策。

6. 债务的需求

有更高债务需求的公司可以经过借款新债务、发行新股票和直接通过商业交易积累债务筹集资金来偿还债务。如果公司认为这是合适的，就会减少红利支付。

（四）其他因素

除上面因素之外，还有其他原因可能影响公司对红利的选择。

1. 合同义务

公司的债务合同，尤其是长期债务合同包含限制公司薪酬的条款，迫使公司采用降低红利的政策。

2. 通货膨胀

在通货膨胀的情况下，当货币的购买力下降，公司所考虑的折旧既不能满足更换固定资本的需要，也不能满足利用盈余代替固定资本的需要，在通货膨胀期间，股息政策往往具有偏见。

第四节　股票分割与股票回购

一　股票分割

（一）股票分割的概念

股票的划分，也被称为拆分股票。股价的划分通常只会增加股票市场以外的股价，但不会影响公司的资本结构。相比之下，尽管股息不会改变股东总数，但股东的内部结构将会改变，股东的总量和内部结构不会改变。改变的只是股票的名义价值。

（二）股票分割的作用

1. 股价下跌

股票分割将降低每股的市场价格，降低出售所需的资金数量，这样就可以加快股票的流入和流通。流动性变高和股东数变多在一定程度上会使收购公司变得困难。此外，股价下跌还可能让公司准备发行新股票，因为高股价可能会让许多潜在投资者无法轻易投资股票。

2. 市场和投资者之间“公司的增长前景是有利的”的信号的传播可能有利于使投资者对公司股票的信心提高

例 7—4：汉林一家小的信息技术公司，目前拥有 5000 万股股票，每股 10 元。因为公司的快速增长，年均利润增长高于行业平均水平，股票价格从三年前的 12 元/股不断上升到今天的 58 元/股。在与流动性的股票市场说更高的股价和交易量少的股票，董事会决定公司股票分割两组 1∶2 的比例，降低分离，面值 5 元的股票股价分别降到 29 元/股，股东持有的股票数量增加了一倍。

（三）反向分离

与分割股票不同的是，如果公司股价较低，这不利于其在市场上的声誉和未来的再融资，则会采取措施将股价分开。反向的分离，被称为并购或反向股票分割，意味着多个股票合并成一个集团。相反的，隔离无疑会降低股票流动性，提高投资于公司股票的门槛，而向市场传递的信息往往是负面的。

（四）股票分割与股票股利的比较

对公司而言，股息分摊和分红都是一种扩大股本的政策，都会导致公司股票数量增加，股票价格下降，而不会增加它们的价值和财富。考虑到这些方面，股票分割在很大程度上与股票股利相似，但在这两种情况下，存在如下不同。

第一，分割股票会降低股票的名义价值，但是股票股息不会改变股票的名义价值。最重要的原因就是股票分割是股本重新分析——资本和股票分割——除了初始股份资本的，所以每股面值将相应减少，而股票股息红利是免费分发给股东的，用实现的净利润向股东无偿分派股利，股票面值不会减少。

第二，市场具有一种独特的处理方式，但是像股票分割能够起到很多积极作用，如股本金额、资本公积金和留用利润的金额等都是不会变化的，这一项举措专门针对股票面值，将其面值降低，把股票股数增加。而对于股票股利的转化，就需要公司严格按照市场的标准将总面值转化为股本，这样就会使得股本的金额数量增加，利润就会随之降低。

一般情况下的股票面值都是一元钱，就已经将交易进行了最大程度上的微化，所以一般股票分割是不常用的方式。为了达到与其一样的目的，我国常通过将资本公积转增股本等进行股本扩张。具体实例如下。

例 7—5：截止到 2021 年末，光明公司的股东权益账户见表 7—1。

表 7—1　　光明公司股东权益账户资料　　单位：万元

项目	金额
普通股（面值 10 元，发行在外 1000 万股）	10000
资本公积	10000
盈余公积	5000
未分配利润	8000
股东权益合计	33000

要求：

如果股票市场价格价值人民币 20 元，这家公司对外宣称是发放一成的股票股利，解释为 10 股就可以附赠一股普通股票。但是对于一些问题，市场以及公司并没有给予正面回应，比如在实行这一项措施后，公司的股东因为股份不同以及比重不同而导致权益变化，并且对于每一股的净资产，没有给出一个具体的标准。

第一，如果公司对于股票市场价格的规定是按照 1：2 的比例进行的，在进行股票分割后，股东权益有向变化？每股净资产是多少？

第二，在发放股票股利之后公司的权益发生的具体变化如表 7—2 所示。

表7—2　　发放股票股利后股东权益情况　　单位：万元

普通股（面值10元，发行在外1100万股）	11000
资本公积	11000
盈余公积	5000
未分配利润	6000
股东权益合计	33000

每股净资产为：33000÷（1000+100）=30（元/股）。

第三，股票分割后股东权益情况如表7—3所示。

表7—3　　股票分割后股东权益情况　　单位：万元

普通股（面值5元，发行在外2000万股）	10000
资本公积	10000
盈余公积	5000
未分配利润	8000
股东权益合计	33000

每股净资产为：33000÷（1000×2）=16.5（元/股）。

二　股票回购

（一）股票回购的概念

股份公司在发行新的股票之前，会将之前发行并且在市场流通的股票进行回收处理，并且将这些股份封存甚至是销毁，这种行为叫作股票回购。在1970年之前，这一方式还只是单纯进行股票的销毁，之后随着美国政府使用这种方式对现金红利进行了限制，这种方式就被用来进行分配利润，并且沿用至今。对于股票的处理方式不同，带来的经济效益也是不同的，如果公司将回收的股票进行销毁处理，就可以减少公司的股本总额；如果将回收的股票用作库藏股，就会在将来股票出现问题之后拿出来进行出售或者就是激励新的股票的发行。为了防止公司的管理层把库藏股作为操纵新的股票利润的手段，这种股票是有一定的储存期限的，超出期限的库藏股不可以再次作为正常股票进行使用。2005 年中国发行并且实行的《上市公司回购社会公众股份管理办法（试行）》中就进行了一些行业的规定，禁止库藏股的出现。

股东进行股票回购被社会认定为是一种独特的对社会的回报方式，但是与发放现金股利还是存在根本上的不同的。股票回购能够减少公司在社会上发行的股票数量，进而每股的利润就会随之提高，这样一种调节方式，会给股东带来更多的经济利润。这两者存在的根本区别就体现在个人所得税以及交易成本上，其他并没有什么不同，然而在一般情况下，资本利得所得税税率要低于股利所得税税率，这就可以给很多股东带来巨大的利益。只是市场以及社会，是需要现金股利的，这就导致股票回购是尽量少用的，只有在公司拥有很多闲置资金时，才会采取这种措施。

（二）进行股票回购的目的

证券市场，股票回购的目的千变万化，但是主要体现在以下几点。

第一，公司进行的现金股利的措施，虽然是社会经常做出的选择，但是会给公司带来很多（如派现方面的）压力，所以股票回购能够改善现金股利的替代的作用，在公司的资金很多时，股东就可以分得这些股票，如此股东再去做出选择，这些关乎个人利益的选择也会间接关乎公司的利益。

第二，对于公司资本结构的组成，不论是哪种股份购买方式，都是会作用于公司的财务杠杆的标准水平，从而间接作用于公司的资本结构。对于股票回购这一措施的进行，是在权益的资本在资本结构中占主导地位时，这种情况就需要进行调整，可以在一定程度上减少整体成本。

第三，股票作为公司发行的作用于社会的一种证券，是具有交流信息的作用的，很多情况下市场的信息都是不完整的，股票价格都会出现偏低的情况，这种情况的发生会给公司带来一定的负面影响，降低了公司的利润，所以进行此项活动通常被认为是某家公司发行的股票的市场价值被低估而进行的调整方案。

第四，在出于对股票的管理以及控制权的管控上，股东一般会间接或者直接进行股票回购，以此来巩固对股票的控制权。通过这种方式，就会导致股份的数量减少，从而每股的价格就变得更高，这样就可以高效率地规避敌意收购问题的发生。

（三）回购股票对社会以及股东等的影响

回购股票对公司的作用主要体现在以下几点。

第一，得益于当今社会对于股票回购的多渠道方式，交易方式变得十分多样，这就使得公司能够进行公司股份回购，这种措施能够对公司在结构和股票的管理上起到十分积极的作用，从而将公司整体水平以及业务质量提高。

第二，回购股票也是分为不同目的进行的，如果是为了对持股结构进行调整或者是对于股票激励的回购能力进行调整，那么这种方式就可以积极作用于广大的所有者以及劳动者，就会形成一个庞大的利益互关体，就能够提高投资者采取现金回利的能力；不仅如此，也能够将公司的融资渠道拓宽，作用于公司的资本结构。

第三，在公司预估的股价与股票本身的价值不能达到相对平衡时，就需要采取一定的措施，防止投资者的经济损失，就要将在市场流通的股票进行回购，从而减少现有股票数量，提高单股的价格，能够起到稳定市场作用。

第四，在对股票回购的交易方式的选择上，就需要采取小部分资金进行回购，否则就会导致公司资金不足，无法满足公司正常的运营，不仅如此，还会影响公司的未来发展方向。在公司满足上述条件，能够避免以上问题的发生，就需要将多余的资金进行股票回购，将货币资金的作用发挥到极致。

第五，公司在进行股票回购时是会对信息进行披露以及集中公开的，对于一些细节的公开，能够规范行业标准，能够减少黑幕事件的发生，净化行业环境。

（四）进行股票回购的手段

对于股票回购的手段，按照不同的标准主要分为以下几点。

第一，对于回购地点不同而产生的方式，就主要分为在公开的场所进行的，就是场内公开收购；不在公开的场所进行的，并且签订了一系列的合同，就叫作场外协议收购。

场内公开收购也就是公司进行自身的角色变化，是以投资者的身份，委托证券公司进行的一种购买股票的行为；场外协议收购就是公司直接与投资者见面，达成共识并且签订协议后，直接进行购票的方式。对于协商的内容，主要体现在价格以及数量的确定上，其他事由就交给证券公司去进行，所以前者是透明公开的，但是后者就欠缺一些公开透明。

第二，对于对象的不同，主要是分为三种，分别是在资本市场进行随机回购、对全部股东进行招标回购、个别回购。

回购股票最为常见的方式就是在资本市场进行随机回购。这种方式由于最为常见，所以国家采取了十分严格的监管措施。在对全体购买股票的股东进行回购时，价格一般会有所不同，回购的价格会高一些，但是很多具体的事情，都需要委托证券公司充当中间机构，所以所需要的交易成本很高。对于个体股东进行采购的方式就不是面对全部的股东了，所以这一方式就不具备公开透明性，但是依然要保证价格的合理公正，防止出现侵犯股东利益的事件发生，从而规范行业环境。

第三，筹资方式存在差异性，并且具体实施也存在着很大区别，主要为举债回购、现金回购以及混合回购。

在举债回购中，银行等具有借款能力的金融机构充当着十分重要的角色，企业通过与银行等直接建立联系，办理类似放贷业务，企业进行借款用于收回先前发行的股票的股份。这一方式主要是防止敌意收购和兼并。现金回购就是企业自身拥有多余资金进行收购。如果有向银行借款来进行购买就是混合回购。

第四，对于回购价格的确定，市场是存在很多不同的，根据差异的方式制定购票的价格，主要为固定价格要约回购和荷兰式拍卖回购。

固定价格要约回购具有一定的局限性，是在规定的时间内，按照高出股票的市场价格进行交易，也就是对股票的数量进行回购。很多公司在拥有多余资金的情况下，急需在短时间内回购大量的股票，大部分的公司就会选择这种方式。这种方式的优点显而易见，股票的价格不会轻易变动，这就创造了一种公平的交易环境，给股票拥有者提供了均等的交易机会，并且能够根据公司的实际回购股票数量去调整计划，这些都是在采取这种方式的情况下允许的。荷兰式拍卖回购源于 1981 年的一家公司的回购，这种方式能够给予公司以及股东很大程度上的灵活性。这种方式的主要步骤就是由公司确定回购价格的大致范围以及预计收回股票的数量；随后股东根据要求进行招标，在公司提出的价格范围内提出自己规定的价格和出售的股票数量，采取一系列的数学模型分析，最后从实际出发确定回购的价格以及数量。

本章小结

第一，现金股利一般是采用现金的形式，公司在年收入的净利润当中把部分分给股东。这是一种十分常见的股利分配方式。对于优先股，它是一个固定股息率，在正常情况下都是不变的。

第二，不同现金股利，对于股票股利，就是把公司的股份以股票为介质分配给股东，并且这种方式不会影响公司的股东权益总额，只会对公司的股东权益结构产生影响，也就是把未参与分配的股份转化为股本，所以相对就会使得公司股本的总数增加。

第三，国家对于股利的发放有一套很严格的监管体系，所以就需要严格遵守相关规定，并且按照规定的时间进行。在大多数时候，主要步骤就是由董事会进行分配标准的制定，再将方案提交给股东大会决议，只有当股东大会决议同意之后才可以确定一系列的日期。

第四，关于股利对于公司价值的作用，概述最为清楚的就是股利无关论。并且提出不会对公司产生影响，会使得公司股利的分配几乎是固定的形式，所以投资者就不会关注这一问题。公司内部制定的政策是不会对市场价值产生任何影响的。

第五，由于存在一定的空间、时间上的差异，是一种假想理论，倘若在现实中放宽了这些条件，那么就会对公司市场的价值产生很大的影响。

首先，税差理论提出为了提高股东以后的经济收入以及稳定发展，最好是采取低现金股利比率的分配政策，但是这种方式是在股票交易成本不参与影响因素的组成的情况下，所以具有一定的局限性。

其次，在税差理论的基础上，顾客效应理论在各个方面做出了十分具体的解释，并且研究主要是关注与公司之间存在的差异，提出即使在市场达成了共识之后还是存在一定的区别、一定的不同。

再次，"一鸟在手"理论指出，投资者中对于风险怀有很差态度的人很喜欢那些固定的股利收益，这种方式不仅稳定，并且不会带来任何风险，所以在公司支付金额较高的时候，公司股票的价值就会随着数量的减少随之升高，公司的价值也会提高。

然后，代理理论充分考虑了股利的支付给公司带来的影响，这一项活动不仅可以降低股利的代理成本，还会缩小融资渠道，增加融资的成本，所以在对于股利政策的选择上，应该使得两者成本加起来金额能够最小。

最后，信号传递理论指出了市场信息不对称时，公司应该采取的措施，当这一情况发生时就需要一定的政策提供公司对于信息获取的能力，这样就会使得公司的股价受到影响。

第六，当公司处于一种有利的投资机会时，保证目标资本结构不变的情况下，估算出投资需要的权益资本数，优先考虑的是在多余的收入当中，再进行分配。也就是保证公司的基本资金需求的情况下，剩余的资金能够决定是否派发股利。这就是剩余股利政策。

第七，一般情况下，固定股利额都不发生变化，在长期保持的时间中，是不会作用于股利的支付的，始终将公司的股利保持在一个稳定的水平；公司十分自信于以后几年的利润增长，并且不会变化，就可以相应地减小股票数量，增加股票的单面值。

第八，稳定增长股利是为了稳定公司内部的股利份额，并且保障稳定增长的政策。

第九，固定股利支付率政策是为了保障股东的股利分配不会出现问题，通常情况下会确定一个固定的净利润的百分比，并且不允许更改。

第十，低正常股利加额外股利政策，公司会设置一个将股利分给股东的最低股利额，在此基础上，根据公司的利润收入情况再进行额外的股利分配。

第十一，股票分割，在市场上也被叫作拆股，字面理解就是对一个股票进行拆分，使其变成多股股票。这种方式解决了股票数量的问题，但是不会对公司的资本结构产生作用。与股利股票不一样的是，股东的内部结构不会发生变化，只是作用于股票的单票面值，共同点就是增加了股份的数目，并且保证了股东权益不变。

第十二，股票回购是公司在股票调整阶段一项重要的调节机制，一般回收库藏股或者进行销毁处理。

第八章

企业并购与重组

第一节　企业并购

一　企业并购的相关概念

对于企业之间进行合并，也就是并购，这个概念就是兼并和收购的统称，是在市场允许的范围内企业对于其他企业的控制权的购买。并且对进行并购的甲方成为买方，另一方称为卖方或者目标企业。

企业之间的并购活动并没有太大区别，在意义上是基本一致的，其实就是一种合并。其实在词义上是存在一些区别的，但是由于在实际运作中的联系比它们之间的区别更大，所以这些区别就成了可以忽略的因素，也不会成为强调的对象，于是通常情况下是不区分使用的，并且日益成为人们的普遍说法。

二　企业并购的分类

按照不同的标准进行的并购活动大致分为以下几类。

（一）对于在进行并购之后双方法人的身份转变，主要分为收购控股、吸收合并和新设合并这三种情况

1. 收购控股

就是在进行并购之后，使得被购方进行全体解散处理。

2. 吸收合并

就是在保障双方的团队都保留的情况下，并购方对于卖方进行股

利控制的权力，一般情况下就是以股权的转让来实现这一目的。

3. 新股合并

这种方式是不多见的，就是重新开始，双方的团队都解散，并且重新建立一个新的团结的队伍。

（二）并购双方的就业方向的关系，主要分为横向并购、纵向并购和混合并购

1. 横向并购

从根本上来讲其实就是同类别的企业进行合并，能够减少企业之间的竞争。

横向并购作为一种常用的市场收购方式，它的优点主要体现在能够将收购方的生产规模扩大，同时能够充分利用现有资源。有利于提高工作效率，对于行业的标准统一是有积极作用的，对于产品的管理以及原材料的购买都是进行了简化的。

2. 纵向并购

这一并购方式并不是双方企业直接进行合并，而是对企业的源头进行合并，也就是将相似的企业的资源进行管理，从而间接起到管控的目的，这样就可以形成生产的一体化管理。这种并购往往是在熟悉整个企业生产的流程后，需要对彼此的工艺充分了解，这样也有利于并购后的管理等。

纵向并购通常作为调节市场的一种重要方式，长处在于扩大了企业规模，并且能够充分利用各自企业的设备，也就节省了成本；同时加强了各自企业各部门的配合工作，提高了生产效率，对于材料的储存等进行了优化。

3. 混合并购

根据并购对象的不同主要分为三个大类：产品扩张性并购、市场扩张性并购、纯粹的并购

也就是说，不是以上两种对象之间的并购，是一个较大企业在应对发展迅速的当下，渗透进各个领域就需要做的，将那些小型企业进行并购，这种并购活动的对象并没有一定的标准，有时甚至是跟自身

企业没有关系的企业。

（三）按照被购企业意愿划分

当企业主动愿意被其他公司合并的时候，这种类型的合并是善意的，当企业不主动愿意被其他公司合并的时候，这种类型的合并是恶意的。

1. 善意并购

想要对企业进行收购的一方和被收购企业进行沟通交流，双方条件和意志达成一致后，双方企业的高层通过具体的洽谈来决定安排，在这种行为的基础上所完成的收购。

2. 恶意并购

想要对企业进行收购的一方，在遭到目标公司拒绝之后，仍然采取强制性的行为对其进行收购的行为。如果收购方没有和目标企业进行一定的沟通交流，用资金购买该企业股东的股票也属于提议并购的一种表现方式。

（四）根据并购的形式进行分类

根据并购的形式，可以把企业的并购分为以下几类。

1. 间接的对企业进行并购

采取直接购买企业股票最大持有者股票的方式，得到对企业进行并购的目的。采用这种方式对企业进行并购并不太复杂。

2. 协议并购

其具体内涵为，企业对想要收购的企业股东发出相关的协定，用两者都同意的价格购买企业的股份。

3. 在二级市场进行并购

其具体内涵为：企业想要在二手市场中直接用金钱购买想要并购企业的股票，实现对该企业的控股。

4. 签订合同并购

其具体内涵为：企业对想要并购的企业直接提出这方面的要求，然后两者进行沟通交流，形成一致的意见，实现对该企业控股的目的。

5. 股权拍卖并购

其具体内涵为：企业直接购买因为有一些问题而涉嫌诉讼的被收购一方的股东被拍卖的股票，通过这种方式实现对该企业控股的目的。

（五）根据并购支付的形式进行分类

根据并购支付的形式的具体分类情况如下。

1. 用资金直接进行购买

其具体内涵为：对企业想要进行收购的一方直接用资本购买其股票，来实现对该企业控股的目的。

2. 用承债的方式进行购买

其具体内涵为：当被收购公司的生产经营收入呈现负值的时候，或者可能出现破产的情况下，对该企业想要进行收购的一方对收购方全权负责，来实现对该企业控股的目的。

3. 用股份交换的方式进行购买

这种方式的并购在通常情况下，对企业想要进行收购的一方通过发行自己的股份获得并购企业的股份。收购方通过得到被收购企业净资产的方式，实现对并购公司进行控股的目的，也是这种方式的表现形式。

三 企业并购的动因

企业为什么会形成并购的行为，不同的理论有不同的观点，因此，并购的理论不尽相同。传统的观点认为对公司进行并购可以产生协同的效果。举例来说，如果甲公司对乙公司进行了收购，甲企业的公司市场估值为 V_A，乙企业的公司市场估值为 V_B，在这种基础之下，甲、乙企业进行并购，这两家企业市场价值的和之间的差距基数被称为并购的协同效应。从中我们可以了解到，协同效应是如何计算的。这种效应对企业采取并购的行为有着至关重要的影响。协同效应为什么会产生，其具体的原因如下。

（一）收入增加

当企业进行并购后，能够采取多种方法使其得企业利润率增加。

比如采用对企业的生产经营战略进行调整、拥有更多的用户群体等方法。从而使并购产生协同效应。

（二）相关费用减低

当企业进行并购后，其生产经营效率可能会有所提高，有利于降低费用性成本。通常情况下，企业在进行并购后，可以通过如下方式对经营效率进行改善。

1. 大规模生产的效应

其具体内涵为：企业在对产品进行较大规模生产的时候，如果企业的产品数量变多，其生产性成本就会降低。在这种情况下，公司的收益就会上升。这也是企业为什么进行并购的一个关键性因素。企业进行合并的话，可以统一管理降低相关性成本，有利于企业得到更多的利益，对企业未来的发展有好处。

2. 纵向整合带来的好处

和企业采取横向并购的效果有很大的相同点，这种类型的整合方式也能够为企业谋得较大的经济。公司用这种类型的并购方式，让生产链上下端能够更好地配合，这种类型的并购方式可以让双方得到有效的沟通协作。举例来说，一家农产品公司对玉米种植企业进行收购，通过这种方式，不仅仅可以保证公司原料的数量以及质量，而且在一定程度上可以规避市场波动，减少价格波动的影响，从而实现纵向整合的效益。但是，这种类型的并购方式不是采用的次数越多越好，当数量超过某一个特定的数值的时候，这种效应反而会带来负面影响。在当今社会，绝大多数的企业用配套服务和把公司相关零件进行外包的方式，去降低企业的生产性成本。举例来说，富士康公司与其竞争对手相比，在成本方面具有一定的优越性，因为富士康公司在劳动力较为廉价的地区用外包的方式对自己的产品进行生产。

3. 并购双方具有一定的互补性

当并购双方的企业可以进行互补的时候，其就会拥有更好的效益，其短板就会减少，公司更有市场优势。举例来说，一家卖女装的公司和卖男装的公司进行合并的时候，就能够达到满足所有性别消费者的需求，有利于实现资源的整合。

4. 避免低效率

因为企业的效率是有着一定区别的，规模较大的公司，其效率就会比较高，如果其对低效率的公司进行收购，就能够提高该公司的相关效率，能够更好地适应市场的发展，也能够使市场的经济得到更好的整合。

四 企业并购的价值评估

这种评估的具体内涵为：对被收购企业的价值进行预测，这是企业决定为什么并购的重要因素，它在很大程度上决定了想要进行并购的企业在对公司进行并购的时候所需要付出的成本。假如并购企业对被收购企业的市场价值有过高的估值，那么就会导致其收购成本过高，那么，两者进行合并的风险就会增强。在现实生活中，如果对公司市场价值的评估方法不同，其结果也会有所不同。在市场经营中，对目标公司进行预测估值的办法有很多，比如成本法、比较法等一系列方法。

（一）成本法

成本法的具体内涵为：把想要并购企业的相关价值作为基础来对企业的价值进行预测的方法。但对公司的价值进行确定的时候，怎样选择相关的资产标准很重要。资产标准如果不一样，其估值结果也会不一样。从资产的价值评价不同的角度出发，成本法可以分为以下几种方法。

1. 账面价值法

这种类型的办法是把账本里面公司资产价值当作企业价值的办法。公司的全部资产减去公司负债的资产的数值被称为企业的净资产价值。因为企业的净资产价值的数值是通过会计利用相关的信息数据来确定的，所以其主观性较小。然而，这种类型的方法比较适用于公司生产经营较稳定的情况，它没有把考虑影响公司净资产的变化因素纳入，所以存在一定的固定缺陷。举例来说，企业的会计对企业的净资产总值进行计算的时候，通常把传统的成本当作计算的数据，没有考虑相关因素的影响对其带来的波动。

2. 市场价值法

被大多数公司所采用，对企业进行资产评估的专业人士也经常采用这种估值方法对企业的净资产进行评估。和上面的账面价值法相比，这种类型的办法考虑得比较全面，把资产的实际价值纳入考虑的范围。所以这种方法更多的被相关专业人员采用。

3. 清算价值法

这种对公司的净资产进行评估的方法，通常情况下的运用对象是公司的生产经营因为处于不好的情况，不得不出售公司财物。因为公司处于危机状况，企业的收益入不敷出，可能会出现破产的情况。基于这种情况，公司必须出售其所有资产，出售并且进行纳税后所取得的资金就是其清算价值。

（二）市场比较法

市场比较法把多种情况相同的企业当作标准，并且据此对想要并购企业进行价值预期的方法。这种办法的存在是基于其认为，在市场里面，情况基本上相同的公司有着相同的价值。所以，如果很难用别的方法对目标公司的价值进行判断的时候，可以运用相似的公司对其进行评估，然后根据时间的情况进行变动再采取计算的办法，去推测目标企业的价值。用这种方法实现对并购企业的价值推测，可以通过具体的公式计算，其具体为：

$$V = \frac{V_s}{X_s} \times X$$

在这个表达式中，V 表示目标公司的评估价值；X 表示与公司价值相关的目标公司的可观测变量；V_s 表示与目标公司类似的参照公司的市场价值；X_s 表示与公司价值相关的参照公司的可观测变量。在这个表达式里面，可预测因素可以用销售支出和收入、净资产数值等相关标准。这种方法，因为可预测变量的指标不一样，所以能够分成几种方法，其具体如下。

1. 市盈率法

当计算公式里面的可预测变量为企业的利润数值的时候，这种类型的办法就被称为市盈率法。这种类型的方法基于企业的盈利的平均数值来制定企业理想的市盈率，并且通过这种方式对并购企业的价值进行预估，其具体的计算方法由下面公式表示：

$$V = PE \times X$$

在这个计算公式中，V 为企业在市场里面的价值，PE 为市盈率，X 为与企业的价值有联系的可预测变量，在这里的可预测变量是公司的利润。

例 8—1：光明公司将要购买 L 企业的所有股份，但是从目标并购企业的现实情况来看，该公司的高层人员认为运用这种方法对目标并购企业的价值进行判断是有一定优越性的。根据调查能够知道，在市场里面和目标并购企业情况相同的公司大约有 3 家，通过计算得知它们的市盈率为 17 倍。所以从上面的角度出发，该公司的高层认为用 17 倍的市盈率对 M 企业的价值进行推测具有一定的优越性。经过相关的计算可以知道，目标并购企业在今后的 4 年时间里，预测其利率能到达 4800 万元，其具体的计算公式如下：

$$\mathrm{V} = 17 \times 4800 - 88000$$

2. 市净率法

这种类型对公司进行估值的方法，主要是把企业的市净率来当作公司价值评估的依据。其具体的计算公式如下：

$$\mathrm{V} = \mathrm{PB} \times \mathrm{X}$$

在这个表达式里面，PB 的含义为市净率；X 的含义为和企业价值有联系的可预测变量，在这里的可预测变量为公司的纯收益。

例 8—2：炳文机械制造有限公司是以机械生产为主的公司，它预计将来收购一家零件制造 L 企业。经过市场调研了解到，该零件制造企业的市净率为 1. 8 倍。因为该零件制造公司的科技水平较高，生产效率较快，发展前景很好，所以，基于这种情况考虑，其市净率能够有恰当的上升，其具体的数值为 2 倍。炳文企业预估的决策时间是未来的6年，经过相关的调查研究，可以推测，L企业在此期间里面的每股资产纯收入为2.4元。炳文企业用市净率推测该零件企业股价的价值，其具体如下：

$$V = 2 \times 2.5 = 4.75\ （元）$$

3. 市销率法

这种类型对并购企业的价值进行评估的方法，以市销率作为评估公司价值的指标。其是企业的市价和年收入之间的比，其具体的计算公式为：

$$V = PS \times X$$

在这个表达式里面，PS为市销率；X为和企业有联系的可预测的变量，在这里的可预测变量为年收入。

上面的这几种方法，通常情况下被上市公司采用。股份有限公司的信息资源存在的时差性较小，消息能够及时地被市场了解，所以基于这种情况考虑，这几种方法比较适用于股份有限公司。

（三）现金流量折现法

这种类型的方法对企业价值的评估有着一定的优越性。如果从投资的层面出发，资产价值的高低是由其产生的价值所决定的，也就是可以由投资者获得利润的多少来决定。这种类型对资产评估的方法，不仅仅适用于资产的评估，对企业的资产也同样适用。

从该方法对资产进行评估的角度出发，其具体的计算公式如下：

$$V = \sum_{t=1}^{n} \frac{CF_t}{(1+k)^t}$$

在这个计算公式里面，V为并购企业的资产价值，CF_t为并购公司在一定时间里面的资金流量，k为折现率，n为预测时间。

从这个模型里面我们可以了解到，对并购企业有影响的因素有很多，比如时间的长短、资金的流量等。在对并购企业进行价值评估的时候，通常情况下用资本成本率当作折现率。因为在对公司的价值进行评估的时候，用的资金流量不一样，所以其折现率也会不一样。当资金流量用企业可支配现金的时候，其折现率就应该为企业的平均资本成本率；当资金流量用企业的股权可支配资金流量的时候，那么折现率就应该为股权资本成本率。

下面部分将会重点说明对企业可支配资金流量以及股权可支配资金流量模型进行估值的办法。

1. 企业可支配资金流量模型

这种模型是企业在运营的过程中产生的纳税后的资金再减去相关性支出和成本，然后多余的资金流量。其具体的计算公式为：

企业可支配的资金流量 = 纳税前的利润公司自由现金流量 - 相关的税费 + 相关性支出的费用 - 净资本增加数值

在对企业的价值进行评估的时候可以用基础的模型，但是如果从企业成长阶段来说，可以用以下三种模型。

零增长模型。这种模型通常在预期每一年度资金流量不会发生改变的情况下采用，其具体的计算方法如下：

$$V = \frac{FCFF}{k}$$

在这个表达式中，V 为并购企业的预估价值，FCFF 为并购企业每一年度可支配资金流量，k 为折现率。

固定增长模型。这种模型适用于并购企业未来资金增长的情况，其具体的计算方法为：

$$H = \frac{FCFF_1}{k - g} = \frac{FCFF_0(1 + g)}{k - g}$$

在这个表达式中，$FCFF_1$ 为并购企业预估第一年的企业可支配资金流量，$FCFF_0$ 为并购企业上年的可支配资金流量，k 为折现率，g 为企业可支配资金流量的年增长率。

两阶段增长模型。这种模型对外展示为公司经济向好的阶段发展，而且不止一个阶段。

公司成长阶段可以分为两个或多个阶段。在这些阶段刚开始时，公司发展具有非常大的潜力，年增长率不断提高，但是这种增长也有期限，在公司发展后期开始稳定增长，增长率不再有很大的变化。有些公司会有三个及以上的增长阶段，下面这个公式是两阶段增长的计算公式：

$$V = \sum_{t=1}^{n} \frac{FCFF_0 (1 + g_t)^t}{(1 + k)^t} + \frac{FCFF_n (1 + g_m)}{(k_m - g_m)(1 + k)^n}$$

式中，$FCFF_n$是预测n年后公司发展的自由现金，$FCFF_0$是目标公司上年的现金流量，k和k_m分别表示第一、二阶段增长的折现率，分别用目标公司对应阶段的加权平均资本成本率计算，g_t和g_m指的是目标公司分别在第一、二阶段自由现金流量增长率，n是第一阶段的年限。

例8—3：光明电器集团公司计划收购前途电子股份有限公司，需对前途公司的价值进行评估。前途公司普通股总股数为1亿股，2014年度的销售收入26500万元，不包含折旧和利息费用的经营成本12300万元，折旧额1850万元，利息费用200万元，资本性支出1000万元，营运资本占销售收入的比例为20%，所得税税率25%。前途公司的成长性预期可分为两个阶段，第一阶段为今后5年，公司每年销售收入的增长率为10%，经营成本、折旧、资本性支出和营运资本以相同的比例增长，该阶段预计公司的加权平均资本成本率为15%；第二阶段为5年后，公司进入零增长阶段，销售收入、经营成本、折旧、资本性支出和营运资本均保持不变，该阶段预计公司的加权平均资本成本率为10%。假定利息费用在各年保持不变，均为200万元。（计算结果四舍五入取整数。）前途公司2015—2019年各年公司自由现金流量的计算如表8—1所示。2020年以后前途公司进入零增长阶段，每年公司自由现金流量与2019年相同。

表8—1　　前途公司2014—2019年自由现金流量计算表　　单位：万元

项目	2014年	2015年	2016年	2017年	2018年	2019年
销售收入（1）	26500	29150	32065	35272	38799	42679
经营成本（不含折旧和利息费用）（2）	12300	13530	14883	16371	18008	19809

续表

项目	2014 年	2015 年	2016 年	2017 年	2018 年	2019 年
折旧（3）	1850	2035	2239	2463	2709	2980
利息费用（4）	200	200	200	200	200	200
税前利润（5）	12150	13385	14743	16238	17882	19690
所得税费用（6）	3038	3346	3686	4060	4471	4923
息税前利润（7）＝（1）－（2）－（3）	12350	13585	14943	16438	18082	19890
资本性支出（8）	1000	1100	1210	1331	1464	1610
营运资本（9）	5300	5830	6413	7054	7759	8535
营运资本增加额（10）		530	583	641	705	776
公司自由现金流量（FCFF）（11）＝（7）－（6）＋（3）－（8）－（10）		10644	11703	12869	14151	15561

前途公司的价值计算如下：

$$V=\frac{10644}{1+15\%}+\frac{11703}{(1+15\%)^2}+\frac{12869}{(1+15\%)^3}+\frac{14151}{(1+15\%)^4}+\frac{15561}{(1+15\%)^5}+\frac{15561}{10\%}\times\frac{1}{(1+15\%)^5}$$

$$=119737\text{（万元）}$$

2. 股权自由现金流量折现模型

股权自由现金流量是现金在普通股东身上的数量，股权自由现金流量是公司自由现金流量扣除税后的利息费用，存在优先股时，也需要扣除优先股权利。以下是此现金流量的计算公式：

FCFE ＝FCFF－利息费用×（1－所得税税率）＋负债净增加额

＝息税前利润－所得税费用＋折旧－资本性支出－净营运资本增加额－利息费用×（1－所得税税率）＋负债净增加额

＝净利润＋折旧－资本性支出－净营运资本增加额＋新增债务－债务本金偿还额

这种计算公式评估公司价值时，与上述模型一样，都是以公司股权资本成本率作为折现率折现出来的限制，这种包括可用基本模型，同时还有零增长模型、固定增长模型以及两阶段增长模型。

股权自由现金流量零增长模型需要将市中的公司自由流量现金和折现率换成股权自由现金流量和股权资本成本率。股权自由现金流量固定增长模型需要将公司自由现金流量和折现率换成股权自由现金流量和股权资本成本率。

股权自由现金流量二阶段增长模型需要将公司现金流量和折现率换成股权自由现金流量和股权资本成本率。

第二节　企业重组

企业重组的概念在理论界一直没有得到明确的定义，通常来说，公司重组是企业为了下一阶段的经营目标，对其资源和战略进行重新优化配置。公司重组并不是简单的改变经营状态，而是改变战略方案，实现上一阶段未实现的目标。广义上的企业重组主要有三种类型：扩张重组、收缩重组以及破产重组。扩张重组，顾名思义指的是企业扩大经营规模和资产规模从而实现战略目标；收缩重组指的是企业将缩减现阶段的战略活动，主要方式有资产剥离、公司分立等；破产重组是指濒临破产的企业重新进行债务。狭义企业重组主要是收缩重组。接下来介绍三种公司重组方式：资产剥离、公司分立和股权出售。

一　资产剥离

（一）资产剥离的相关概念

资产剥离是企业极为重要的一项业务，它通过将一些暂时用不到的资产，包括分公司、下属部门等，以贩卖给其他公司或集团的方式，换取相应的经济资源。这其实是一个类似于以物易物形式的资本转换，因为虽然抛售了一部分产业，但是也换取了相应的资金资源，公司总体的实力并未发生改变。从整体来看公司的总资产不变，但是从其组成部分来看它的营业量却减少了。非常典型的例子是一个大公司将它的分公司移交给其他经济体以换取资源。总而言之，买方的营业规模增加，卖方的营业规模减小，互惠互利。

在历史中，美国经历了从扩张到收缩的经济发展，大约是 60 年前，美国流行扩大自己的公司，导致进行资产剥离活动的比例特别少。差不多 10 年之后发生了金融危机，一众公司纷纷抛售自己的分公司。有资料调查结果显示，1975 年的资产剥离占比 54%，1980 年占比逐渐掉落至 35%—40%。而在 1990 年，由于各家公司竞争越发激烈，在公司发展这一块流行定位精准、专项发展，将自己公司的优势发扬到极致以获得更大的竞争优势，因此资产剥离在商业活动中次数逐渐提升，但是占比却略微下降。

（二）资产剥离的原因

1. 盈利状况欠佳

当出现某一个分公司的业绩一直处于赤字状态时，说明该公司的盈利能力不行，如果连总公司最低投资收益率的标准都无法完成，那么考虑到总公司的发展，将会有较大可能放弃该分公司。所谓的最低投资收益率一般来说为公司的最低成本率。达不到此标准时便意味着公司在亏损，为了公司的发展理应尽快进行资产剥离。有部分经理考虑到自身的业绩可能会做出拒绝放弃这些分公司的决定，但是为了公司的健康发展，高层一定不能犹豫，要果断放弃。

2. 经营业务不符合公司的发展规划

想在竞争激烈的商业战场中脱颖而出，公司必须要有清晰的规划和明确的自我认识，当确定了发展方向时，有些分公司的发展道路和总公司不同，便要进行资产剥离。虽然也许这些分公司仍然能为总公司赢取一定的利润，但是从长远来看其实是不符合公司的长期发展路线的。所以进行资产剥离将是最好的选择。从小的方面来看，将这些公司留在身边并不利于长远发展，从大的方面来看，将这些公司放到适合它们的位置对于整个社会来说可以更好地造福人民。

3. 负协同效应

以上全部是站在资产剥离方的角度来看的，但是站在购入方，也就是公司并购的角度，想要买来的公司产生更多的效益则需要产生整合效应。但是并非所有的购入都会是这样的理想情况，假如对该公司的判断出现错误，购入后不能进行恰当的整合，则会产生负协同效应。简单来说，当公司花费一定的资金购买了另一个公司，若是该公司给购买方带来的利益小于购买所花费的资金，那么这便是一次失败的投资，也就是负协同效应。一个很常见的例子就是，一个分公司长期财政赤字，不能为总公司带来收益，但该公司被出售之后反而开始盈利，这种情况我们就称为该分公司在总公司有负协同效应。

在20世纪60年代，一阵混合并购的风气流行于西方国家，这个举动相当于将鸡蛋放在不同的篮子里，降低了公司运营的风险，但同时也将公司的资源进行了分散，很难将资源集中起来专攻一处，形成核心竞争力。这种情况便是典型的负协同效应，所以在之后的10年，美国各个公司为了解决该问题，进行适当的资产剥离，以提高核心竞争力。

4. 资本市场的因素

对于资本市场而言，其实资产剥离会带来正面的影响，因为站在更高的层面来看，资产剥离本质是资源的合理分配利用。而对于投资者来说，一个分类不明确的公司很难判断出它的潜力所在，导致投资数量减少。比如说，投资方一般会根据不同类型的产业进行相应的投资判断，像房地产和制药公司就可以用终于周期性的长短进行分类，但是如果有一家公司既从事制药又从事房地产，那么投资方就很难进行相应的分类判断。也就是说，假如该公司将不同的业务分离开，会更加吸引资本方的加入和支持。

5. 增加现金流入量

公司在现金紧张的时候可以适当出售一部分对自身发展没有战略意义的物资，或出售一部分技术人员或技术，这种做法能够在短时间内增加公司的现金流入量，当公司处于财务危机时，可能也需要出售相当一部分能够影响公司发展的战略技术和物资去渡过危机。这对公司来说几乎是一种毁灭性打击。

6. 被动剥离

公司大多数会主动剥离一部分资产，因为这部分资产可能已经牵累到整个公司未来的战略发展，但是也会存在被动剥离资产，这种情况的主要原因大多数是由于公司在发展过程中出现了垄断行为，政府为了稳定市场必须要采取一定的措施，这种对公司造成资产剥离的行为称为被动剥离。

（三）资产剥离的财务估价

公司需要先对将被执行剥离的子公司、部门或资产做价值评估，在进行评估时需要遵循以下四步。

第一，估计被剥离部门或资产的税后现金净流量。在进行评估这种情况时需要注意这些被剥离的部门及资产是否与公司的战略发展背道而驰，也要注意是否与公司的战略发展紧密关联，这两种情况会在评估时得到两种截然不同的结果。

第二，确定被剥离部门或资产所适用的折现率。

第三，计算现值。

第四，计算被剥离部门的价值。当一个部门被剥离时，需要在评估时把该部门承担的一部分与负债相关的市场价值减去，这样做得出的数值才是该公司该部门所值的价值。被剥离部门的价值的公式计算如下：

$$V = \sum_{t=1}^{n} \frac{CFAT_t}{(1+R)^t} - MVL$$

在进行过这四步的评估后得到的结果，在市场上进行售卖，扣除一部分税后的收入比在该公司中能够体现出来的价值大，则说明该交易成功，否则为失败。

二　公司分立

（一）公司分立的概念

公司分立是公司收缩经营规模的一种重要方式。公司分立的概念是一家公司根据相关的法律法规变为两个及以上公司进行经营，而这些公司的股份依旧是分立前的公司的股东持有的。公司在进行分立时，存在两种分立形式，现在普遍认为两种形式为：新设分立和派生分立。这两种分立最大的区别在于新设分立会导致原公司解散，而派生分立不会。

（二）公司分立的原因

1. 提高公司运营效率

当一家公司的生产规模过于宏大，管理上的难度将会成倍增加，会导致公司的发展进入瓶颈，甚至可能遭到重创，此时，公司就需要进行公司分立的行为，但是分立的公司在生产规模上也不能太小，过小就会导致每家子公司在成本投入上成倍的增加，成本的增加会影响公司的发展，从而进入一种恶性循环，所以在适当的时候进行公司分立，并且每家公司的规模既不过于宏大、也不过小，这种公司分立行为会使公司的运营效率得到大大的提升，从而使得公司突破发展瓶颈，面对风险的能力也会大大增强。

2. 避免反垄断诉讼

在公司将要面对被动剥离的情况时，主动进行公司分立，会有效地避免反垄断诉讼，在历史上存在了太多的例子显示公司分立是主动避免被政府进行反垄断管制的有效手段。

3. 防范恶意收购

公司分立最显著的特点是能够防患于未然，因为经过分立后，每家公司的价值降低了，收购者的收购欲望就会降低很多，但这种分立有可能会导致公司的每股股票的价值下降，也就表明股东手上的财富值缩水，部分股东可能无法接受自身财富凭空蒸发，因此可能会反对导致股票价值下降的公司分立。

4. 财富效应

公司在进行分立和剥离的动机通常都是由于该公司的股东相信公司分立后，虽然每家公司的股票价值下降了，但是所有分立公司的股票加起来时，它们的和会比原来的一家公司多很多，这种增加自身财富的想法会得到多数人的同意。

（三）公司分立的程序

公司发展到一定的瓶颈后，需要进行重组乃至拆分，拆分时必须经过以下五大程序：第一步，需要提出为什么要分立，分立时有什么建言；第二步，确定公司如何分立并进行重新组合的规划；第三步，从法律意义上确定公司分立的决心和规划；第四步，各个股东进行开会，讨论并通过重大分立协议；第五步，去相关部门办理相应的手续。

（四）公司分立的财务可行性分析

公司分立是一种以经济利益最大化为目标的经济行为。所以，有必要分析公司要分立的财务是否可以进行。贴现可用于计算公司分立前后的价值，并进行比较。

例 8—4：为了提高 A 公司的经营效率，董事会决定将 A 公司分为 B 公司和 C 公司两部分，预计 A 公司在分立前 10 年经营活动产生的净现金流量现值为 1.456 亿元，即公司价值。表 8—2 显示了 B 公司和 C 公司分离后五年的净现金流量。第六年以来，B 公司年度净现金流量 850 万元，C 公司年度净现金流量 900 万元。如果将市场利率设为 10%，并且在分离过程没有分离成本。

表 8—2　　B 公司和 C 公司的现金流量　　单位：万元

年度	第 1 年	第 2 年	第 3 年	第 4 年	第 5 年
B 公司	520	580	640	700	750
C 公司	560	640	680	750	800
合计	1080	1220	1320	1450	1550

则分立后 B 公司和 C 公司的价值计算如下：

V≈1.130962 亿元

将分立前公司与分立后公司价值对比可以得到，分立前 A 公司价值为 1.456 亿元，比分立后多，所以该公司在财务上来看进行分立是不现实的。

5. 公司分立引起的重大财务问题

公司在分立时会出现一些重大的财务方面的问题，会直接影响各方的经济利益。所以，公平合理地处理这个问题的最佳时间就是在分立确定时。通常涉及的财务问题主要包括处理股东权益、分割资产与评估资产、债务如何分配。

三　股权出售

将公司在子公司中持有的股份出售给其他投资者被称为股权出售。一般的，出售公司资产或部门的是资产剥离，出售公司在子公司的全部或部分股份的是股权出售。公司如果只出售了部分股份，将继续经营子公司的业务。1990 年前后，美国股市持续低迷，公司销售股票成了筹集资金的途径之一。例如，从 1987 年到 1989 年，尽管公开发行市场低迷，但美国十大股票交易的总价值达到 139.2 亿美元。出售后，母公司可能不再控制子公司，子公司的股东也可能变更。

股权出售的目的与资产剥离交易的目的基本相同，且效果相似。研究发现，股票出售可以对母公司的股价产生积极影响，从而给股东带来积极的财富效应。

第三节　财务预警

公司在财务管理活动中需要处理的重要问题之一就是财务危机。只要经济开始衰退，就会有部分企业陷入财务危机，然后被迫申请破产。下面主要介绍企业财务危机的含义、成因、征兆及预警。

一　财务危机的含义

在财务危机的含义上，虽然学术界对财务危机的理解存在一定的分歧，但对于企业财务危机的表现，如经营亏损、股利减少、股价下跌、解雇员工、违约、破产等，仍然存在一些共识。财务危机的发生与企业失败的经营关系紧密，利用企业经营失败来理解财务危机的含义是有一定道理的。企业失败可以分为两种类型：经济失败和财务失败。企业经营亏损或利润长期低于预期水平就是经济失败的表现，具体可以拿投资回报率和资本成本率进行比较。企业出现到期债务无法偿还时就是财务失败。当一个企业财务失败时，其现金流就会恶化，流动性满足不了到期债务偿还的压力。即使企业没有遭受损失，也可能发生财务失败。

财务危机指的就是企业的财务失败。在国外文献中，企业失败、财务失败、企业破产、财务困境都是与财务危机有关的内容。这些概念没有严格的区分，通常会交替使用在同一文献中。比如我们常见到的，Beaver（1966）将金融危机定义为破产、优先股息违约、银行透支和债券违约。Ross 等（2000）从四个方面对财务危机进行了定义：一是企业破产，即企业清算后仍无法偿还债权人的债务；二是法定破产，即因债务人不能履行到期债务合同，且处于持续状态，企业或债权人向法院提出企业破产申请；三是技术性破产，即企业不能按期履行债务合同支付利息和本金；四是会计破产，即企业账面净资产为负，出现资产不足以偿还债务的情况。

在中国，“金融困境”通常被解释为“金融危机”和“金融恶化”，而“financial crisis”通常被解释为金融危机。从中国的文学角度来看，金融危机似乎比金融困境更为严重。事实上，两者之间很难进行区分。国内学者界定金融危机的标准一般是看企业是否具有可持续经营能力。他们认为，企业面临的财务危机意味着企业的生产经营活动陷入严重困难，危及企业的生存和发展。这些是由于管理不善，企业不能适应外部环境的变化产生的。从财务报表中可以看出，企业长期处于亏损状态，无力偿还债务，甚至面临破产的风险。

财务危机指企业因现金流不足，偿还到期债务压力巨大而被迫采取非常措施的状态。企业财务危机的主要表现是，现金流持续短缺，而且没有能力偿还到期债务，并采取非常措施，如高利率贷款、债务重组、停止现金股利、申请破产等。而经济失败描述企业的经营状况是通过看企业的盈利能力进行的，财务危机从企业的偿债能力描述企业的相关情况。企业财务危机本质上是一个逐步积累的过程，其表现形式各不相同。企业的违约、偿债能力和损失可以看作财务危机的早期表现，而破产则是财务危机的最终结果。

二 财务危机产生的原因

金融危机对企业危害极大。对于企业来说，财务危机的原因是什么呢？国外学者对此问题进行了调查研究。例如，世界著名的商业信息服务机构 Bradstreet 在 1980 年和 1992—1993 年对破产企业进行了两次调查。1980 年，94% 的公司因缺乏管理经验和管理不力而倒闭。1992—1993 年的调查使用了与 1980 年不同的分类。然而，由于经济和金融因素造成的综合百分比为 83%，管理不力可能是主要原因。就失败企业的寿命而言，短期失败企业的比例高于长期失败企业的比例，这可能是由于短期失败企业规模小、抗风险能力低以及缺乏管理经验。显然，导致金融危机的原因是多方面的，但缺乏管理经验和管理不力仍是主要原因。

但管理不力不一定是企业产生财务危机的主要原因。所以我们要从理论和实践两方面去研究可能引发财务危机的各种因素，从而为企业更好地提供避免财务危机的预案和改善企业经营管理模式。约翰·阿根提（John Argenti）在李岩、Ross 等国内外学者研究的基础上，通过对经典案例的情况分析以及相关理论课题的研究，归纳出了会导致企业财务危机的八大主要原因。

第一，经营管理结构存在缺陷。

阿根提认为，企业管理结构缺陷主要表现在：缺乏战略规划；法人治理结构不完善；组织结构不合理；管理制度不健全；制度执行不到位；企业管理方法不当；缺乏企业文化的培养和造就等。其中由于企业高层管理人员在日常管理中有不当举动，会导致企业投资方向出现失误，很容易造成投资失败，原来本身行业的利润也跟着赔进去，从而引发财务危机。

第二，会计信息系统存在缺陷。

健全的会计信息系统可以帮助企业高层迅速发现问题，为其提供依据以便作出正确决策。但是，不健全的会计信息系统必然导致企业的不稳定，其具体缺陷表现为会计信息系统信息不健全，会计信息系统人才缺失问题，外部环境的影响，等等。信息不健全会引起企业高层做出错误的决策，资金外流且资金链动荡，故容易产生企业的财务危机。

第三，面对经营环境的变化，企业不能及时采取恰当的应对措施。

经营环境变化具体被分为宏观环境、微观环境、内部环境的变化三大类。

一是宏观环境的变化。分为政治、技术、经济以及社会环境四方面，如通货膨胀、政治政策的变化、技术的更迭、市场竞争环境变化等。这些方面细微的变化都可能引起蝴蝶效应，这时就考验企业是否拥有完善的机制，能够及时采取应对措施。

二是微观环境的变化。供应链、顾客、竞争对手、政府机构、战略伙伴，不能获得成功的企业对这些因素往往反应迟钝，不能采取合理的应对措施，便会在竞争激烈的市场中落败。

三是内部环境的变化。（1）有形环境：人力、财力、物力、技术、信息。（2）无形环境：人际关系、雇佣关系、组织结构。（3）组织文化，通过对内部环境的精准分析，以便企业可以采取恰当的应对措施。

第四，制约企业对环境变化做出反应的因素。企业环境因素、企业组织特征、企业内部管理沟通、企业家及员工素质、企业内部沟通都是限制因素，可能会制约企业对环境变化的反应，减少企业对外部环境进行充分的交流机会，导致企业需要支付更高的经济成本。如消费者的需求偏好到市场结构的变化再到技术的更新都需要企业投入大量的人财物，这样会导致企业经营效率低下。

第五，过度经营。过度经营分为过度扩张和过度负债两种。企业过度经营的基本表现使销售收入与利润度大幅增长的同时，却不能带来有效的营业现金流入量。过度经营的缺陷是带来较大的流动性风险，可能导致资金周转不灵，甚至面临破产倒闭的风险。

第六，盲目开发大项目。人们对商业地产项目的开发规模不加市场化考虑，盲目求大，甚至想将规模越大越好的思维引进商业地产，最终将推动商业地产市场风险加大，把商业地产市场的投资诱惑变成投资的困惑。大项目基本是生态环保项目、民生和社会事业项目等。管理层一旦投资失误必然会引发资金链断裂，使企业蒙受损失。

第七，高财务杠杆。在筹资中适当举债，调整资本结构给企业带来额外收益。财务风险主要由财务杠杆产生。企业财务杠杆的高低可以反映财务风险的大小。高财务杠杆也就对应高的财务风险。

第八，常见的经营风险。常见的经营风险对于正常或资源优良的企业来说并不会造成企业与经营风险，反之对于资源匮乏、经济实力较差的企业来说，常见的经营风险也会让企业陷入财务危机。

三　财务危机发生的征兆

企业财务危机发生时总会伴随一些征兆，如果企业管理者敏锐地觉察到，就可以针对这些征兆采取措施去预防财务危机。财务危机的主要征兆分为财务指标和经营状况两个方面。

（一）财务指标的征兆

企业在经营过程中，通过观察现金流量、收益、营运效率等指标的变化来判断财政危机的征兆。

1. 现金流量类指标

现金流量的变化是企业前置期收益与风险状况的“晴雨表”。现金流量开始恶化，一定程度上昭示着企业现金运转的紧张状况及可能的危机所在。现金流量类指标揭示了公司以经营活动产生的现金流量支付到期债务和当前股利的能力，同时衡量了公司是否可以正常支付其资本支出的能力，企业必须警惕现金支付不足的潜在危机。

2. 收益类指标

资产收益是企业现金流量的源泉，只有通过主营业务不断拓展市场增值能力，才可能真正地、持续性地避免不确定性危机的侵袭。如果主营业务销售率或收益率在总收益中所占的比重呈现下降的趋势，往往是企业经营不稳定的危险征兆。同时，如果所预期或已出现的收益时间分布结果完全随机或间距不规律，也说明这种收益的质量亦非真正稳定可靠。

3. 营运效率类指标

预警分析系统，一般应有两个要素：即先行指标和扳机点。先行指标是用于早期评测运营不佳状况的变动指标；扳机点则是指控制先行指标的临界点，一旦评测指标超过预定的界限点，则预警方案应随之启动。经营性资产周转率等的临界值可作为考察的扳机点。因此跟踪考察企业时，对主要比率变化趋势中所隐含的关键点应予以特别注意。

4. 利率出现锐减

利率是由多方面的因素决定的，是公司生产经营的目的。在市场中，如果企业的产品没有人购买，其成本却在上涨，那么在这种情况下企业的利率就会慢慢减小。利润的不断减少，公司的财富不断被消耗，这种类型的公司也很难找到外部的资本，所以有可能会出现财务危机。

5. 收账的时间延长

它反映了公司收入支出的周转速度。当这个时间被延长，公司在应该收款方面的资金就会花费很多。所以，公司的高层人员应该注意这个问题。

6. 偿债能力指标情况不良

当反映公司企业偿债能力的相关指标出现恶化的情况时，就在一定程度上暗示着企业的财务会出现问题。

（二）经营状况的征兆

公司财务问题的发生会有一些预兆出现。当公司出现这些预兆的时候，必须要关注，具体内容如下。

1. 不合理地扩大公司规模

这种扩大方式主要有两种。分别为内部扩大和外部扩大。内部扩大需要企业投入很多的资金，当公司的资产突然增多，但是生产经营没有跟上的时候，资本就会沉积，流动性资金就会减少。公司的外部扩大一般情况下采用并购公司的方式，但是这种方式是优缺点并存的。企业并购其他公司需要大量的资金，可能会导致资金投入过大，对其他方面产生不良影响。所以，基于这种情况，公司想要扩大规模，必须认真考虑。

2. 公司的品牌形象受损

品牌形象是一个企业的无形资产。品牌形象好的公司可以和银行保持良好的合作关系，银行为其提供多种服务。但是如果公司的品牌形象受损，银行为其提供服务的意愿就会降低，对外筹集资本也会较困难。公司可能会出现财务危机。

3. 公司的销售情况出现不好的趋势

如果企业的销售情况处于不好的状态，企业的生产经营就会受此影响。公司的利率会逐渐下滑，最终导致财务危机情况出现。

4. 不能及时知道财务的信息

如果企业不能及时了解到财务信息，信息的公开时间被推迟，也在一定程度上暗示着企业可能会发生财务危机。

四　财务危机的预警

财务危机预警的具体内涵为：对公司的生产经营里面有的财务情况进行监督报告。影响财务预警的因素很多，比如公司的销售情况、公司的管理决策等因素。有影响公司财务的情况出现时，该预警系统就会发出信号，提醒公司的高层人员做好准备去解决这个问题。

出于对公司的财务情况进行监测的目的。这方面的专家学者，建立了许多监测财务情况的模型。本书将介绍几个相关的模型，具体的模型如下。

（一）定性分析法

这种对财务进行监督的模型根据企业的生产经营和财务情况来进行评估公司未来会不会产生财务危机。

表 8—3 财务预警的定性分析法

经济环境	经营状况	财务状况
1. 经济增长率下降或经济衰退 2. 失业率上升 3. 通货膨胀 4. 金融市场动荡 5. 产业政策的不利变化 6. 市场竞争加剧 7. 技术变化 8. 政府管制 9. 税法变化、税率提高	1. 盲目扩张、过度经营 2. 市场营销失败、销售下滑 3. 预算控制系统缺乏 4. 管理水平低下 5. 人才流失 6. 对环境变化反应迟钝 7. 销售合同违约 8. 研发费用削减	1. 财务杠杆过大、负债金额过大 2. 经营亏损 3. 现金流量恶化 4. 应收账款收账期延长 5. 存货周转率下降 6. 债务违约 7. 成本核算系统不健全 8. 粉饰财务报表

表 8—3 中展示了公司在生产经营时可能会出现的影响财务情况的因素。但是只是理想化的，具体的还是要根据实际来定。

（二）单变量预警模型

这种模型通过单一的指标对财务情况进行判断预警，它属于定性分析方法的一种。

第一，如果从这种模型对于财务的意义层面出发，公司的财务情况在实际中是不可能通过某一个单性的指标推断出来的，有时候可能存在用某一个单一的指标对财务进行判断的效果不是很有力，但是如果从其他的指标来看，它对财务的情况更加具有说服力。与此同时，不同的财务指标有时候对公司财务情况的判断出现不同的情况，很难真正预测公司的财务情况。

第二，如果从这种模型的统计意义层面出发，这种模型仅仅把平均数值纳入考虑的范围，没有对标准差这些因素进行考虑，考虑的因素较为片面，从而导致结果很难进行下一步的说明。很难对公司的财务情况做出预警。

第三，这种模型和其他的对公司的财务情况进行预警的模型的办法相同，其也受很多因素的影响。举例来说，市场的情况、公司的生产经营情况等。这种模型它仅仅只是简单地对公司的情况进行了初步的说明，但是很难对公司的财务情况进行判断。

（三）多变量预警模型

因为单变量对公司的财务情况进行分析的模型存在的固有弊端，导致其不能较为准确地对公司的模型进行判断，所以为了更好地评估公司的财务情况，很多专家学者研究多变量模型对公司的财务情况进行评估。这种多变量的模型，把影响财务的多种指标和因素纳入考虑的范围，对财务情况评估的准确度有了很大的提高。下面就介绍这种模型。

其模型用计算公式表示如下：

$$L = 0.012X_1 + 0.014X_2 + 0.033X_3 + 0.006X_4 + 0.999X_5$$

在这个表达式里面，X_1为公司总资产的数额，X_2为公司的留存利润，X_3为息税前利润，X_4为公司在市场里面的价，X_5为公司的销售利润。

从这个模型出发，L 的计算数值越低，那么就说明公司的财务情况越不好。根据这一模型的提出者对其进行判断的方法来看，怎么样对企业的财务情况进行判断是有一个特定的数值的，数值为 2.78。如果计算的数值比这个数值大，那么就暗示着企业的生产经营没有巨大的危机，可能不会出现财务危机的情况，但是如果这个计算数值在 1.76—2.78，就暗示着企业的生产经营情况不稳定，财务的情况也会受此影响，出现不稳定的情况，但是也很难推测出企业是否有破产的可能性。2.556 这一计算数值是评估公司是不是破产企业的数值。

第四节　企业重组与清算

一　企业重组的原则

传统意义的企业重新组合包含公司的控制权、资本、人员等部分的重新结合与匹配。

从狭义的理解角度出发，公司的重组是为了合理地优化公司的资源配置，通过重新组合要素的方法，达到理想的效果。

股份有限公司的企业重组，必须满足下面的规定：

第一，满足国家关于企业重组方面的制度规定、相关的法律政策；

第二，不会影响公司股票上市的条件；

第三，企业的资产重组涉及的资产，其价格应该有专门的评估机构对其进行定价，不能危害公司的利益和公司股份持有者的权益；

第四，明确重大资产重组涉及的资产所有权，资产的转让不能存在法律问题，有关债权债务的处理是合法的；

第五，有利于上市公司经营能力的持续提高，上市公司重组后不存在主要资产为现金或无特定业务的情况；

第六，有利于上市公司在金融、业务、资产、机构、人事等方面独立于实际控制人及其关联人，遵守中国证监会关于上市公司有关独立性的规定；

第七，有利于上市公司形成或保持健全有效的公司治理结构。

二 企业重组的模式

企业重组模式一般分为以下几个模式。

1. 业务重组

对重组后的企业进行业务划分，以确定其业务的哪一部分属于上市公司业务的行为。企业重组最基本的就是业务划分，它也是企业重组的前提。在重组过程中，重点将盈利性业务和非盈利性业务划分为主营业务和非主营业务，再将经营性业务和盈利性业务划分为上市公司业务，将非经营性业务和非盈利性业务分离出来。

2. 资产重组

是指对资产在一定范围内进行分析、整合和优化组合的活动。这是企业重组的核心。

3. 债务重组

是指债务人利用债务转移和债务转换为股权等方式将企业的债务进行重新划分。

4. 股权重组

指调整企业股权的行为。它与其他重组有关，甚至与其他重组同步，例如债务重组中的债转股。

5. 人员重组

是指裁员增效，通过优化劳动组合，将劳动生产效率提高的行为。

6. 管理制度重组

是指为适应现代企业制度的要求而修改管理制度，完善企业管理制度的行为。

三　重大资产重组行为的界定

第一，上市公司及其控股的公司或者有控制权的公司购买、出售资产，只要符合以下标准中的一条，就被称为重大资产重组。

首先，上市公司最近一个会计年度经审计的合并财务报告终了时，购买、出售的资产总额占总资产的一半以上。

其次，最近两个会计年度购买或者出售资产产生的经营收入，占同期上市公司经审计的合并财务会计报告产生的经营收入的一半以上。

最后，上市公司最近一个财政年度经审计的合并财务报告末尾的净资产占净资产的一半以上，而且大于5000万元人民币；

未达到前款规定的买卖资产标准，但中国证券监督管理委员会发现，可能损害上市公司或者投资者合法权益的重大问题，就能依据审慎监管令的原则，按照《上市公司重组管理办法》的规定披露有关信息、暂时停止交易并需要提交申请文件。

第二，计算上述规定的比例时，应当遵守下列规定。

首先，购买股权作为资产的，资产总额应当将被投资企业的总资产与股份在投资中所占的比例与交易金额的乘积中较高的当作标准；经营所得的产品投资企业的营业收入和投资的股权占比的乘积为标准。

如果购买股票导致上市公司被收购控制，对投资企业的资产总额应当以较高的资产总额当标准，投资企业的交易数量以较高的作为基础，投资企业的营业收入就是该上市公司的营业收入，净资产金额应以被投资企业净资产金额与交易金额中较高的为准；出售股份导致上市公司失去被投资企业控股股份的，以被投资企业的资产总额、营业收入和净资产金额为准。

其次，当购买者所购买的资产类型不包含股票权益时，在衡量资产的总体价值时，在账面值以及成交金额这两种因素中选择较大者为主要参考标准。在衡量资产的净值时，主要考虑其账面值与负债的相差额度以及成交金额这两种因素，同样以较大者为主要评判标准。当卖家售出的资产不属于股票类型时，在衡量资产的总体价值时，主要考虑账面值；在衡量净值时，主要考虑账面值与负债的相差金额。如果交易的资产与负债无关，即使总体金额超过上市企业年度净值资产的一半，并且不低于5000万元人民币，也不能因此使用相关规定进行约束。

再次，如果一家上市企业在进行资产交易时，同时担任卖家以及买家的角色，则必须对两者进行独立计算，得出实际比例，以较大者为主要衡量标准。

最后，如果一家上市企业在一年的时间内同时担任卖家与买家角色进行相关资产的交易，在衡量总体数额时，应当重点考虑交易次数这一因素，并且排除已经获得中国证监会认定的部分。如果交易资产的业务领域较为相似，或者被同一家企业所拥有，那么它们便是具有相关性的。

四　企业清算

（一）企业清算的概念

企业清算这类行为，只有在终止性过程中才会发生，以结束经济联系为目的，作用对象是企业财产和负债，主要工作是财产清算、价格估计以及资产变现。对于所有终止企业，都有必要进行企业清算，只有这样，才能终结相应的法律联系。

企业需要进行清算工作的背景是多样的，主要有以下几种：①经营到期，或者发生了重大事件，按照原本的规定应当解散；②股东提出并且会议通过；③发生公司合并或者分立的重大事件；④公司经营无法被法律认可；⑤公司破产。

（二）破产清算的程序

主要参考《破产法》，步骤如下。

1. 提交申请

若由债务人提交，则视为自愿，若由债权人提交，则视为非自愿。提交的材料包括申请书以及其他有效证据。

2. 法院受理

提交破产申请之后，如果法院审查通过，将会有相应的管理人进行企业清算工作，一般是法院自身的清算组织或者社会的专业机构，如律师、会计师以及破产清算等类型的事务所。

3. 债权人进行申报

在法院受理破产申请之后，债权人将会获得一个申报债权的时间期限，需要提交相关的纸质材料，包括证据以及具体说明。材料提交之后，管理人将会对其开展审查工作。

4. 举办债权人会议，形成相应的委员会

会议参与者是所有的合法债权人，主要对破产企业进行讨论。首次会议在一般情况下都是由法院集中召开的，在债权申报到期后的15日内举行。所形成的委员会一般由两方组成，分别是债权人以及债务人的代表。

5. 法院进行破产宣告

在审查工作全部完成之后，如果公司符合破产规定，将会收到由法院发放的破产宣告裁定书。裁定发布后，在5日期限内通知管理人以及债务人，在10日期限内告知合法债权人，而后进行公示。在完成宣告后，相关的债务人将被认定为破产人，其资产被视为破产财产，原有债权则变为破产债权。

6. 处理破产财产

在破产宣告后，管理人将接管相应企业，并且负责处理破产财产，工作主要包括核心资产的清算、价值的评估以及财产的分配等。根据实际情况，如果破产企业有继续生产经营的必要，管理人可以进行组织。此外，债权人会收到由管理人所提交的破产财产处理方案，当方案被会议或者法院通过之后，管理人便可以开展资产价值变现的工作。

7. 进行破产财产的分配

在完成破产财产的价值衡量工作后，债权人将会收到由管理人制定的财产分配方案。如果债权人会议通过并且法院认可，管理人就可以开始进行分配工作。

8. 结束破产程序

在破产财产的分配工作全部完成之后，管理人将会及时拟定财产分配报告，并且向法院提交，进行终结破产程序的申请。法院以收到请求的15日为期限，完成相关的裁定工作。如果终结申请通过，管理人将会以公布之后的10日为期，到破产人的原登记机构进行注销登记。

本章小结

第一，并购是统一称呼，包括兼并和收购两种方式，是一种产权交易的行为，并购者被认定为买方或者并购公司，而被并购者则称卖方或者目标公司，完成并购工作后，前者可以获得后者的控制权利。

第二，站在法人地位变化的角度进行思考，上市企业的并购行为可以分为三种类型，分别是新设合并、吸收合并以及收购控股。

从双方行业联系这一层面进行划分，企业并购的行为主要有三种，即横向并购、纵向并购以及混合并购。

从被并购公司的自愿性来看，企业并购的行为主要有两种，一种是善意的，另一种是敌意的。

按照并购行为的方式，一般有协议并购、要约并购、间接并购等。

第三，公司开展并购行为的原因有两种。

一是促进总体收入的增长。在多家企业完成合并工作之后，彼此之间的市场竞争将会大大减少，通过沟通合作调整自身的经营模式，并且改善营销方案，从而促进整体的发展，达到 1 +1 >2 的效果。

二是两家进行合并之后会提高工作效率，从而节省成本，所以就需要合适的经营方法来促进效率的提高。

第四，如果式中的可观测变量用公司的净利润，那么这种方法就是市盈率法，这种方法就需根据公司的平均市盈率来对市场合理盈率进行估算，相关运算法则见下：

$$V = PE \times X$$

公式字母分别表示为公司市场价值、市盈率以及可观测的影响价值的因素，但是这里进行了间接代换，也就是换成了净利润。

第五，不按照市场的标准，以公司的平均市净率为标准来确定公司的市净率，并且进行对公司价值的计算，这种方式称为市净率法。其具体过程见下：

$$V = PB \times X$$

式中，PB 表示市净率，X 表示净资产。

第六，关于市销率法，标准又变成了公司的平均市销率，步骤基本参照以上方式，没有大改动，市场价值与年销售收入之比就是市销率，公式为：

$$V = PS \times X$$

式中，可观测变量用年销售收入代换。PS 表示市销率，X 表示年销售收入。

第七，现金流量折现法是一种市场常用的方式，由于其具有很多优点，所以经常用来作为单项资产的价值评估。

参考这种方法的主要步骤，关于公司的价值计算，其公式为：

$$V = \sum_{t=1}^{n} \frac{CF_t}{(1+k)^t}$$

公式中各字母分别表示对公司的计算价值、公司第 t 年的现金资产、市场折现率、预测期限。V 表示目标公司的评估价值，CF_t 表示目标公司第 t 期产生的现金流量，k 表示折现率，n 表示预测期限目标公司每年购公司自由现金流量，k 表示折现率。

第八，零增长模型。经常用来对公司的多余资金进行计算，但是要保证未来各年的现金流量是不变的情况，对于这一项指标的计算：

$$V = \frac{FCFF}{k}$$

公式中的各字母跟第七项一样，不同的是 FCFF 表示公司的自由现金流量、这里将加权平均资本成本率进行了代换。

固定增长模型：常常用来表示公司的固定增长率的增长情况，它的计算方式为：

$$V = \frac{FCFF_1}{k-g} = \frac{FCFF_0(1+g)}{k-g}$$

$FCFF_1$ 也就是第一年的自由资金流量，这里以公司第 1 年的自由现金流量作为参考，g 表示自由现金流量的增长率。

第九，两阶段增长模型，其公司价值的计算公式为：

$$V = \sum_{t=1}^{n} \frac{FCFF_0\ (1+g_t)^t}{(1+k)^t} + \frac{FCFF_n\ (1+g_m)}{(k_m-g_m)\ (1+k)^n}$$

公式中，指标下的字母表示第几年的自由现金流量，但是这里的 k 不表示折现率，而是表示为第一阶段的折现率，附加了一个时间上的跨度，k_m 其实就是下一阶段的折现率，并且各自采取的加权平均资本成本率也是不一样的，分别采取的是对应阶段的数据；对于 g 的选择一样参考加权平均资本成本；值得注意的是，n 就是公司第一个增长的年限时间。

第十，对于式子中不同增长阶段的自由现金流量的计算：

FCFE = FCFF − 利息费用 ×（1 − 所得税税率）+ 负债净增加额

也可以将税前利润加上折旧和负债净增加额，再减去所得税、资本性支出等之和，也可以新增加债务，只是这种情况需要将负债净增加额不予考虑。

第九章

Excel 在财务管理中的应用

第一节　资金时间价值的计算

一　单利现值和复利现值计算

（一）单利现值计算

单利终值的逆运算，就是在知道终值的情况下，求其按给定贴现率计算的现在时刻的价值。

单利现值的计算公式为：$P = F/(1 + i \times n)$

其中字母分别表示：P 为现值，F 为未来值，i 为单利年利率，n 为期限。

例 9—1：在知道一家银行的单利年利率的时候，就可以计算出某年需要存入多少钱才可以获得指定现金，并且也可以对单利现值与期限时间的关系进行分析。

1. 计算单利现值

首先，需要把已知的数据进行录入，见图 9—1。

其次，于单元格 B7 中输入公式“ = B2/（1 + B3 * B4）”，输出为图 9—1。

2. 运用模型进行贴现率不同时的单利现值等的相关计算，并且揭示相关联系

首先，于 Excel 中的 A9：J15 表格中设计分析表格的格式，见表 9—1。

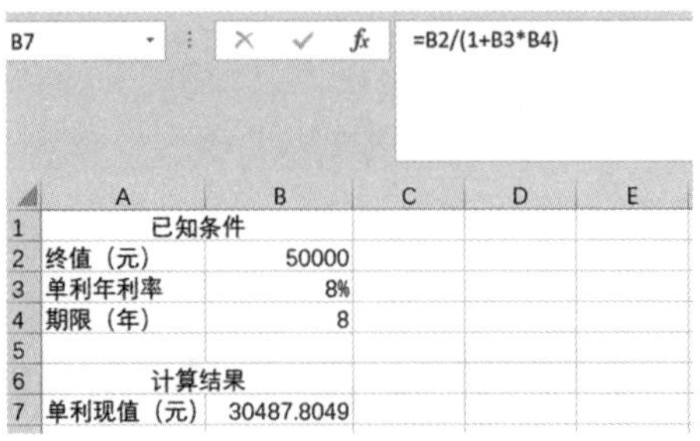

B7 =B2/(1+B3*B4)

	A	B
1	已知条件	
2	终值（元）	50000
3	单利年利率	8%
4	期限（年）	8
5		
6	计算结果	
7	单利现值（元）	30487.8049

图9—1　单利现值的计算结果

其次，在单元格 A11 中输入公式“ = B2/（1 + B3 * B4）”。

最后，选定输入数据，进行模拟分析指令的输入，随后在弹出窗口处输入“ $ B $ 4”，并在单元格中输入“ $ B3”，结果见表9—1。

表9—1　　模拟运算结果

不同贴现率水平下单利现值与贴现期数之间的关系									
年利率	贴现期数（年）								
	0	1	2	3	4	5	6	7	8
3%	50000	48543. 69	47169. 81	45871. 56	44642. 86	43478. 26	42372. 88	41322. 31	40322. 58
6%	50000	47169. 81	44642. 86	42372. 88	40322. 58	38461. 54	36764. 71	35211. 27	33783. 78
9%	50000	45871. 56	42372. 88	39370. 08	36764. 71	34482. 76	32467. 53	30674. 85	29069. 77
12%	50000	44642. 86	40322. 58	36764. 71	33783. 78	31250	29069. 77	27173. 91	25510. 2

（二）复利现值计算

通过一定的公式，在已知第 n 年的支出或者收入的复利终值以及折现率时，就可以根据这些数据对现在时刻的价值进行计算，具体公式：

$$P = F/(1+i)^{n} = F \times PVIF_{i,n}$$

式中第一个等号之后就是复利现值系数，所以这个公式也可以称为复利现值公式。

关于这一值的计算，可以直接输入公式，也可以利用 PV 函数进行计算。

关于 PV 函数，是建立在固定利率以及等额分期付款时，就可以进行当前值的计算，输入：

＝PV（rate，nper，pmt，fv，type）

语句中的各词的解释为：fv 是 future vote，也就是未来值，也可以解释为在最后一次支付后希望得到的现金余额，这一项数据十分重要，如果没有进行输入或者命令，那么系统就会默认为零，同样的，其他函数也会出现相同情况。

值得注意的是，与 FV 函数一样，PV 函数认定年金 pmt 和终值 fv 现金流量的方向与计算出的现值现金流量的方向是相反的，即如果年金 pmt 和终值 fv 是付款，计算出的现值则为收款；反之，如果年金 pmt 和终值 fv 是收款，计算出的现值则为付款。因此，当 pmt 和 fv 参数都以正数存放在工作表的单元格中时，为了使计算出的现值能显示为正数，应在输入 pmnt 和 fv 参数时加上负号。

例 9—2：假定银行存款的复利年利率为 6%，某人希望在第 10 年末从银行取款 30 万元，要求建立一个复利现值计算模型。

1. 进行复利现值的数据处理

首先，进行数据的输入，并且规定输出结果的区域，见表 9—2。

其次，于 E2 中输入公式“＝B2/（1＋B3）^B4”。

最后，单选 E3 表格，随后进入编辑功能，调出 PV 函数对话框，对该对话框进行相应的设置，见图 9—2，确认即可，或者在函框输入公式“＝PV（B3，B4，－B2）”，最后结果见表 9—2。

表 9—2　　　　复利现值计算结果

已知条件		计算结果		计算方式
终值（元）	300000	复利现值（元）	167518.43	直接输入公式计算
复利年利率	6%	复利现值（元）	¥167，518.43	利用 PV 函数计算
期限（年）	10			

2. 分析在不同利率水平下复利现值与贴现期数之间的关系

第一步：设计单元格区域 A6：L13 中分析表的格式，如表 9—2 所示。

第二步：在单元格 A8 中输入公式“＝PV（B3，B4，－B2）”。

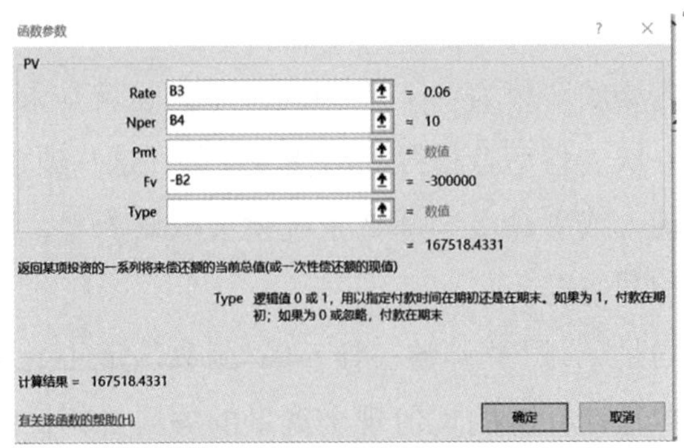

图 9—2 PV 函数参数的设置

第三步：选择单元格区域 A8：L13，点击【数据】选项卡【数据工具】功能组中的【仿真分析】命令，然后在下拉菜单中选择【仿真操作表】命令。在系统弹出的【模拟操作表】对话框中，在【输入引用行单元格】框中输入“B4”，在【输入引用列】框中输入引用列，如表 9—3 和图 9—3 所示。

二 单利终值和复利终值计算

（一）单利终值的计算

最终价值是指当前基金在一定时期后的本金和利息或未来价值的总和。一个现金流的单个利息的最终价值，是指一定时期后获得的本金和利息之和，只按初始本金计算，不按各时期产生的利息计算。单笔利息终值计算公式为：

$$Fs = P + P \times is \times n = P \times (1 + is \times n)$$

其中，Fs 为单个利息的最终值，P 指可用资金，is 是单利年利率，n 是计息期。

例 9—3：某企业在银行存款 20 万元，八年的存期，银行按年利率 5% 计息。要求建立单息终值的计算分析模型，并使模型包含以下功能：（1）计算本存款十年期末单息终值；（2）分析本金、利息和单利的终值对计息期的敏感性。建立单项效益最终值计算分析模型的具体步骤如下。

表 9—3 **模拟运算结果**

不同利率水平下复利现值与贴现期数之间的关系											
年利率	贴现期数（年）										
167518.43（元）	0	1	2	3	4	5	6	7	8	9	10
3%	300000.00	291262.14	282778.77	274542.50	266546.11	258782.64	251245.28	243927.45	236822.77	229925.02	223228.17
6%	300000.00	283018.87	266998.93	251885.78	237628.10	224177.45	211488.16	199517.13	188223.71	177569.54	167518.43
9%	300000.00	275229.36	252504.00	231655.04	212527.56	194979.42	178880.20	164110.27	150559.88	138128.33	126723.24
12%	300000.00	267857.14	239158.16	213534.07	190655.42	170228.06	151989.34	135704.76	121164.97	108183.01	96591.97
15%	300000.00	260869.57	226843.10	197254.87	171525.97	149153.02	129698.28	112781.11	98070.53	85278.72	74155.41

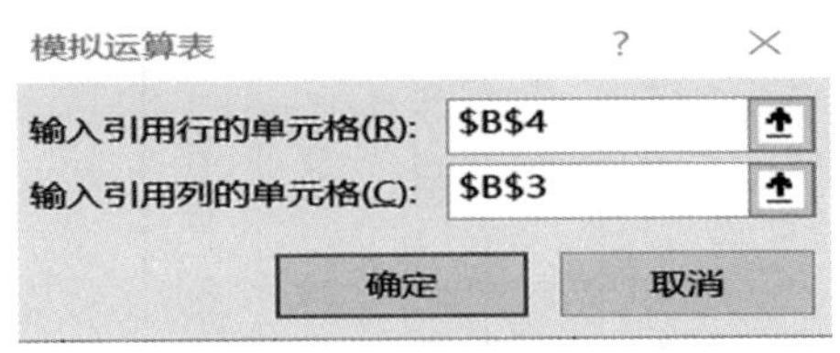

图9—3 模拟运算表格式

1. 计算存款在8年末的单利终值

第一步，打开新的Excel工作簿，在Sheetl工作表的单元格区域A1：B4输入已知条件，在单元格区域D1：E2设计计算结果输出区域的格式，如表9—4所示。

第二步，选择单元格E2，输入公式“=B2*（1+B3*B4)”。输入公式的具体步骤如下：输入等号‘=’；直接输入B2或用鼠标对准细胞B2，点击左键拾取细胞；输入乘法符号‘*’；输入单括号“(”；输入“1”；输入加号‘+’；进入B3或用鼠标选择B3；输入乘法符号‘*’；输入B4或用鼠标点选B4：输入单括号“)”。回车键是最终的确认键，计算结果在单元格E2中显示，即单利终值为280000元。此时，输入公式显示在公式编辑栏中，当前活动单元格的名称显示在名称栏中，如图9—4所示。

表9—4 已知条件和计算结果

已知条件		计算结果
本金（元）	200000	单利终值（元）
单利年利率	5%	
期限（年）	8	

如果在一个单元格中输入一个公式以后却发现这个公式光标有一些错误，需要对这个公式光标进行再次修改，应该先选取一个单元格，然后将公式光标的指定位置放在这个公式栏的编辑栏中，再对这个公式进行修改；或者在公式选取该一个单元格之后，按鼠标f2键，或者

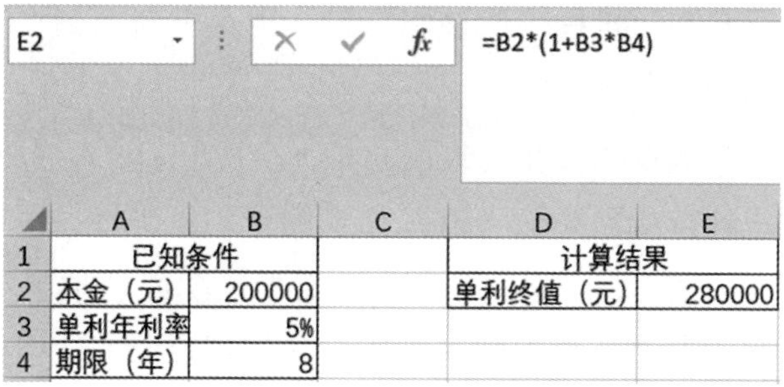

E2　=B2*(1+B3*B4)

	A	B	C	D	E
1	已知条件			计算结果	
2	本金（元）	200000		单利终值（元）	280000
3	单利年利率	5%			
4	期限（年）	8			

图 9—4　输入公式以后返回的结果

直接将鼠标左键指针直接对准该单元格，双击鼠标左键，使其将光标指针定位在这个单元格中，再进行修改这个公式。

第三步，如果一个用户同时希望在两个单元中的格 e 中同时显示的可能是该两个单元格中同时输入的两个计算公式，而不是计算公式的同时计算显示结果，应在【显示公式】功能选项卡【显示公式组合审核】选项功能中的组中重新执行【同时显示计算公式】选项命令，则在两个单元中的格 e 中就可能会同时显示该两个单元格中同时输入的计算公式，如表 9—5 所示。

表 9—5　　单元格中显示公式状态

已知条件		计算结果	
终值（元）	200000	复利现值（元）	=（B2 *（1 + B3 * B4）
单利年利率	0.05		
期限（年）	8		

如果用户希望将键回到在两个单元格中计算公式结果的显示状态，应在【显示公式】功能选项卡【显示公式组合审核】选项功能中的组中再次重新执行【同时显示计算公式】选项命令。同时利用公式组合中的键例如 Ctrl + 也同样可以轻松实现在同时显示出的计算公式和同时显示出的计算公式结果显示状态之间的快速公式切换，即按一次该公式组合中的键，将快速转换键回到在两个单元格中同时显示的是计

算公式的显示状态；再按一次该组合键，则会重新回到在单元格中显示计算结果的状态。

第四步，公式审核。在公式单元格 E2 中直接输入追踪公式以后，为了方便用户检查所需要输入追踪公式的引用正确性，可以首先直接选取公式单元内的 E2，然后在【追踪公式】功能选项卡【追踪公式引用审核】选项功能的分组中直接执行【使用追踪方法引用公式单元格】选项命令，则在该公式单元格与该公式单元格边框中的输入公式所追踪引用的两个单元格之间就可能会分别出现用于追踪公式引用的一个箭头曲线，如图 9—5 所示。

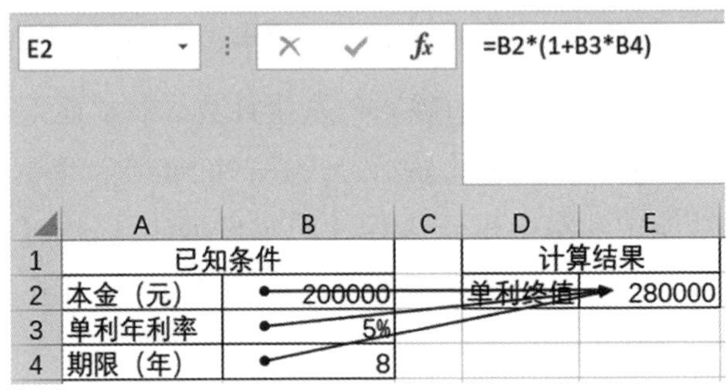

图 9—5　追踪引用单元格的结果

如果在再次开始执行【追踪引用单元格】命令以后，不再让它出现，只需要把它当作一个追踪所有单元引用的单元箭头，应在【公式】选项卡【公式审核】功能组中执行【移去箭头】命令。

追踪一个引用公式单元格的另外一种简便的操作做法是，选取其中含有一个公式的引用单元格，然后用一个光标将其定位并放在这个公式中的编辑栏中，那么系统会选取不同颜色的框线进行标记。公式编辑栏中，单元格地址名称颜色与所引用的单元格框线颜色一致，直观进行对比分析出来。例如，选取单元格 E2，然后将光标定位在公式编辑栏中，如图 9—6 所示。

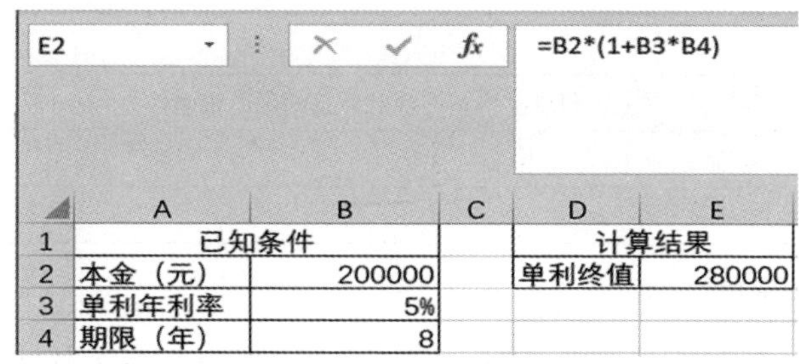

E2　=B2*(1+B3*B4)

	A	B	C	D	E
1	已知条件			计算结果	
2	本金（元）	200000		单利终值	280000
3	单利年利率	5%			
4	期限（年）	8			

图 9—6　以不同颜色反映的公式所引用的单元格

如果我们需要了解单元格中的数据的具体公式来源，需要选取该单元格，然后在【公式】选项中的【公式审核】选项功能中的组中执行【追踪从属单元格】选项命令。举例，B4 单元格是目标单元格，执行了【追踪从属单元格命令】后，会在从属单元内空格 B4 和 E2 之间分别出现一条从属箭线，如下表图 9—7 所示。

	A	B	C	D	E
1	已知条件			计算结果	
2	本金（元）	200000		单利终值	280000
3	单利年利率	5%			
4	期限（年）	8			

图 9—7　追踪从属单元格的结果

如果在组中执行【追踪从属单元格】选项命令以后，箭线可以不再需要，同样的也应在【数据公式】功能选项卡【公式审核】选项功能中的组中再次执行【移去箭头】命令。

2. 对本金利息和最终利息期限的敏感性分析

首先，设计单元格区域 A6：K10 中分析表的格式，见表 9—6。

表 9—6　　敏感性分析

本金、利息和单利终值对计息期限的敏感性										
期限（年）	1	2	3	4	5	6	7	8	9	10
本金（元）										

续表

本金、利息和单利终值对计息期限的敏感性										
利息（元）										
单利终值（元）										

在表 9—6 中列出的数据中，第六行标题的文本本质上包含在 A6 单元中。将这篇文章设置在 A6：K6 的中段在一个可以用两种方式实现的单元格中：

方式一，安装中心后的合并。选择 A6：K6 单元格的区域，点击（开始）项（对齐）项。因此，数据表 A – K 列中的数据可以受到限制，例如，不能被切割和放置在其他地方，这使得数据表不能灵活管理。

方式二，调度中心。选择 A6：K6 单元格的区域，右键点击鼠标和执行团队【安装单元格式】菜单快捷方式，然后在对话框中点击选项卡上【对齐】设置单元格式，然后选团队列表【对齐】，如图 9—7 所示，最后按下按钮。这将避免 A – K 表中的数据处理限制，使数据表能够更灵活运用管理数据表。

在第二阶段，选择 B8 单元格，输入“ = $ B $ 2”；选择 B9 单元格，输入“ = $ B $ 2 * $ B $ 3 * B7”；然后选择 B10 单元格，输入“ = B8 + B9”。结果的计算显示在表 9—6 中。

在 B8 单元格输入引用 $ B $ 2 公式、$ B $ 2 和 $ B $ 3 公式中引用的单元格 B9，他们运用的方式都是绝对引用。就是单元格中输入 $ ，使从单元格 B8、B9 中复制到另一个单元格时其单元格保持不变，但是在 B9 单元格输入引用 B7 和 B10 的公式引用 B8 和 B9 运用的方式是相对引用。就是在单元格中不输入 $ ，使单元格 B8、B9 复制到另一个单元格时其单元格会发生变化，但是粘贴的单元格和引用的单元格不变。举个例子，把 B9 单元格重点内容复制到 C9 单元格上，C9 上算出来的公式是 = $ C $ 2 * $ C $ 3 * C7，把 B10 单元格中的内容复制到 C10 单元格上，C10 上算出来的公式是 = C8 + C9。

使用功能键 F4 快捷键来处理引用的单元格设置绝对引用。举个例子，想要做到使 B8 单元格中出现公式 = B2，第一要选中 B8 所有单元格，接着输入“ = B2”，可以用鼠标选取 B2，这个时候鼠标是放在所在公式中运用的单元格 B2 的后面的地方，想要做到使 B2 变成 B2 的绝对引用方式，就要按一次快捷键 F4；要是想让 B2 变成 B$2，就要按两次快捷键 F4，这种形式就是相对引用列对应绝对引用行，在所复制的公式中，对运用的单元格的列会改变，但是运用的单元格的行不会改变；要想做到使 B$2 变成 $B2，就要按三次快捷键 F4，这种形式就是绝对运用列对应相对运用行，在所复制的公式中，对运用的单元格的行会改变，但是运用的单元格的列不会改变；要是想要从 $B2 变成 B2，就要按四次快捷键 F4，这样的话，形式又会变成为最开始的相对引用方式。

在第三阶段，选择区域 B8：B10，把鼠标放在右下角，按住左边的按钮，将其移动到 K 那一列，然后自动填写 C8：K10 公式。其他方法复制公式 B8：B10 到 C8：K10 区域单元：选中 B8：B10 再按 Ctrl + C 组合键或点击【开始】选项卡复制命令，接着选 C8：K10 单元格按 Ctrl + V 或点击【开始】选项卡粘贴命令。复制公式后的计算结果显示在表 9—7 上。

表 9—7　　完成的敏感性分析

本金、利息和单利终值对计息期限的敏感性										
期限（年）	1	2	3	4	5	6	7	8	9	10
本金（元）	200000	200000	200000	200000	200000	200000	200000	200000	200000	200000
利息（元）	10000	20000	30000	40000	50000	60000	70000	80000	90000	100000
单利终值（元）	210000	220000	230000	240000	250000	260000	270000	280000	290000	300000

（二）复利终值的计算

现金流量复利的最终价值，是指在一定时期之后，按照复利法不仅计算初始本金的利息，而且计算每个时期产生的利息所得到的本金和利息的总和。计算复利最终价值的公式是：

$$F = P \times (1 + i)^n = P \times FVIF_{i,n}$$

在这个公式中：P 是现在的收取或支付的数量；i 是复利年利率；n 是多少年；f 是复利的最终价值；$FVIF_{i,n} = (1 + i)^n$被称为复利系数的最终价值，代表 n 年后一美元货币的价值。

在计算现金流的最终复利值时，你可以直接输入公式或使用 FV 函数。FV 函数返回基于固定利率和等额分期付款的投资的未来价值。输入语法 = FV（rate，nper，pmt，pvtype）。

其中：排在首位的是各期利率 rate，其次是总投资（或贷款）nper，pmt 整个年金价值保持不变（如果省略 pmt，光伏参数必须包括 PV 参数）；PV 是现值，也就是自投资（或贷款）开始以来已经记录的金额或一系列未来付款的当前值的累计和，又叫作本金（假设没有 PV 值，那么这项就是 0，pmt 参数确是不可缺少的）；Type 是数字 0 或 1，用于指定每个期间的付款是在期间的开始还是结束。Type 0 表示结束，Type 1 表示开始（如果没有 Type，就默认是 0）。

FV 函数中现值 PV 现金流的方向、年金 pmt 与现金流最终计算值的方向是相对的，例如：年金 pmt 和现值 PV 是支出，则计算出的最终值为收益；反之，则计算出的最终值为支出。所以，当 pmt 和 PV 参数存储为在工作表单元格中都是的正数时，为了使计算出的最终值显示为正数，必须为 pmt 和 PV 参数输入一个负号。

例 9—4：a 企业在银行存款 5 万元，为期 10 年，年利率按 6% 的复利计算。需要建复利最终价值的一个计算模型，使该模型包括以下功能：（1）计算这 5 万元 10 年末的复利最终价值；（2）分析利息、本金和复利终值对利息周期的敏感性。

建立该模型的具体步骤如下所述。

1. 计算存款在 10 年末的复利终值

本例分别采用两种不同的方法计算复利终值。

一，创建新的工作表格并且输入现有的条件，将结果需要的公式设置计算好，见表 9—8。

表 9—8　　　　　　　　　　　　　　计算表

已知条件		计算结果		计算方式
本金（元）	50000	复利终值（元）		直接输入公式计算
复利年利率	6%	复利终值（元）		利用 FV 函数计算
期限（年）	10			

二，取 E2 单元格，利用公式“ = B2 ＊ （1 + B3）^B4”，得到计算的复利终值的结果，如图 9—8。

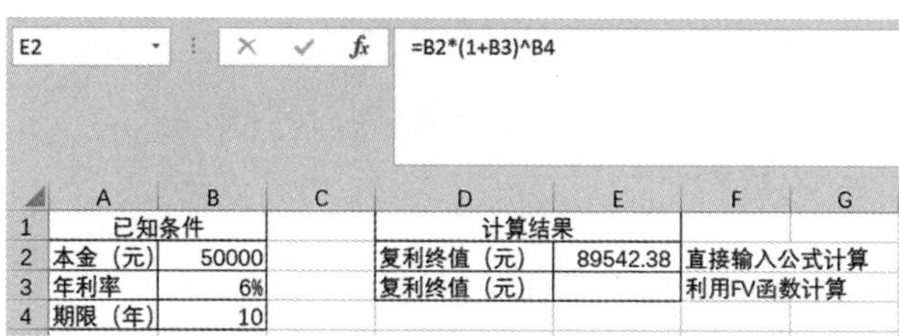

图 9—8　直接输入公式计算

三，在单元格 E3 选择【公式】—【函数库】—【插入函数】如图 9—9 所示

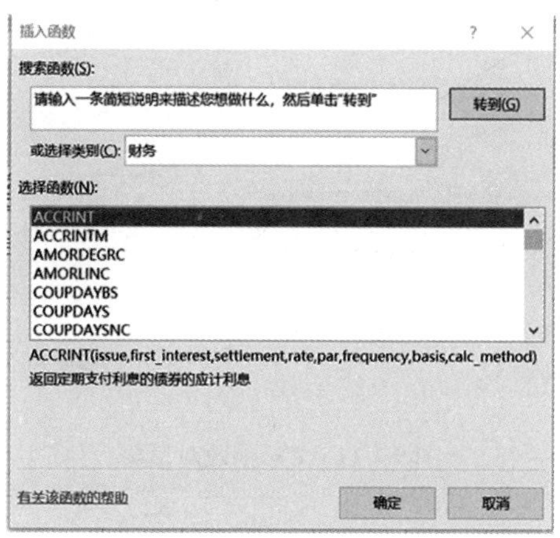

图 9—9　【插入函数】对话框

四，在【搜索函数】栏中搜索“FV”—【转到】按钮/直接按回车键，如图 9—10 所示。

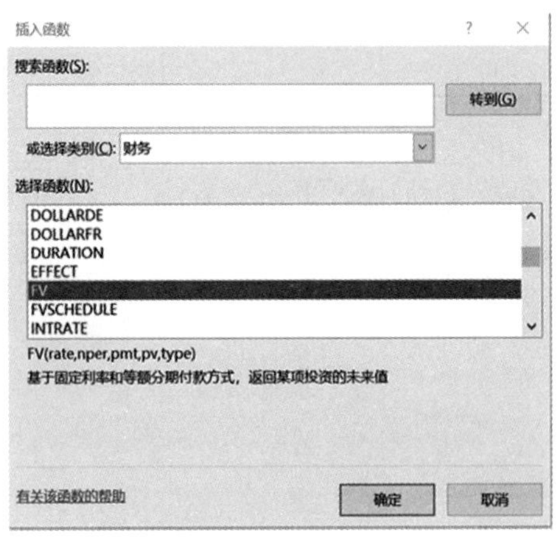

图 9—10　在【选择函数】列表框中选择 FV

五，回车【确定】，系统会弹出设置参数的对话框。接下来设置好有关的参数，见图 9—11。

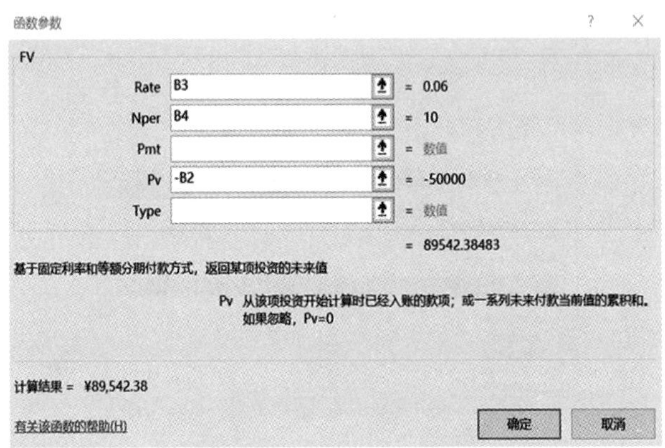

图 9—11　FV 函数对话框

六，单击【确定】，就可以在 E3 单元格中得到利用 FV 函数计算的复利终值，见图 9—12。

E3　=FV(B3,B4,,-B2)

	A	B	C	D	E	F	G
1	已知条件			计算结果			
2	本金（元）	50000		复利终值（元）	89542.38	直接输入公式计算	
3	年利率	6%		复利终值（元）	¥89,542.38	利用FV函数计算	
4	期限（年）	10					

图 9—12　利用 FV 函数计算复利终值的结果

在使用 Excel 内置函数时，也可以直接在公式编辑器栏中设置函数的参数，而无须打开函数对话框。在公式编辑器栏中输入函数名和前括号后，下面会出现输入函数参数的提示，见图 9—13，设置函数参数会更便捷。

FV　=FV(B3,B4,,-B2)

	A	B	C	D	E	F	G
1	已知条件			计算结果			
2	本金（元）	50000		复利终值（元）	89542.38	直接输入公式计算	
3	年利率	6%		复利终值（元）	=FV(B3,B4,,-B2)		纹计算
4	期限（年）	10					

图 9—13　直接在公式编辑栏中输入函数

2. 分析本金、利息和复利终值对计息期限的敏感性

首先，在 A6：K10 的范围里面对图表表格的具体格式进行说明，其具体情况如下图所示。其中设计分析表格的格式，如表 9—9 所示。

其次，在单元格 B8 的范围里面输入对应的公式：然后在 B9 的范围里面输入对应的公式。

最后，选中 C8 范围里面的区域，把这里面的数值进行复制到 K8 的区域里面：选定 B9：B10 的表格范围，然后把它复制到 K9 的范围里面，经过以上步骤得到的分析数据图表，如表 9—9 所示。

表 9—9　　本金、利息和复利终值对利息期限的敏感性分析

本金、息和单利终值对计息期限的敏感性

期限（年）	1	2	3	4	5	6	7	8	9	10
本金（元）	50000. 00	53000. 00	56180. 00	59550. 80	63123. 85	66911. 28	70925. 96	75181. 51	79692. 40	84473. 95
利息（元）	3000. 00	3180. 00	3370. 80	3573. 05	3787. 43	4014. 68	4255. 56	4510. 89	4781. 54	5068. 44
单利终值（元）	53000. 00	56180. 00	59550. 80	63123. 85	66911. 28	70925. 96	75181. 51	79692. 40	84473. 95	89542. 38

三　年金现值和终值计算

（一）年金终值和现值的计算公式

1. 普通年金的终值和现值

其终值具体内涵为：在最后的时期，收入和支出相等的资金，在最后时期的成本和利息之和，这个数值就是每一次支出或者收到的最终之和。

计算公式为：

$$F_A = A \times (F/A, i, n)$$

对终值进行计算的时候，不仅可以运用公式直接进行计算，也可以用 Excel 的相关运算函数对其进行运算。

其现值具体内涵为：出于在最后时期能够取得支出和收入相同的资金的目的，在现阶段，需要投资的资金。

计算公式为：

$$P_A = A \times (P/A, i, n)$$

对现值进行计算的时候，可以用公式进行直接计算，也可以用 Excel 的相关运算函数来得到其具体值。

2. 预付年金终值和现值

预期支付年金的终值通常情况下比普通年金支付的利息要多一些，因为预期支付的现值要比普通年金支付的多一期利息。所以基于这种情况，预期支付年金的终值，可以通过普通年金的终值进行计算。举例来说：

$$F_A = A \times (F/A, i, n) \times (1+i)$$

$$F_A = A \times [(F/A, i, n+1) - 1]$$

预期支付年金的终值不仅可以应用公式直接进行计算，也可以用相关的函数来进行运算，但函数中的参数有特殊的规定，通常情况下设参数的数值为 1。

预期支付年金的现值通常情况下比普通年金支付的利息要少一些，因为预期支付的现值要比普通年金支付的少一期利息。所以基于这种情况，预期支付年金的现值，可以通过普通年金的终值进行计算。举例来说：

$$P_A = A \times (P/A, i, n) \times (1+i)$$

$$P_A = A \times [(P/A, i, n-1) + 1]$$

预期支付年金的现值不仅可以应用公式直接进行计算，也可以用相关的函数来进行运算，但函数其中的参数有特殊的规定，通常情况下设参数的数值为1。

3. 递延年金的现值

这种限制的具体内涵为：呈递延性的资金每一期收支情况相等的资金在开始时期的复利数值的和。其具体计算公式如下：

$$P = A \times (P/A, i, L) \times (P/F, h, j)$$

在这个表达式里面，L 表示为收支相同情况下的次数。A ×（P/A，i. L）为在第 j 时期复利的数值之和，因为从这个时期到最初时期的复利折现之和需要这个时期，基于这种情况考虑，其计算公式为：

$$P = A \times (P/A, i, L) \times (P/F, h, j)$$

延期类型的年金的限制还有别的计算方式，可以通过特定的时期相加之后，求得其年金现值，然后再减去没有支付时期的资金，这两者的差就是这两个时期的年金数值。其计算公式为：

$$P = A \times [(P/A, i, m+n) - (P/F, i, m)]$$

这种类型的年金不仅能够直接计算，还能够用函数进行运算。

4. 永续年金的现值

这种类型的年金是普通性年金的表现形式之一，如果普通性年金的收入和支出的次数呈现一直上升的趋势，那么就被称为永续年金。该年金仅仅拥有现值。这种类型年金的计算公式如下：

$$P_A = A/i$$

这种年金的计算步骤比较容易，就在特定的图表范围里面用特定的计算公式进行计算。

（二）年金终值和现值的计算模型

例9—5：已经了解到年金一共有4种类型。第一种，普通性年金5000

元，其时间期限为 10 年。第二种为预先支付的年金 5000 元，其时间期限为 10 年。第三种为延期类型的年金 6000 元，其时间期限为 10 年，递延期 5 年；第四种永续年金的数值为 10000 元，在年利率为 8% 的情况下，根据此条件设计一个模型来计算这 4 种类型年金的现值和终值。

进行模型的建立见下面的步骤。

第一，按照需求对信息的单元格范围进行确定，并且明确其的格式。具体情况见表 9—10。

第二，在单元格 B10 中输入公式“ = FV（B5，B4，－B3）”，计算普通年金的终值。

第三，在单元格 B11 中输入公式“ = PV（B5，B4，－B3）”，计算普通年金的现值。

第四，在单元格 D10 中输入公式“ = FV（D5，D4，－D3,，1）”，计算先付年金的终值。

第五，在单元格 D11 中输入公式“ = PV（D5，D4，－D3,，1）”，计算先付年金的现值。

第六，在单元格 F10 中输入公式“ = FV（F6，F4，－F3）”，计算延期年金的终值。

第七，在单元格 F11 中输入公式“ = PV（F6，（F4 + F5），F3）－PV（F6，F5，－F3）”，也可以在图表里面输入计算公式，求得延期年金的现值。

第八，在 H11 的范围里输入特定的计算公式，求得永续年金现值模型的相关结果，其具体的情况见表 9—10。

表 9—10　　　　年金终值和现值计算模型运算结果

输入数据区域							
普通年金		先付年金		递延年金		永续年金	
年金（元）	5000	年金（元）	5000	年金（元）	6000	年金（元）	10000
期限（年）	10	期限（年）	10	年金的期限（年）	10	年利率	8%

续表

计算结果区域							
普通年金		先付年金		递延年金		永续年金	
年利率	8%	年利率	8%	递延期（年）	5		
				年利率	8%		
终值（元）	72432.81	终值（元）	78227.44	终值（元）	86919.37		
现值（元）	33550.41	现值（元）	36234.44	现值（元）	27400.61	现值（元）	125000

第二节　资本成本的计算

一　债务资本成本计算

（一）债务资本成本的计算公式

1. 银行借款的资本成本

这种类型的成本由借款成本以及借款产生的相关成本组成，借款产生的相关成本是筹集资金的表现形式。相关性费用成本如果在纳税前进行支付的话，就能够抵纳税的费用，节约一定成本。但是通常情况下，为了让其和资本的成本有比较性，所以一般对纳税后的成本进行计算。

通常情况下这种类型的计算公式为：

$$K_b = 年利率 \times (1 - 所得税税率) / (1 - 手续费率)$$
$$= i(1 - T) / (1 - n)$$

在这个表达式里面，K_b为银行借款的成本利率，i 是银行借款的年利息利率，n 为筹集资金的成本率，T 为所得税税率。

2. 公司债券的资本成本

企业的相关债券所要支付的成本，由债券的利息以及借款发行所需要的资金组成。债券能够用溢价的方式发行，也能够通过折价的方式进行发行，通常情况下，它的相关成本率用传统的模型进行计算，其具体计算情况如下：

$$K_b = \{年利息 \times (1-所得税税率)\} / \{债券筹资总额 \times (1-手续费率)\} = \{I(1-T)\} / \{L(1-f)\}$$

在这个表达式里面，L的含义为企业债券筹集的资金总数值；I的含义为企业债券的年利息利率。

（二）债务相关性成本计算模型的组成

例9—6：光明企业和银行为长期合作的关系，银行经常为其提供借款服务并且帮助其发行债券。其具体资料见表9—11。根据其需求设计一个模型去求得公司债务的成本。

如何设计模型步骤如下。

第一，在单元格B14中输入公式“=B4*（1-B8）（1-B7）”。

第二，在单元格C14中输入公式“=D3*D4*（1-D8）（D9*（1-D7）”。

第三，在单元格B17中输入公式“=B6*RATE（B5*B6，-(B3*B4/B6)*(1-B8)，B3*（1-B7），-B3）”。

第四，在单元格C17中输入公式“=D6*RATE（D5*D6，-(D3*D4/D6)*(1-D8)，D9*（1-D7），-D3）”。

第五，在单元格B20中输入公式“=PV（B22/B6，B5*B6，-(B3*B4/B6)*（1-B8），-B3）”。

第六，在单元格C20中输入公式“=PV（C22/D6，D5*D6，-(D3*D4/D6)*（1-D8），-D3）”。

第七，在单元格B21中输入公式“=B3*（1-B7）”。

第八，在单元格C21中输入公式“=D9*（1-D7）”。

第九，在【数据】选项卡【数据工具】功能组中单击【模拟分析】命令，然后在下拉菜单中选择【单变量求解】命令，并在系统弹出的【单变量求解】对话框中，将目标单元格设置为B20，将目标值设置为497.5，将可变单元格设置为B22，如图9-14所示，单击【确定】按钮后，在系统弹出的【单变量求解状态】对话框中再单击【确定】按钮，如图9-15所示。

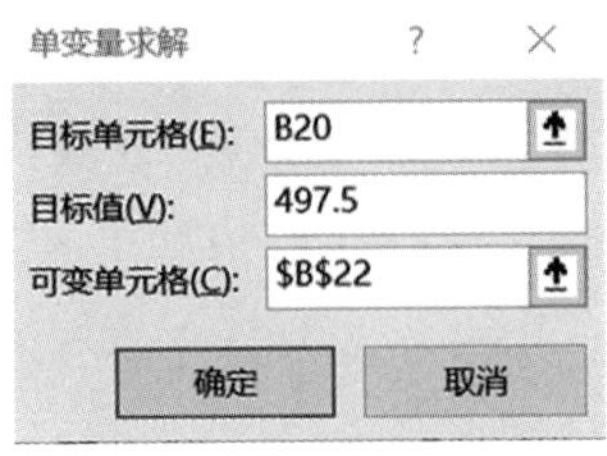

图 9—14 单变量求解模板

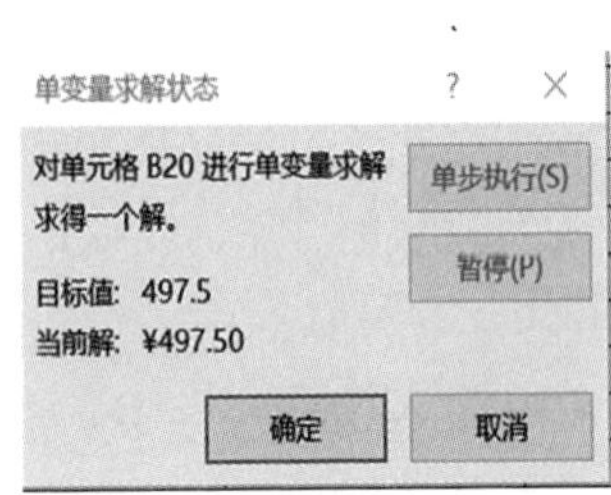

图 9—15 单变量求解状态模板

第十，在【数据】选项卡【数据工具】功能组中单击【模拟分析】命令，然后在下拉菜单中选择【单变量求解】命令，并在系统弹出的【单变量求解】对话框中，将目标单元格设置为 C20，将目标值设置为 931.20，将可变单元格设置为 $ C $ 22，单击【确定】按钮后，在系统弹出的【单变量求解状态】对话框中再单击【确定】按钮。

模型的运行结果如表 9—11 所示。

表 9—11 债务资本成本计算模型

已知条件			
光明公司长期银行借款		光明公司债券	
借款金额（万元）	500	债券面值（元）	2000
借款年利率	5%	票面利率	5%
借款期限（年）	5	期限（年）	20
每年付息次数（次）	1	每年付息次数（次）	2
筹资费率	0. 50%	筹资费率	3%
所得税率	25%	所得税税率	25%
		债券发行价格（元）	960

续表

已知条件			
光明公司长期银行借款		光明公司债券	
计算结果			
不考虑复利因素的情况—利用公式计算			
	长期银行借款		债券
税后资本成本率	3.77%	税后资本成本率	8.05%
考虑复利因素的情况—利用函数计算			
	长期银行借款		债券
税后资本成本率	3.86%	税后资本成本率	9.96%
现值	¥497.50	现值	¥931.20
筹资净额	497.5	筹资净额	931.2
税后资本成本率	3.86%	税后资本成本率	9.96%

二　权益资本成本计算

（一）权益资本成本的运算

1. 优先股资本成本的运算

这种类型的成本最主要的是支付股利对优先股的群体。优先股的利息波动较小的时候，其每个时期的股票利率是相等的，在这种情况下这种类型成本等计算方法如下：

$$K = \frac{D}{P(1-f)}$$

在这个表达式里面，K 为优先股的成本利率，D 为该股票的固定利率，P 为该股票的价格，f 为筹集资金的成本率。

2. 普通股成本的运算

这种类型的成本最主要的是支付股东每个时间段的股利。因为股利受很多方面因素的影响，所以股利在每一个时间段是不一样的。因此，普通股的股利按照贴现的模式来进行计算，而且要以股利的变化是具有稳定性的为前提条件。假若是股份有限公司，那么，它的资本成本还可以根据公司的股票收益率与市收益率的相关性，按资本资产定价模型去估计。

（1）股利增长模型法

在假设市场有效的情况下，股票的价值和价格两者相同。如果假设某一只股票的股利 D_0，在未来的时间里面每一期的股票股利按照 g 的速度上升。在当前股价为 P，那么，普通股的资本成本的计算如下：

$$K = \frac{D_0(1+g)}{P(1-f)} + g$$

$$= \frac{D_1}{P(1-f)} + g$$

在这个表达式里面，K 为普通股的成本费用，D_1 为未来第一年的时候普通股的股票利率，P 为该股票的筹资金额数值，f 为该股票的筹资成本利率，g 为该股票的股利增长利率。

（2）资本资产定价模型法

在假设市场有效的情况下，股票的价格和价值相等。如果假设无风险报酬率是 R_f，市场的报酬率为 R_m，如果假定现在有一只股票，它的系数是 β，那么这只股票的成本率计算如下：

$$K_s = R_f + \beta\ (R_m - R_f)$$

3. 留存收益的资本成本

通常情况下，公司不会把利润用股利的方式全部分给股东，这在相关规定上，也是被明令禁止的。基于这种情况，公司如果有利润，就会留存一部分。这种类型的资本成本的计算方式如下：

$$K = \frac{D_1}{P_4} + g$$

在这个表达式里面，K 为留存收益资本成本，其他的代表字母和普通股的代表字母含义相同。

（二）权益资本成本计算模型的建立

例 9—7：该企业的股票相关信息如下所示。要求设计一个模型对影响资本成本率的因素进行分析。

设计的模型步骤如下：

第一，明确模型的结构布局，其具体情况见表 9—12。

第二，在单元格 B9 中输入公式“ = B3 * B4/（B5 * （1 - B6）”。

第三，在单元格 D9 中输入公式“ = D3 + D4”。

第四，在 B12 的范围里面，输入对应的公式。

第五，选中图表 B12：H20 的范围，数据里面中选定需要的指令，然后按照相关的步骤输入“ $ B $ 6”，该模型的运算结果如表 9—12。

表 9—12　　权益资本成本计算与分析模型

已知条件							
前途公司优先股				前途公司普通股			
面值（元）		200		债券资本成本率			7%
年股息率		8%		普通股风险溢价			5%
发行价格（元/股）		100					
筹资费率		2%					
年资本成本率计算结果							
前途公司优先股		16.33%		前途公司普通股			12.00%
优先股资本成本率的双因素敏感性分析							
计算公式		发行价格（元/股）					
筹资费率	16.33%	110	115	120	125	130	135
	3%	15.00%	14.34%	13.75%	13.20%	12.69%	12.22%
	4%	15.15%	14.49%	13.89%	13.33%	12.82%	12.35%
	5%	15.31%	14.65%	14.04%	13.47%	12.96%	12.48%
	6%	15.47%	14.80%	14.18%	13.62%	13.09%	12.61%
	7%	15.64%	14.96%	14.34%	13.76%	13.23%	12.74%
	8%	15.81%	15.12%	14.49%	13.91%	13.38%	12.88%
	9%	15.98%	15.29%	14.65%	14.07%	13.52%	13.02%
	10%	16.16%	15.46%	14.81%	14.22%	13.68%	13.17%

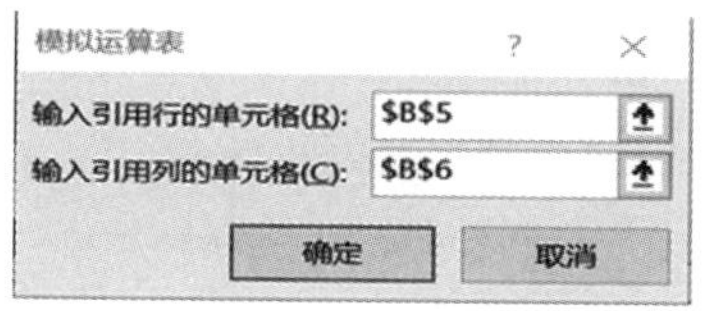

图 9—16　模拟运算表

例9—8：该公司的相关数据信息如表9—13。要求设计模型对其进行具体的分析。

表9—13　　公司相关数据

已知条件			
甲公司普通股		乙公司普通股	
贝塔系数	0.6	预计第一年末股利（元/股）	1.2
无风险利率	5%	预计留存收益比率	60%
市场投资组合报酬率	12%	预计权益报酬率	16%
		发行价格（元/股）	20
		筹资费率	3%

建立模型的具体步骤如下所述。

第一，明确模型的布局结构。如表9—14所示。

表9—14　　普通股资本成本模型设计

计算结果							
甲公司普通股资本成本率		乙公司预计股利增长率		乙公司普通股资本成本率			
甲公司普通股资本成本率模拟运算表		乙公司普通股资本成本率模拟运算表					
贝塔系数	资本成本率	筹资费率	发行价格（元/股）				
0.2			20	25	30	35	
0.4		4%					
0.6		5%					
0.8		6%					
1		7%					
1.2		8%					
1.4		9%					
1.6		10%					
1.8		11%					
2		12%					
2.5		13%					
3		14%					

第二，在单元格 B10 中输入公式“ = B4 + B3 * （B5 - B4）”。

第三，在单元格 D10 中输入公式“ = D4 * D5”。

第四，在单元格 H10 中输入公式“ = D3/（D6 * （1 - D7）） + D10”。

第五，在单元格 B13 中输入公式“ = B4 + A13 * （B5 - B4）”。

第六，在单元格 C13 中输入公式“ = D3/（D6 * （1 - D7） + D10”。

第七，选定 A13：B24 的范围，再根据相关的步骤，在单元格的栏里面输入“ $ A $ 13”，最后按确认键。

第八，选定 C13：H24 的范围，再根据相关的步骤，在单元格的栏里面输入“ $ D $ 7”，最后按确认键。

该模型的运行见表 9—15。

表 9—15　　　　普通股资本成本计算与分析

计算结果							
甲公司普通股资本成本率	9.20%	乙公司预计股利增长率	9.60%	乙公司普通股资本成本率		15.79%	
甲公司普通股资本成本率模拟运算表		乙公司普通股资本成本率模拟运算表					
贝塔系数	资本成本率	筹资费率	发行价格（元/股）				
0.2	6.40%	15.79%	20	25	30	35	
0.4	7.80%	4%	15.85%	14.60%	13.77%	13.17%	
0.6	9.20%	5%	15.92%	14.65%	13.81%	13.21%	
0.8	10.60%	6%	15.98%	14.71%	13.86%	13.25%	
1	12.00%	7%	16.05%	14.76%	13.90%	13.29%	
1.2	13.40%	8%	16.12%	14.82%	13.95%	13.33%	
1.4	14.80%	9%	16.19%	14.87%	14.00%	13.37%	
1.6	16.20%	10%	16.27%	14.93%	14.04%	13.41%	
1.8	17.60%	11%	16.34%	14.99%	14.09%	13.45%	
2	19.00%	12%	16.42%	15.05%	14.15%	13.50%	
2.5	22.50%	13%	16.50%	15.12%	14.20%	13.54%	
3	26.00%	14%	16.58%	15.18%	14.25%	13.59%	

三 综合资本成本计算

(一) 综合资本成本的计算公式

这种类型的成本内涵为：公司的每一种资本在全部资本中的比重，并且加以平均得到的数值。其计算方法如下：

$$K_{\omega} = \sum_{j=1}^{n} k_j w_j$$

在这个表达式里面，K_w含义为资本成本，k_j的含义为少数资本成本率，w_j的含义为j总资本占全部资本的比率。

(二) 综合资本成本计算模型的建立

例9—9：该公司有五种资本的信息，如表9—16所示。要求设计一个模型去求得该企业的综合资本成本率。

表9—16　　公司信息表

已知条件					
长期银行借款（万元）	300	长期借款年利率	6%	长期银行存款筹资费率	0.50%
债券总面值及发行额（万元）	200	债券年利率	8%	长期银行存款期限（年）	5
优先股总面值及发行额（万元）	150	优先股年股息率	9%	债券筹资费率	4%
普通股（万元）	450	预计普通股第一年股利（元/股）	2	债券期限（年）	10
留存收益（万元）	100	预计普通股股利年增长率	3%	优先股筹资费率	5%
现有资本合计（万元）	1200	普通股发行价格（元/股）	12	普通股筹资费率	6%
长期银行借款（万元）	300	长期借款年利率	6%	长期银行存款筹资费率	0.50%
长期银行借款和债券均每年付息一次				所得税税率	25%

设计模型的步骤如下。

第一，建立模型的结构布局。如表 9—17 所示。

表 9—17　　综合资本成本模型设计

计算结果			
资本种类	权重系数	个别资本成本率的计算	
		债务不考虑复利因素的情况	债务考虑复利因素的情况
长期借款			
债券			
优先股			
普通股			
综合资本成本率			

第二，选取单元格区域 B13：B17，输入数组公式“ =B2：B6/B7”。

第三，在单元格 C13 中输入公式“ =D2 *(1 – F8) / (1 – F2)”。

第四，在单元格 C14 中输入公式“ =D3 *(1 – F8) / (1 – F4)”。

第五，在合并单元格 D13 中输入公式“ =RATE (F3， – B2 * D2 *(1 – F8)，B2 *(1 – F2)， – B2)”。

第六，在合并单元格 D14 中输入公式“ =RATE (F5， – B3 * D3 *(1 – F8)，B3 *(1 – F4)， – B3)”。

第七，分别在单元格 C15 和合并单元格 D15 中输入公式“ =D4/(1 – F6)”。

第八，分别在单元格 C16 和合并单元格 D16 中输入公式“ =D5/(D7 *(1 – F7)) +D6”。

第九，分别在单元格 C17 和合并单元格 D17 中输入公式“ =D5/D7 + D6”。

第十，在单元格 C18 中输入公式“ =SUMPRODUCT (B13：B17，C13：C17)”，并将其复制到合并单元格 D18。

模型的运行结果如表 9—18 所示。

表 9—18　　　　综合资本成本计算

计算结果			
资本种类	权重系数	个别资本成本率的计算	
		债务不考虑复利因素的情况	债务考虑复利因素的情况
长期借款	0.25	4.52%	4.61%
债券	0.17	6.25%	6.56%
优先股	0.13	9.47%	9.47%
普通股	0.38	20.73%	20.73%
综合资本成本率		12.77%	12.77%

第三节　资本结构的计算

一　MM 模型

（一）无公司税的 MM 模型

在企业没有所得税的情况下，该模型证实了两个命题是正确的。

命题 1：$V_L = V_U = \frac{EBIT}{Kw} = \frac{EBIT}{Ksu}$

在这个表达式里面，V_L的含义为负债企业的价值，V_U的含义为无负债公司的价值，EBIT 的含义为未来每一年企业税前利润，Kw 的含义为负债企业的平均资本费用，Ksu 的含义为没有负债企业的股票成本。

命题 1 表达的意思为：如果市场条件处于一个较为理想的状态，负债企业与没有负债企业的价值相同。

命题 2：$K_{SL} = K_{SU} + (K_{SU} - K_d) \cdot (D/S)$

我们有必要对于公式中的一些英文进行解释，其中 K_{SL}表示负债公司购买或者进行制作股本的成本；K_{SU}是另一个对立面，也就是没有负债的公司的成本；K_d就是进行债券交易中的债务成本；D 就是债务的市场价值；S 就是普通股的市场价值。

为了防止读者对第二个命题产生误解，也就是股本制作过程中的权益风险会受到财务杠杆的影响，所以，股东为了保障资金收入，就会要求对这一项指标进行调整，除此之外，加权平均资本是不会受到这一项影响的。

对无债公司进行建模分析之后，也就是 MM 模型，可以大致得出一个结论：资本结构作为一种外在的影响因素，不会对公司的价值或者是加权平均资本产生任何负面影响。

（二）有公司税的 MM 模型

MM 模型能够证明在一个假想的条件下的公司的经济资本结构，见下解释。

命题 1：$V_L = V_U + Tc \cdot D$

式中：Tc 为公司所得税税率，其他符号的含义如前所述。

由 MM 模型证明的第一个命题就是，在市场允许债务利息作为费用抵押使用的情况下，股东可以运用财务杠杆从而增加自身收入，并且降低政府对于公司的纳税率，随之而来的就是公司的价值增加。这一项命题对于有负债的公司是有利的。

命题 2：$K_{SL} = K_{SU} + (K_{SU} - K_d) \cdot (1 - T) \cdot (D/S)$

得出的第二个命题就是对于公司的权益风险的解释，当公司的所得税依旧时，就会使得资本的成本较之前有所增加，这会加大公司的资本压力，但是加权平均资本会随财务杠杆的增加而下降。

MM 模型对于不同的公司类型起到的作用也是不一样的，对于有负债公司的情况，就是负债能够对增加公司的价值起到积极的作用，对于公司的资本成本会起到降低作用，从根本上可以增加公司的收入。并且会随着公司债务比率的不同作用也会不同。公司的负债比率如果是 100%，那么对于公司产生的价值就会最大化，也就是说，公司的负债越高，那么随之而来的，公司的价值就会越大，那么加权平均资本成本就会降到最低。

例 9—10：以甲公司和乙公司为例，两家公司的不同结构以及利润获取情况见表 9—19。那么在这两种数据并存的情况下，就需要综合参考公司之间的权益资本成本以及加权平均资本成本，并且采取数学建模对其进行建模处理。

表9—19　　　　甲、乙公司数据

已知条件			
甲公司		乙公司	
息税前利润（元）	2000	息税前利润（元）	1500
负债/权益	0	负债/权益	0.8
所得税税率	25%	所得税税率	25%
公司价值	6000	无债时的公司价值（元）	6000
		负债利率	10%
两家公司经营风险相同			

具体的模型建立过程见下解。

第一，设计模型的结构，如表9—20所示。

表9—20　　　　权益资本成本和加权平均资本成本的计算模型

计算结果			
甲公司		乙公司	
权益资本成本率	25.00%	无债时的权益资本成本率	25.00%
加权平均资本成本率	25.00%	有债时的权益资本成本率	34.00%
		加权平均资本成本率	22.22%
乙公司规划求解结果			
负债/公司价值	0.44	可变单元格	
权益/公司价值	0.56		目标值
（负债+权益）/公司价值	1.00	目标函数（=）	100%
负债/权益	0.80	约束条件（约束值=）	0.8

第二，在单元格B12中输入公式“=B3·（1-B5）/B6”，并将其复制到单元格D12。

第三，在单元格B13中输入公式“=B12”。

第四，在单元格D13中输入公式“=D12+（D12-D7）*(1-D5）*D4”。

第五，在单元格D14中输入公式“=B16*D7*(1-D5）+B17*D13”。

第六，在单元格 B18 中输入公式“ = B16 + B17”，并在单元格 D18 中输入“100%”。

第七，在单元格 B19 中输入公式“ = B16/B17”，在单元格 D19 中输入“ = D4”

第八，首先就需要设置两个初始值，一般是不为 0 的整数，并且建立在 B16 和 B17 之间，随后就需要输入【规划求解】指令，类似于 matlab 建模过程，需要类似于 linp 一样的对于数据进行参数求解，并且要在设置目标中将“ B18”输入其中，并且将输出信号规划为 1，在【通过更改可变单元格】栏中输入“ B16：B17”，在【遵守约束】栏中添加约束条件“ B19 =0.8”，随后按照步骤完成即可。

对于 MM 模型的具体结构以及内容见表 9—20，通过对模型的分析之后得出结论，相比于公司负债的情况，负债情况是可以将权益资本成本提高的，并且也会使得加权平均资本降到正常水平之下。

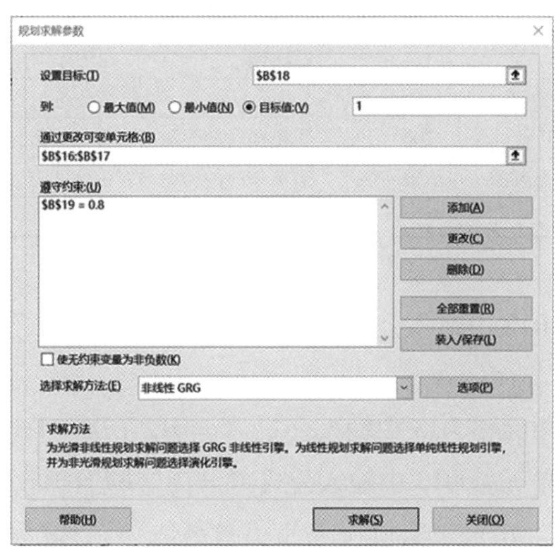

图 9—17 【规划求解参数】对话框的设置

例 9—11：两家公司的基本信息如息税前的利润以及资本结构是首先需要考虑的因素，参考这些数据见表 9—21 所示，在得到这些数据之后，进行市场价格的模型建立。

表 9—21　　甲、乙公司信息

已知条件			
丙公司		丁公司	
息税前利润（万元）	400	息税前利润（万元）	400
负债金额	0	负债金额	2400
所得税税率	25%	所得税税率	25%
权益资本成本率	15%	无债时的权益资本成本率	15%
公司的市场价值（万元）	2500	负债利率	8%
		公司的市场价值（万元）	2800
息税前利润（万元）	400	息税前利润（万元）	400

建模的具体过程见下。

第一，首先需要选择一个合适的模型，对于不同特征进行具体分析，比如表 9—22。

表 9—22　　公司价值的计算与判断模型

计算结果			
丙公司		丁公司	
公司内在价值（万元）	2000	无负债时的公司内在价值（万元）	2000
公司的市场价值状态判断	市值被高估	有负债时的公司内在价值（万元）	2600
		公司的市场价值状态判断	市值被高估

第二，于 B12 中输入公式“ = B3 *（1 - B5）/B6”，之后粘贴到 D12 中。

第三，在单元格 D13 中输入公式“ = D12 + D4 * D5”。

第四，于单元格 B13 中输入公式“ = IF（B7 = B12，“市值正常”，IF（B7 < B12，“市值被低估”，“市值被高估））”，之后进行相同的操作于 D14。

完成一系列操作之后的运行见表 9—22。

二　权衡模型

对于 MM 模型的运用，对于公司税的有无都是建立在一种理想状态下，即使得出来的结果很准确，容错率低，但是毕竟远离现实，于是得出的结果就会产生冲突。一般情况下，负债会影响各个流程的成本，并且使得成本增加。其中主要包括财务危机以及代理成本。前者主要是公司在进行债务偿还的时候出现了很多问题，需要按照一定流程处理，这些流程都会产生一定的费用。在股东和债权人之间，经常会产生一定的矛盾，从而出现需要进行监督债务契约的签订，所以会产生一定的费用。这两者成本是算在公司合理的负债限度之内的，但是这两项成本会随着公司的限度举债以及负债比率变化而变化，因此，就需要考虑这一项因素，所以具体的公式为：

$$V_L = Vu + Tc \times D - FA$$

式中：FA 也就是这两项的折现数值；Tc × D 是在永久负债情况下，债务利息抵税的折现数值。

公司的市场价值是会受到多项因素影响的，但是也存在一个极限值，相同的，加权平均资本成本也是存在一个最低数值，并且资本结构也是与加权平均资本具有密切关系的，此时的资本结构就是最优资本结构。每一个企业都是存在最优资本结构。

例 9—12：假设 A 公司在没有任何负债的情况下，由于资金充足，吸纳社会资金，就需要利用好财务作用。随着负债金额数越多，预计破产以及代理成本都会随之增加，也就是说负债对公司的资金结构等都会产生影响，一些需要用到的数据见表 9—23。并且依据这些数据建立一个适合的数学模型。

表 9—23　　　　A 公司数据

<table>
<tr><td colspan="9">已知条件</td></tr>
<tr><td>无债时公司的市场价值（万元）</td><td>1200</td><td colspan="2">所得税税率</td><td>25%</td><td></td><td></td><td></td><td></td></tr>
<tr><td>负债金额（万元）</td><td>100</td><td>200</td><td>300</td><td>400</td><td>500</td><td>600</td><td>700</td><td>800</td></tr>
</table>

续表

已知条件								
无债时公司的市场价值（万元）	1200	所得税税率		25%				
代理与破产成本的现值（万元）	0	25	50	80	200	550	960	1200

建立模型的具体步骤如下所述。

第一，设计模型的结构，如表 9—24 所示。

表 9—24　　最优负债水平选择模型

已知条件								
负债金额	100	200	300	400	500	600	700	800
无债时公司的市场价值	1200	1200	1200	1200	1200	1200	1200	1200
债务利息现值抵税现值	25	50	75	100	125	150	175	200
破产与代理成本的现值	0	25	50	80	200	550	960	1200
公司的价值	1225	1225	1225	1220	1125	800	415	200
公司价值的最大值	1225			最佳负债金额		100		

第二，选取单元格区域 B7：7，输入数组公式“ = B3：13”。

第三，选取单元格区域 B8：18，输入数组公式“ = B2”。

第四，选取单元格区域 B9：19，输入数组公式“ = B3：I3 * E2”。

第五，选取单元格区域 B10：110，输入数组公式“ = B4：14”。

第六，选取单元格区域 B11：111，输入数组公式“ = B8：I8 + B9：I9 - B10：I10”。

第七，在合并单元格 B12 中输入公式“ = MAX（B11：I11）”。

第八，在合并单元格 G12 中输入公式“ = INDEX（B7：17，MATCH（B12，B11：I11，0））”。

代入具体数据之后，模型的表现见表 9—24。

例 9—13：三家公司都想通过负债来实现自身公司价值的提升，

并且根据市场规律，随着财务杠杆的增加，随之而来的就是负债造成的成本以及普通股的成本的增加，试建立最优模型结构。

数据具体分析见下解。

第一，设计模型的结构，如表 9—25 的【计算与决策结果】区域所示。

表 9—25　　资本结构优化决策模型

已知条件				计算与决策结果			
债务/总资本	债务税前资本成本	普通股资本成本率		债务/总资本	债务税前资本成本	普通股资本成本率	
		无破产成本时	有破产成本时			无破产成本时	有破产成本时
0%		12.00%	12.00%	0%	100.00%	12.00%	12.00%
10%	10.00%	12.10%	12.15%	10%	90.00%	11.39%	11.44%
20%	10.50%	12.20%	12.30%	20%	80.00%	10.81%	10.89%
30%	11.00%	12.30%	12.50%	30%	70.00%	10.26%	10.40%
40%	12.00%	12.50%	13.80%	40%	60.00%	9.90%	10.68%
50%	13.00%	13.50%	15.60%	50%	50.00%	10.00%	11.05%
60%	15.50%	15.80%	18.20%	60%	40.00%	10.97%	11.93%
70%	17.00%	18.50%	20.50%	70%	30.00%	11.50%	12.10%
80%	19.00%	20.00%	22.60%	80%	20.00%	11.60%	12.12%
所得税税率	50%			最低的综合资本成本率		9.90%	10.40%
				最佳的债务/总资本比率		40%	30%

第二，选取单元格区域 F4：F12，输入数组公式“ = A4：A12”。

第三，选取单元格区域 G4：G12，输入数组公式“ = 100% - F4：F12”。

第四，选取单元格区域 H4：H12，输入数组公式“ = F4：F12 * B4：B12 * (1 - B13) + G4：G12 * C4：C12”。

第五，选取单元格区域 I4：I12，输入数组公式“ = F4：F12 * B4：B12 * (1 - B13) + G4：G12 * D4：D12”。

第六，在单元格 H13 中输入公式“ = MIN（H4：H12）”，并将其复制到单元格 I13。

第七，在单元格 H14 中输入公式“ = INDEX（F4：F12，MATCH（H13，H4：H12，0））”。

第八，在单元格 I14 中输入公式“ = NDEX（F4：F12，MATCH（I13，I4：I12，0））”。

模型的运行结果如表 9—25 所示。

第四节　杠杆分析计算

一　本量利之间的关系及经营杠杆系数计算

（一）本量利之间关系的基本原理

本量利就是一种广泛运用于市场利润的评估以及计算的公式，主要表示成本和利润的关系，一般都是线性关系，对于公司而言，满足的线性关系是：

息税前利润 - 销售收入 - 变动成本 - 固定经营成本

= 产销量 ×（单价 - 单位变动成本）- 固定经营成本

息税前利润可以在允许范围内不收取，所以在这种情况下，公司进行的销售都可以作为销售利润计算，计算步骤是：

保本点销售量 = 固定经营成本/（单价 - 单位变动成本）

在销售利润不受税前利润影响时，计算公式是：

保本点销售额 - 保本点销售量 × 单价

当实际情况比预估的数值更大时，我们理解为生意不错，那么就会使得企业会有一个固定收入利润，也只有这种情况才可以为公司带来利润，否则就会出现亏损。

借助 Excel 中的函数关系，将相关公式关系输入即可，不仅如此强大的函数功能还允许进行单个变量的求解。

（二）经营杠杆介绍

1. 经营杠杆

经营杠杆解释为在公司的经营成本是一个固定的数值时，就会出现税前的资产报酬比业务量变化率更大的情况。所以就经常会对企业造成影响。经营杠杆能够直观表现出资产报酬的波动，经常被用来进行企业的风险分析。税前利润与资产总报酬数值相近，于是有：

$$EBIT = S - V - F = (P - V)Q - F = M - F$$

上面公式中：EBIT 是税前利润，其他字母分别表示销售数量、固定性经营成本、变化性经营成本、产销业务量、销售单价、单位变化成本、边际贡献。

对于以上公式中的各项影响因素，比如 EBIT 受到多项企业组成结构影响，并且固定成本都会受到影响，也就是说上式中的各项因素都很容易受到影响。

2. 经营杠杆系数

一般情况下，固定经营成本是与经营性杠杆效应并存的，也就是说存在一定的数学关系，但是这种关系是会受到产销业务量的多样而变的多样。所以在对经营杠杆效应程度的研究上，就需要考虑到一个系数的选取问题，这个系数叫作经营杠杆系数。其具体值为：

$$DOL = \frac{\triangle EBIT}{EBIT0} / \frac{\triangle Q}{Q0} = \frac{\text{息税前利润变动率}}{\text{产销业务量变动率}}$$

由于税前利润与边际贡献存在一定的关系，所以上公式还可以换算为：

$$DOL = \frac{M_0}{M_0 - F_0} = \frac{EBIT_0 + F_0}{EBIT_0} = \frac{\text{基期边际贡献}}{\text{基期息税前利润}}$$

经营杠杆系数数值越大，就表示企业的经营受到多方面影响，也就是经营风险越大。

相关经营杠杆系数等的计算，都可以选择使用 TRANSPOSE 函数进行分析。

TRANSPOSE 作为一种高级矩阵运算函数，运算法则为：=

TRANSPOSE（array）。

式中，array 是在满足一系列条件下的转置的矩阵或者单元格区域。

关于 TRANSPOSE 函数的使用，要充分考虑单元格区域的公式输入形式，要保证行数与列数相同，也就是输入的矩阵是一个一般矩阵。

3. 本量利之间的关系及经营杠杆系数的计算与分析模型的建立

例 9—14：如果一家公司只负责一种产品的生产过程以及销售宣传，相关数据见表 9—26，求一个最优关于保本分析以及对系数的分析数学模型。

表 9—26　　公司资料

已知条件							
产品单价（元/件）	150	初始的产销量（件）				100	
单位变动成本（元/件）	125	初始的年固定经营成本（元）				10000	
模拟运算数据							
产销量（件）	200	300	400	500	600	700	800
年固定经营成本（元）	12000	14000	16000	18000	20000		
产销量（件）	200	300	400	500	600	700	800

建立模型的具体步骤如下所述。

第一，设计模型的结构，如表 9—27 的【计算结果】区域所示。

第二，在单元格 B10 中输入公式“ = F10 * (B2 - B3) - G3”。

第三，在单元格 110 中输入公式“ = F10 * B2”。

第四，输入进行模拟分析的指令，随后进行单个变量的求解，输入“ $ B $ 10”到单元格中，随后将目标值赋值为 0，随后确定。

第五，选取单元格区域 C12：I12，输入数组公式“ = C5：I5”。

第六，在单元格 B13 中输入公式“ = G2 * (B2 - B3) / (G2 * (B2 - B3) - G3)”。

第七，选取单元格区域 B12：I13，输入模拟分析的指令，随后就是在菜单中找到模拟运算表的命令，随后在系统中的对话框中输入“G2”，点击确定。

第八，选取单元格区域 C16：I16，输入数组公式“=C5：I5”。

第九，选取单元格区域 B17：B21，输入数组公式“=TRANSPOSE（C6：G6）”。

第十，在单元格 B16 中输入公式“=G2*（B2-B3）/（G2*（B2-B3）-G3）”。

第十一，选取单元格区域 B12：I13，输入模拟分析的指令，随后就是在菜单中找到模拟运算表的命令，随后在系统中的对话框中输入“G2”，点击确定。

运行结果见表 9—27。我们可以直观的得出：企业的实际销售量大于保本点销售量就是一个大于零的常数，相等的时候就会出现计算错误，否则就是一个负数。并且随着销售量与之成负关系，与固定成本成正比例关系，所以企业一般都会降低固定成本，扩大产量，提高销售量，这样才可以长远发展。

表 9—27　　经营杠杆系数的计算与分析模型

<table>
<tr><td colspan="8">计算结果</td></tr>
<tr><td colspan="8">保本点的计算</td></tr>
<tr><td>息税前利润（元）</td><td>0</td><td colspan="2">保本点销售量（件）</td><td>400</td><td colspan="2">保本点销售额（元）</td><td>60000</td></tr>
<tr><td colspan="8">不同产销量水平下的经营杠杆系数</td></tr>
<tr><td>产销量（件）</td><td></td><td>200</td><td>300</td><td>400</td><td>500</td><td>600</td><td>700</td></tr>
<tr><td>经营杠杆系数</td><td>-0.33</td><td>-1.00</td><td>-3.00</td><td>#DIV/0!</td><td>5.00</td><td>3.00</td><td>2.33</td></tr>
<tr><td colspan="8">经营杠杆系数的双因素敏感性分析</td></tr>
<tr><td></td><td>公式</td><td colspan="6">产销量（件）</td></tr>
<tr><td></td><td>-0.33</td><td>200</td><td>300</td><td>400</td><td>500</td><td>600</td><td>700</td></tr>
<tr><td rowspan="5">年固定经营成本（元）</td><td>12000</td><td>-0.71</td><td>-1.67</td><td>-5.00</td><td>25.00</td><td>5.00</td><td>3.18</td></tr>
<tr><td>14000</td><td>-0.56</td><td>-1.15</td><td>-2.50</td><td>-8.33</td><td>15.00</td><td>5.00</td></tr>
<tr><td>16000</td><td>-0.45</td><td>-0.88</td><td>-1.67</td><td>-3.57</td><td>-15.00</td><td>11.67</td></tr>
<tr><td>18000</td><td>-0.38</td><td>-0.71</td><td>-1.25</td><td>-2.27</td><td>-5.00</td><td>-35.00</td></tr>
<tr><td>20000</td><td>-0.33</td><td>-0.60</td><td>-1.00</td><td>-1.67</td><td>-3.00</td><td>-7.00</td></tr>
</table>

二 财务杠杆系数计算

（一）财务杠杆介绍

1. 财务杠杆

经济杠杆，含义是因为固有性的资产成本，公司的普通股利润，或者是每股的利润变化率超过不扣除利息也不扣除所得税的利润的变化率的情况。经济杠杆表现出了资产利润的变化程度，从而评估公司的经济危机。通过普通股利润或者每股利润代表普通股资产利润：

$$TE = (EBIT - I)(1 - T) - D$$

$$EPS = [(EBIT - I)(1 - T) - D]/N$$

公式中的 TE 指的是普通股利润，EPS 指的是每股利润，I 指的是债款利息，D 指的是优先股利息，T 指的是税率，N 指的是股数。

公式之中，对普通股利润产生影响的有资金收益、资产开销、税率等。在具有利息款项这类固有资产成本的时候，若是其余情况不改变，不扣除利息也不扣除所得税的利润提升，即便不影响固有利息款项数目，却能够使每股的不扣除利息也不扣除所得税的利润下降，并增大每股利润与普通股利润，出现经济杠杆现象。没有固有利息等时，息税前利润代表了总共数额，二者的变化率相同。若是两个时期税率与股数稳定，每股收益变化率和股数固定，每股收益变化率和收益变化率相同，从而和不扣除利息也不扣除所得税的利润相同。

2. 财务杠杆系数

如果公司融资模式里具有固有资产成本，便具有经济杠杆现象。通常利用杠杆系数评估经济杠杆模型，该系数的含义是普通股利润变化率和息税前利润变化率相比的数值，公式如下：

$$DFL = \frac{\text{普通股每股利润变化率}}{\text{息税前利润变化率}} = \frac{\Delta EPS/EPS_0}{\Delta EBIT/EBIT_0}$$

不具有优先股利息时，公式简化成：

$$DFL = \frac{\text{基期息税前利润}}{\text{基期利润期利润}} = \frac{EBIT_0}{EBIT_0 - I_0}$$

能够利用 IF 与 OR 函数创建经济杠杆指标与模型。

OR 函数表示逻辑“或”，语法为：

= OR（条件 1，条件 2 – 条件 M）

达到其中一个要求后 OR 函数输出真值，在全部要求都未达到时输出错误值，其通常和 IF 函数共同运算。

（二）财务杠杆系数计算与分析模型的建立

例 9—15：表 9—28 的已知模块展现了 ABC 公司两种股份、债务率、不扣除利息也不扣除所得税的利润等信息，与不扣除利息也不扣除所得税的利润与债务率的仿真计算信息。需要创建计算公司经济杠杆指标、每股收益并对经济杠杆指标仿真计算的模型。

表 9—28　　　　ABC 公司数据

已知条件				
普通股股份数（股）	2000000	优先股年股息（元）		50000
资金总额（元）	5000000	本年息税前利润（元）		600000
资产负债率	30%	所得税税率		25%
负债利率	8%	预计息税前利润增长率		20%
模拟运算数据				
息税前利润（元）	500000	600000	700000	800000	900000
资产负债率	10%	20%	30%	40%	50%

模型创建如下。

第一，设计模型的结构，如表 9—29 所示。

第二，在单元格 B11 中输入公式“ = （F3 – B3 ∗ B4 ∗ B5） ∗（1 – F4） – F2）/B2”。

第三，在单元格 B12 中输入公式“ = F3/（F3 – B3 ∗ B4 ∗ B5 – F2）/（1 – F4））”。

第四，在单元格 F11 中输入公式“ = F5 ∗ B12”。

第五，在单元格 F12 中输入公式“ = B11 ∗ (1 + F11)”。

第六，选取单元格区域 C15：G15，输入数组公式“ = B7：F7”。

第七，选取单元格区域 B16：B20，输入数组公式“ = TRANSPOSE（B8：F8）”。

第八，在单元格 B15 中输入公式“ = F3/（F3 - B3 * B4 * B5 - F2/（1 - F4））”。

第九，选择 B15：G20，通过“数据工具”选项点击“模拟分析”，在菜单中点击“模拟运算表”，在弹窗中输入行单元格为“ F3”，列单元格为“ B4”，并确认。

模型结果在表 9—29 中展现。从中得出，息税前利益固定的时候，由于债务率提升，经济杠杆指标上升，代表着经济风险程度上升；债务率固定的时候，由于息税前利益增大，经济杠杆指标下降，代表着经济风险程度减小。

表 9—29　　财务杠杆系数计算与分析模型

普通股每股利润和财务杠杆系数的计算结果						
本年普通股每股利润（元/股）	0.16	预计普通股每股利润增长率		29.03%		
财务杠杆系数	1.45	预计普通股每股利润（元/股）		0.20		
财务杠杆系数的双因素模拟运算表						
		息税前利润（元）				
	1.45	500000	600000	700000	800000	900000
资产负债率	10%	1.27	1.22	1.18	1.15	1.13
	20%	1.42	1.32	1.27	1.22	1.19
	30%	1.60	1.45	1.36	1.30	1.26
	40%	1.83	1.61	1.48	1.40	1.34

例 9—16：表 9—30 展示了 ABC 企业年度息税前利息与资产总额等信息。需要创建获取企业的每股收益、收益率、权益利润率以及经济杠杆指标，并对杠杆效应评估的模型。

表9—30 **ABC企业信息**

已知条件			
公司	A	B	C
全部资本（元）	6000000	6000000	6000000
股东权益（元）	6000000	3000000	3000000
普通股股数（股）	600000	300000	300000
债务资本（元）	0	3000000	3000000
债务利率	0%	10%	12%
息税前利润（元）	700000	700000	700000
所得税税率	25%	25%	25%

建立模型的具体步骤如下所述。

第一，设计模型的结构，如表9—31的【计算结果】所示。

第二，在单元格B13中输入公式“=B6*B7”。

第三，在单元格B14中输入公式“=B8-B13”。

第四，在单元格B15中输入公式“=B14*B9”。

第五，在单元格B16中输入公式“=B14-B15”。

第六，在单元格B17中输入公式“=B16/B5”。

第七，在单元格B18中输入公式“=B8/B3”。

第八，在单元格B19中输入公式“=B16/B4”。

第九，在单元格B20中输入公式“=B8/B14”。

第十，在单元格B21中输入公式“=IF（OR（B7=0，B7=B18)，“无财务杠杆作用”，IF（B7<B18，“正财务杠杆作用”，“负财务杠杆作用”))。

第十一，将B13：B21复制于C13：D21中。

表9—31展示了模型结果。从中得出，甲企业不存在债务与优先股，因此不存在经济杠杆效应；乙企业债款利率小于收益率，因此出现了正向的经济杠杆效应，每股收益与权益收益率皆高于甲企业；丙企业债款大于收益率，出现了负向的经济杠杆效应，每股收益与权益收益率小于甲企业。

表 9—31　　财务杠杆作用分析模型

计算结果			
公司	甲	乙	丙
债务利息（元）	0	300000	360000
税前利润（元）	700000	400000	340000
所得税（元）	175000	100000	85000
净利润（元）	525000	300000	255000
普通股每股利润（元）	0.88	1.00	0.85
投资报酬率	11.67%	11.67%	11.67%
权益报酬率	8.75%	10.00%	8.50%
财务杠杆系数	1.00	1.75	2.06
财务杠杆作用判断	无财务杠杆作用	正财务杠杆作用	负财务杠杆作用

三　总杠杆系数计算

（一）总杠杆介绍

整体杠杆表现为权益资产利润和销售水平间的变化联系。因为具有固有运营开销，出现了运营杠杆现象，使得销售数额能够扩大息税前收益的变化程度；此外，因为固有资产开销，出现了经济杠杆现象，使得普通股每股利润能够扩大息税前收益的变化程度。两类杠杆组合效应，会使得销售数额一旦变化，便造成每股利润的大幅度变化。整体杠杆效应含义是因为固有运营开销与固有资产成本，使得每股利润变化率超过了销售数额变化率的状况。

运营杠杆指标用以评价运营收益变动对于息税前收益的效应，而经济杠杆指标用以评价息税前收益变动对于每股利润的效应。整体杠杆，也就是将二者组合，共同评价运营收益变动对每股利润的效应。

整体杠杆的含义是因为固有运营开销与固有融资成本，使得每股利润变化率超过收益变化率。整体杠杆直观地评估了运营收益变动对每股利润的效应，其程度能够通过整体杠杆系数（DTL）阐明，公式如下：

$$DTL = \frac{\text{普通股收益变动率}}{\text{产销量变动率}} = \frac{\Delta EPS/EPS}{\Delta Q/Q}$$

按照运营杠杆指标和经济杠杆指标的公式，整体杠杆指标能够表达成二者的乘积值，这体现了公司运营风险和经济危机的整体效应。

$$\text{DTL} = \text{DOL} * \text{DFL}$$

$$= \frac{\text{基期边际贡献}}{\text{基期利润总额}} = \frac{\text{基期税后边际贡献}}{\text{基期税后利润}}$$

（二）总杠杆系数的计算与分析模型的建立

例 9—17：表 9—32 的已知模块展现了甲企业年度整体资产与架构的信息、销售收益与开销等。需要创建获取每股收益、经济杠杆指标、运营杠杆指标、整体杠杆指标、次年预期息税前收益，并按照仿真数据对整体杠杆指标开展仿真计算的模型。

模型创建如下。

第一，设计模型的结构，如表 9—32 的【计算结果】区域所示。

第二，在单元格 B11 中输入公式“ = G2 *（1 - G3） - G4”。

第三，在单元格 B12 中输入公式“ = B2 * B4 * B5”。

第四，在单元格 B13 中输入公式“ = （（B11 - B12） *（1 - G5） - B6）/B3”。

第五，在单元格 B14 中输入公式“ = G2 *（1 - G3）/B11”。

第六，在单元格 B15 中输入公式“ = B11/（B11 - B2 * B4 * B5 - B6/（1 - G5））”。

第七，在单元格 B16 中输入公式“ = B14 * B15”。

第八，在单元格 G12 中输入公式“ = G6 * B14”。

第九，在单元格 G13 中输入公式“ = G6 * B16”。

第十，在单元格 G14 中输入公式“ = B11 *（1 + G12）”。

第十一，在单元格 G15 中输入公式“ = B13 *（1 + G13）”。

第十二，选取单元格区域 C18：G18，输入数组公式“ = B8：F8”。

第十三，在单元格 B19 中输入公式“ = B18 *（1 - G3） （B18 *

（1－G3） －G4－B2＊B4＊B5－B6/ （1－G5））”。

第十四，选择 B18：G19，通过“数据工具”选项点击“模拟分析”，在菜单中点击“模拟运算表”，在弹窗中输入行单元格为“＄B＄18”，并确认。

表 9—32 展现了模型结果。从中可知，基于其余条件相同，由于年度运营收益提升，整体杠杆指标下降，象征着企业的整体风险程度下降。

表 9—32　　总杠杆系数计算与分析模型

已知条件						
总资产（万元）	3500	年营业收入（万元）				12000
普通股股数（股）	1000	变动成本率				60%
资产负债率	40%	年固定经营成本（万元）				2600
负债利率	8%	所得税税率				25%
优先股年股息（万元）	20	预计下一年营业收入增长率				20%
模拟运算数据						
年营业收入（万元）	6000	8000	10000	12000	14000	
计算结果						
息税前利润（万元）	2200	下一年预计				
债务利息（万元）	112	息税前利润增长率				43.64%
普通股每股利润（元/根）	1.55	普通股每股利润增长率				46.57%
经营杠杆系数	2.18	息税前利润（万元）				3160
财务杠杆系数	1.07	普通股每股利润（元/股）				2.27
总杠杆系数	2.33					
模拟运算表						
年营业收入（万元）		6000	8000	10000	12000	14000
总杠杆系数	0.00	-7.09	6.94	3.17	2.33	1.96

参考文献

曹惠民、张玉英、杨克泉：《财务管理学》，立信会计出版社 2011 年版。

财政部会计资格评价中心：《财务管理》，经济科学出版社 2020 年版。

韩良智：《Excel 在财务管理中的应用》，清华大学出版社 2015 年版。

荆新、王化成、刘俊彦：《财务管理学》，中国人民大学出版社 2017 年版。

刘恒：《当代中国经济周期波动及形成机理研究》，西南财经大学出版社 2003 年版。

王超：《投资与投资管理》，中国对外经济贸易出版社 1999 年版。

中国注册会计师协会：《财务成本管理》，中国财政经济出版社 2021 年版。

张家伦：《财务管理学》，立信会计出版社 2007 年版。

Douglas R. Emery, John D. Finnerty, John D. Stowe, *Corporate Financial Management*, 2nd Edition, Pearson Education Inc. , 2005.

Beaver, W. H. , "Financial Rations as Predictors of Failure, Empirical Research in Accountring, Selected Studies", *Journal of Accauntring Research*, Vol. 4, 1966, pp. 71 – 111.

Wilson, A. E. , Ross, M. , "The Frequercy of Temporal-self and Social Companisons in Peopel's Personal Appraisals", *Journal of Personality*, Vol. 78, No. 5, 2000, pp. 928 – 942.

后　记

本书系云南省“兴滇英才支持计划”青年人才专项阶段性研究成果。借此机会感谢各位领导和同事们的大力支持，没有你们，本书不可能顺利出版。同时，感谢云南师范大学泛亚商学院硕士研究生王书枝、靳晴，他们在教材资料的收集、数据的处理、校稿等工作中付出了辛勤的汗水。感谢中国社会科学出版社老师在本书编辑、校对过程中的辛苦付出。

邵慧敏

2022 年 12 月 30 日